まえがき

1　本書のねらい

多くの先進工業諸国において1980年代後半から90年代，さらに21世紀の今日までドラスティックな教育改革が進展し，なかでも高等継続教育改革が主要な焦点になってきた。それは，社会各層からの現状の教育への多様な批判と改革要求を契機としつつ，単に教育的な内側の要因からだけではなく社会経済文化システム全体の改革から生じたものである。すなわち，グローバリゼーション下での知識基盤社会化＝国民的競争国家化とも連動しながら市場主義的，新自由主義的な国家の全体枠組み変革への重要な手段，推進力として認識されてきたのである。

国家および財界・経済団体にとっては，産業競争力，高度情報化社会に対応するIT活用能力など，知識基盤経済の活性化に貢献する人材の育成，人間力の構築は，大競争(メガコンペティション)時代に避けては通れない課題となってきた。その中核を担う高等継続教育の改革は，その意味で二重の課題を背負うことになったといえる。

1つは，高度科学技術革新を担い，産業界に貢献する高等教育システムへの「構造改革」である。日本では，84～87年の臨時教育審議会(以下，臨教審)後の大学審議会での多様な政策の制度設計段階を経て，中央教育審議会(以下，中教審)・文部科学省(以下，文科省)の教育改革は現実改革に転じた。2004年4月に始まった国立大学法人化は，「学問の自由と大学の自治」を基礎に，国家的な財源保障のもとに「知的共同体」を自認してきた「国立大学」を，新たな「国立大学法人」に転換させることによって，「競争的環境の下に個性輝く大学」として外部資金など絶えざる財源確保とみずからの研究・教育の卓越性を「第三者評価」によって保持しなければならない責務をもつ「知的経営体」に「歴史的転換」させる端緒となるものとされた。この限りで,「学問の自由」や「大学の自治」議論は後退させられ,「産官学連携」「知的財産」「ベンチャー企業育成」「企業家精神の育成」など,「知識基盤経済」に貢献する「競争に勝つ大学」がベンチマーク視される文化が推奨されてきたといえる。

2つ目は,社会教育,生涯学習の改革である。臨教審後設置された生涯学習審議会での「改革」議論を経て,99年の地方分権一括法を転機としての社会教育・生涯学習の「構造改革」は,法的規制緩和のもとに教育機関としての社会教育施設(公民館,図書館,博物館)の公共性を「解体」させてきた。生涯学習審議会を引き継いだ中教審生涯学習分科会の議論も,地方自治法の一部改正による「指定管理者制度」の導入と市町村合併によって一気に現実改革の速度と規模を拡大させてきた。「指定管理者制度」は,企業やNPOなど「民間事業者」のあらゆる「公の施設」の事業と管理運営への参加を促進した。社会教育・生涯学習分野もその一環とされ,教育的公共性の確保は二次的なものとされる事態が広がってきた。市町村合併は,「小さな自治体」がそれまでに築いてきたさまざまな教育・文化・福祉の公共サービス水準を御破算にさせるケースを続発させた。また,内発的で持続可能な地域づくりや「実際生活に即する文化的教養」の獲得への市民相互の自己教育活動の支援を行なってきた地域の公的社会教育・生涯学習事業を,効率的な自治体経営にとっては,不採算部門あるいは不要不急の分野として縮減解体させる事例も多く出現させた。2006年12月の教育基本法「改正」は,これらをさらに促進させるものといえる。

このような生涯学習・社会教育分野での行財政合理化と踵を接するようにして,市民運動としての生涯学習や企業における継続教育にも大きな変動が押し寄せてきた。

例えば,市民運動としての生涯学習として,市民教育(シティズンシップ教育)は,日本においては,ボランタリーな市民組織による環境教育,ジェンダー教育,障害者支援,子育て支援ネットづくり,消費者教育など多様な広がりをもって過去20年間ほどの間に展開してきた。しかし,欧米のシティズンシップ教育が,本来の政治公民教育としての機能をもち,社会的ガバナンスを民衆的に支える力量形成に重要な貢献をしているのに対して，日本の場合は，公的な支援は不十分なままに推移してきたといってよい。また，このような市民運動を，ボランタリーで自立的なものとして支えることよりも，地域再生や国民統合のための奉仕型の事業として再編しようとする動きは絶えず政策当事者の関心事とされてきた。また，市民教育は，生涯学習・社会教育として成人の領域としてだけではなく，子ども・若者の領域においても，学校教育段階での学社融合事業やキャリア教育，インターンシップ教育として，矛盾を含みながら拡大されてきた。しかし，これも真の意味での「キャリア権」を子ども・若者の間に確立させるものとしてよりも，深刻化する若者問題の弥縫策の域を出ないものとなっている。

この背景には，グローバルな産業構造の再編に伴い労働力再生産の構造に大きなしわ寄せが及んできていることが大きい。労働現場での職業能力開発事業は，企業の海外生産の増大とともに，企業内教育訓練機会を縮減させてきた。他方，「希望格差社会」化と称される子ども・若者の進路不安は，実際に，学卒無業，フリーターなどの増大として「日本的ニート現象」を惹起させてきたといえる。このような，生涯学習・社会教育，継続教育分野での危機的事象は，新たに多角的，学際的，総合的な解決を求めている。ここに，危機をバネにして，生涯学習・継続教育が，高等教育との新たな結合を求める必然性が生じてきているといえる。

考えてみれば，これら２つの改革，〈高等教育改革〉と〈社会教育・生涯学習改革(＝継続教育改革)〉は，共通する政策原理を有していた。すなわち，競争と効率の優先，選択と自立の自己責任性，機会均等や公平・公正の原理の駆逐，卓越したものへの財政の重点配分原理などである。このことは，政策上「公共財」と認知されるもの以外の経費は，自助努力と自己負担が要求されることを意味し，いわゆる新自由主義的な教育改革とは，「聖域なき構造改革」の政治的・経済的スキームに「教育改革」を包摂させることを意味した。「小さな政府」「民間活力の活用」「官から民への転換」の政策コピーは，その効果や内容が検証されず，政策評価と数値目標のみを強いるものであった。

本書では，過去四半世紀の政治・経済上の「構造改革」に従属してきた「教育改革」の波及性を第1章で分析対象としたが，同時に，そこから生じた高等教育と継続教育の結合による〈高等継続教育〉の新たな課題を残りの第2〜5章で検討するものである。

考えてみると，〈高等継続教育〉研究において探求すべき課題は多岐にわたり，教育内容，システム，実践の，総体の問い直しを迫るといえる。本書の内容に即していえば，例えば，学校型教育を越えての学びの創造，開かれた教育への市民的協働と参加，新たな公共性の創造，学びの方法やとらえ方の革新，子ども時代の教育の保障に加えて青年期・成人期以降の学習と教育の保障，新たな学習論の展開と反省的実践家としての教育専門職の革新，さらには労働世界を視野に入れた職業能力開発や社会目的教養学習の革新，高等継続教育におけるミッションや学びの在り方の転換などである。これらは，「ユネスコ高等教育宣言」(1998)にみられるように「縫い目のない(シームレス)」一続きの教育の体系を求める。

本書では，そうした教育における制度的分断の廃絶，ひとりの人間の自己形成の最大限の可能性を支援する教育学の可能性を〈高等継続教育〉に仮託したい。転換期，改革期における教育理論は，このような「希望の教育学」(P. フレイレ)を視野に入れるべきと考える。

具体的には，〈高等継続教育〉は，教育学研究上，以下の課題を内包する。

第1は，従来の子どもを軸とした教育学研究に加えて，青年期・成人期の教育・発達・学習課題を念頭に置いた教育と学習の理論的・実践的検討である。

第2は，従来は教育学の範疇から除外されがちであった高等継続教育について，観念的に考えるのではなく，本書では，高等継続教育と社会教育・生涯学習との接続や地域社会とのパートナーシップ構築に光をあて，実践課題を探求するように努めている。

第3に〈高等継続教育〉は，これまで，社会教育・生涯学習，高等教育・継続教育と呼ばれてきた広範囲の領域を包含する。また，それは，複雑多岐にわたりかつ激しく動いている。その動態的な変化を，時間軸で追うような構成を本書は試みている。

第4に本書では，〈高等継続教育〉研究の国際的な視点として，日英の成人継続教育と高等教育の比較研究の試みを行なっている。それは，教育における改革や転換を一国内レベルにとどめず，世界史的な相互規定のなかに位置づけさせようという問題意識からきている。

2　本書のタイトルと各章の位置づけ

本書のタイトルについて次に触れておこう。「高等継続教育の現代的展開」と題した理由は，第1には，筆者の研究の流れのなかで，社会教育・生涯学習研究を出発点にしてこれまで継続的にその課題を探求してきたこと，さらにはその延長線において，近年高等教育・継続教育への関心を深めてきているといった，個人の研究過程史の事情がある。しかし，さらにいえば，第2には，社会教育・生涯学習を本書では広義の継続教育ととらえ，その継続教育の発展によって従来エリート的であった高等教育の革新を求めていくという方向を主軸にして考えている。なお，現実には，その逆の関係，すなわち高等教育のシステムが継続教育にも適用され，継続教育の質を向上させ，架橋がはかられていくということがしばしば生じる。そこで，この両方の力がぶつかりあい，クロスしていく緊張のある関連構造理解を本書では重視したい。またそのような理解は，今後教育学研究の改革にとって重要な位置を占めるようになるのではないかと筆者は考えている。

研究分野として，社会教育・生涯学習（広義の継続教育）と高等教育の双方の領域は歴史的観点からみれば，教育学研究の新しい領域に属する。概念や実践において，まだ発展途上にあり分析レベルにおいて精粗両面があることは否めない。その意味で，現段階の理論と実践の制約を，本書は多く内包していると思われる。いうまでもないが，本書の意図がどれだけ明らかになったかは，読者の忌憚のない批判を待つほかはない。

3　本書の構成

本書の構成は，次のとおりである。

序章では，〈高等継続教育〉研究において，生涯学習と高等教育が問題とされる現代教育改革の性格と内容について簡潔な構図が描かれる。

第1章では，生涯学習の歴史的な視野のなかでの位置づけ，そしてそれが1990年代以降の日本の地域の現実のなかでどのように政策として位置づけられているのかについて分析される。

第2章では，生涯学習の実践のひとつの場面として，日本と英国における青年と成人に焦点をあてながら，青年期教育でなされている主体形成の意味，学習構造，学び手の主体性について実践にもとづいて論じられる。

次に第3章以降は，主として英国を事例に，生涯学習のより発展した形態としての大学(高等継続教育)と地域社会のパートナーシップ，あるいは地域発展計画への参加，あるいは職業能力開発実践との関係性を扱っている。こうした問題(agenda)は，日本でもこれから大きな問題となっていく領域である。

第3章は，大学成人教育領域での地域社会との関わりの先進的な事例，さらにそのような事業が現実においてどのような評価を受けているか，また未来に対していかなる危機と可能性を含んでいるのかが分析される。

第4章は，産業構造の厳しい変貌を遂げてきた英国にあって，そこでの労働者の学びの変革がどのように取り組まれてきたのか，具体的な事例にもとづき分析紹介される。英国においては，近年職場学習(work place learning)に焦点があてられるようになってきているが，本書はその前提となる文脈を提供することになろう。

第5章は，大学という機関が，社会とどのような関わりをもってきたのか，あるいはもてずにきたのか，社会とのパートナーシップをもつとはどのようなことを意味するのかについて，理論的整理とともに，英国と日本の事例に即して言及している。

このように，全体を通じて，本書は，現代社会における教育をより広い文脈のなかに位置づけている。実践的な場面としては，学校，地域社会，青年・成人の自己教育活動，高等教育や継続教育の実践を対象としながら，継続教育(社会教育・生涯学習)と高等教育の新たな変革課題を探求し，創造されるべき新たな〈高等継続教育〉の課題を探求しているところに本書の特色があろう。

なお，本書の内容の多くは，これまで発表・公刊してきたものを基礎としている。重複箇所を避け，前後の論理構成を明確にするために，必要な加除修正を行なった。しかし，基本的には発表時の体裁を大きくは壊さないような努力も行なった（初出一覧は巻末参照）。

蛇足ではあるが，叢書の性格上，頁数の制約もあり，筆者が関心を抱いてきた社会・生涯学習の法制度，政策，行政再編問題，現代英国成人継続理論問題の分析などについては，本書では扱っていない。あらためて，別の刊行の機会を探ることにしたい。

目　次

序　章　現代教育改革と高等継続教育の革新

はじめに

現代教育改革がどのような背景と切迫性をもっているのかを問うことは，歴史認識に関わる問題である。本書が対象とする歴史的時点は，20世紀後半から21世紀初頭に位置づく。政治的には「冷戦の終焉」により，「世界史的相互規定性」に大きな変容がみられ，福祉国家システムの再編と新自由主義的市場原理に彩られたグローバリゼーションの波＝「グローバル国家」化が世界を覆っている時代である。それは同時に，大競争のもとに「国民的競争国家」(J. ヒルシュ)化[1)]が組織される時代である。

このような時代を世界史的転換期と規定すれば，新たなシステム創造のため，政治・経済・文化の「構造改革」が急務という論理は，それなりに説得的に響く。転換期とは改革の時代の別名である。そして，現代教育改革は，政治，経済，金融，税制，地方自治，福祉，医療などと並んでシステムの構造改革の中心のひとつを占めることになる。なぜならば，構造改革が進展するためには，改革を支持し改革を担う人間の育成をまた改革課題としなければならないからである。それは，初等中等学校の教育改革のみならず，家庭教育および社会教育・生涯学習，さらには高等継続教育の改革・革新を不可欠とする。何となれば，現代教育改革は，人間形成の総体をとらえ，その根幹的，基底的な機能に引き続く教育システム全体を改革の対象とするからである[2)]。

ところで，このような現代教育改革の動きは突然始まったわけではない。

その「改革」の処方箋の多くは，1970〜80 年代に，「第 3 の教育改革」として提起されたものであった[3]。しかし，90 年代以降の改革は 70〜80 年代とは異なるシステム「改革」を求めている。70〜80 年代の改革が官僚システムを基礎に立案されたのに対し，90 年代以降 21 世紀の改革は，企業経営的改革の導入を前提にしていることである。問題は，「改革」が，何のために，誰のために，いかなる人々によって支持され遂行されるのか，いかなる原理で，何を変えることになるのかである。「改革」をめぐる諸論議は，その意味で，曖昧で，ファジーな論点を，明確にし，争点を浮かび上がらせるといえる。

第 1 節　世界史的転換期における現代教育改革の様相

1　近代と近代批判

20 世紀を「極端な時代」[4] と総括したのは英国の歴史家，E. ホブズボームであったが，そこでは「戦争」が大きな鍵的概念であった。近代から現代への歴史的画期と指標をどのようにとらえるかは，人文・社会科学に共通する問題関心であり，教育学も例外ではない。巨視的な世界システム論に立つ I. ウォーラーステインは，社会主義の生誕を含めて近代をリベラリズム，そして東欧ソビエト社会主義崩壊以降をアフター・リベラリズムととらえる見方をとり[5]，G. エスピン-アンデルセンは，20 世紀後半から 21 世紀初頭のグローバル経済下での「転換期の福祉国家」の多元的把握を現代認識の鍵とした[6]。また，冷戦の終了と旧社会主義の崩壊のなかで，「近代の終焉」と，近代後の世界の意味を文字どおり「ポストモダン」論者たちはさまざまに論じてきた。しかし，T. イーグルトンの指摘するように，ポストモダニズムの依拠するアイデンティティポリティックスの言説は，ある意味で非歴史的であり，皮相である[7]。このことから，転換期においては，ポスト・ポストモダンやアフターポストモダニズムを論じる議論[8] が新たに生起してきている。

2　国際的な教育改革動向

「はじめに」で述べたように，世紀転換期以降21世紀初頭の現代は，グローバリゼーションと新自由主義的改革を基調としながら，新たなシステムの模索と試行錯誤の改革の只中にある。それは，教育改革にも及んでいる。改革には当然ながら政策推進勢力とそれへの抵抗・反対などの運動があり，それぞれに理念的根拠と価値・正当性をめぐる論争が伴う。また，その力学は教育改革政策と関係するステイクホルダー間の利害の複雑さを伴い，問題解決への対話と合意は多くの困難な努力を求める。

例えば，世界の資本主義諸国の多くでは，市場原理にもとづく新自由主義的な改革が20世紀後半に集中してきている。いわゆる「小さな政府論」による公共セクターの縮減，財政削減や民営化，競争性，卓越性，効率性，参加型行政，生涯学習論の普及と教育・学校システムの再編，高等継続教育の拡大，教育関係職の多様な再編と契約的専門職化，等々である。これらは，場合によっては，それまでの教育的営為の歴史的慣行や制度的構造，職員体制，学習者の権利構造に大きな変容をもたらし，多様な反対や代案の活動をも組織してきたといえる。しかもその動向は一様ではない。なかには，新自由主義的な改革とは一線を画する社会民主主義的改革，あるいは保守主義的改革をめざすものもある。近年の各国の改革動向について，触れるとすれば，その特徴は，以下のようである[9)]。

すなわち，①サッチャーリズムへの回帰でもなく，旧労働党政策への回帰でもない「第3の道」を唱えるトニー・ブレア首相のニューレイバーの英国的改革は，教育改革を主要事項のひとつとしてきた。それは，サッチャー時代の1988年教育改革法に始まり，メージャー時代の92年継続高等教育法などの施策を引き継ぎながら，ブレア時代には98年高等教育法など，「教育改革」を最優先課題のひとつとして，さまざまな政策提案，白書などの刊行によって，中高等教育人口の拡大，効率性，PFI(private finance initiative)の推進，競争的教育評価と財政配分政策など，多分に新自由主義的な施策が矢継ぎ早に出されてきた。このことは，英国内にとどまらず，政策の揺らぎやブレを含めて影響を，豪州，ニュージーランド，カナダなどの旧コモンウェルス諸国に与えてきた。

②EU 型統合施策を基本としながらも社会民主主義的国内改革を行なう，ドイツ，フランス，イタリアなどにおいても教育改革は激しい。フランスでは，86 年のバカロレア取得者の割合増大施策(80％の数値目標)や，89 年のジョスパン改革での中・高等教育の量的拡充，質的改善がめざされ，ドイツでは，州ごとの施策に加えて中央政府の積極的介入策が行なわれ，学力低下問題への学習支援策，産学連携，大学教員への業績給，教育ローン創設，生涯学習の推進などが続き，イタリアでは障害児などの統合教育が進められてきた。EU モデルの模索としては，89 年のエラスムス計画，94 年のレオナルド・ダ・ヴィンチ計画，95 年のソクラテス計画，「生涯学習振興のための行動計画」(2001)なども拡大的に発展し，高等教育ではボローニャ憲章(1999)とその理念の推進など，EU 域内での横断的な制度の構築が進んできている。

③福祉国家の新たな再生の実験を行なっているスウェーデン，デンマーク，ノルウェー，フィンランドなどの北欧的社会民主主義型改革にも教育改革は重要な位置を有している。例えば，スウェーデンでは，85 年の教育法で教育機会の平等，均質性の確保，習得すべき知識，技能，民主的な価値観などの教育理念が明記され，総合制高校などの推進が進み，またリカレント教育や高等教育の再編による高等継続教育の再編拡充がなされている。

④欧米のシステムをモデルとしながら独自な模索を行なう東アジアの日本，韓国，台湾，中国などでは，それぞれに固有な改革課題をもちながらも，全体としては東アジア型教育改革とでもいうべき特徴を有している。それは，世界銀行がいうような「東アジアの奇跡」(1993)，あるいは教育の「後発効果」(R. P. ドーア)というような従来型評価を超えて，新自由主義的改革の矛盾を含みながらドラスティックに進展している。

⑤新自由主義的な改革の最も多様な実験が行なわれ，世界に大きな影響を与えているアメリカでは，教育改革にもさまざまな実験が行なわれ，それがまた世界に大きく影響を与えている。卓越性，効率性，市場原理，説明責任

などの価値原理は，教員養成や教育委員会，財政などの問題にとどまらず，チャータースクール，マグネットスクール，バーチャル大学，e ラーニングなどを生み出し，資格社会のなかでの生涯学習は，コミュニティカレッジ，プロフェッショナルスクールなどと連動し，他方では参加型のコミュニティサービスに加わるサービスラーニングなどが，進展している。

⑥また，旧社会主義圏における体制転換によるラディカルな教育改革の模索は，私立学校の創設をはじめ市場的競争原理の導入などを促し，機会均等や平等をたてまえとしてきた旧来のシステムとは異なる諸施策が，ロシア，旧東欧諸国，モンゴル，等々においても急速に進展していることが想起されよう。

このような国際的動向は，日本の教育改革に直接的間接的に大きな影響を与えている。しかも，各国の改革は，日本と同様に，財政，行政，金融，福祉，教育など「くにのかたち」の構造と法制を変える内容を含み，教育改革はそのなかでも重要な位置を与えられている。それをいかなる方法的な視点でとらえるかが問われているといえよう。

第2節　20世紀の教育的達成と限界をいかに総括するか

1　児童の世紀から生涯学習の世紀へ

現代教育改革は，既述したように，グローバル化による共時性と「世界システム」性を強めている。それは，国や地域ごとの独自な歴史文化性，あるいは問題の地域的解決(コミュニティソリューション)の方向と交叉し，新たな問題を投げかけている。このような教育改革は，これまでの教育史的蓄積に対して何を提起するのであろうか？ 少なくとも，ここでいえることは，次の4点である[10)]。

第1に，「児童の世紀」として出発した20世紀は，幾多の戦争や構造的暴力の犠牲への反省のもとに，世紀後半にようやく「子どもの権利」の「最善の利益」のための国際条約化(1989)を果たし，さらには子どものみならず，若者や壮年，高齢者，障害をもつ人々など万人の「学習権宣言」(ユネスコ)(1985)および「高等教育宣言」(同)(1998)を行ない，「生涯学習」と「高等教育」への権利を明確にしてきたといえる。それはまた，自由権，社会権に次ぐ「第3世代の人権論」などの動向とも共鳴し，公教育の範囲の拡大を促進し，市民的人権論的公共性の拡大を意味した。第2に，その歴史過程は，一面において前述したような教育年齢の急激な広がりと教育人口の拡大を伴ったが，他面ではそれは，国家による「国民」養成の歴史でもあり，「教育」は学習者を解放するよりも，国家規範に縛り付け，人間性を抑圧する「統治」装置として巨大化してきた歴史でもあった。言い換えれば国家的公共性の拡大の歴史である。第3に，この市民的人権的公共性と国家的公共性との相対立し，矛盾した事態を打開するためには，教育の公共性の内容を支える人間形成作用についての視野の拡大が求められる。すなわち，人間の社会的自己形成の営みを，定型教育，非定型教育，不定型教育の相互関連の相において広くとらえる視点や文化的形成作用や「産育」などの習俗的慣行との連関の理解が自覚されてきた[11]。またその場合，国家の関与と国民の権利性との拮抗関係をどう押さえるのかが問われてきた。第4に，教育学習における人間的な教養学習や人格形成の本質的重要性とともに，産業的人材育成分野で培われてきた労働能力の陶冶過程の分析，あるいは技術・技能・知識・資格などのキャリア形成としての職業能力開発過程における教育学習の独自性が注目されるようになってきたのである。

2　世紀転換期から21世紀段階の課題

前述した公教育の歴史発展は，世紀転換期から21世紀にかけての段階では，中等後教育の拡大を焦点とし，「第3段階の教育」(ターシャリー教育)としての高等継続教育，さらには成人・継続教育あるいは生涯学習と呼ばれる新たな課題を積載可能とした。そこでは，人間が一人前になっていく基準を底上げし，情報化や高齢化，国際化をプッシュ要因として，リテラシー能力や民主主義的な担い手としてのシティズンの力量をより高次化するための「市民教育」(シティズンシップ教育)の引き上げを求めてきたといえる[12]。そのことは，言い換えれば，生涯学習と高等継続教育の質的な更新を求めてきたといえる。それは要約すれば以下の 6 点であった。

第 1 は，生涯学習の国際的な発展動向である。国際的代表機関のひとつであるユネスコは，過去 40 年ほどの歴史のなかで，生涯学習の教育システムの「統合」的役割を明確にした P. ラングラン段階[13]，抑圧からの解放の道具としての生涯学習機能に着目した E. ジェルピ段階[14] に続いて，21 世紀の成人学習の挑戦課題を提起したハンブルク宣言段階というように，生涯学習の理念から政策への具体的な展開を主導してきた。ハンブルク宣言と連動した「成人学習の未来へのアジェンダ」(1997) では，これからの検討すべき生涯学習・成人学習の 10 の課題(アジェンダ)を，①成人学習と民主主義，②成人学習の条件と質の改善，③識字と基礎教育の普遍的権利の保障，④成人学習・ジェンダー・平等・公平・女性のエンパワーメント，⑤成人学習と労働世界の変容，⑥環境・健康・人口に関連する成人学習，⑦成人学習・文化・メディア・新しい情報技術，⑧万人のための成人学習，⑨成人学習の経済学，⑩国際協力と連帯の強化，と規定している[15]。

また，ユネスコの政策に深く関与してきた H. S. ボーラは，ハンブルク会議での論点を次の 5 つに整理していた。すなわち，①機会均等，②異文化尊重，③性差別撤廃，④学習方法と教育環境の適切性，⑤協力とパートナーシップの促進，である[16]。これらのことは，生涯学習の思想の発展が，常に地域的，国際的な文脈のなかで人々の生活様式や働き方の変容，民主主義や人権の拡大と深く連動しながら，新たな成人学習＝社会教育の変革を求めていることを意味している。

第 2 は，世紀を超えての学習権思想の広がりと深まりである。「学習権」が「人が生きのびるのに不可欠」な「基本的権利のひとつ」であり，それなしには「人間の発達はあり得ない」(「学習権宣言」1985)[17] とすれば，ひとりひとりの人間的な生活の質の改善には，個人レベルと集団や共同レベルでの学習の権利が十全に保障されなければならない。すなわち，個人と集団の暮らしを生き抜き，暮らしを変えていく多様な学習・教育の支援を求めているといえよう。それは，①個人の生き甲斐や趣味，生活の芸術化，社会貢献といったレベル，②地域発展のための，経済民主主義や人間回復の政治・経済・文化あるいは地域学の共同学習のレベル，さらには③勤労者の職業技術・技能，労働基本権や組合学習，一般教育の学習，労働の場(work place)の学習のレベル，④あるいは個々人の教育歴の上に接続するリカレント型の高等継続学習の支援方策の拡充である。

第3は，この間の成人学習・高等継続教育の理論的な進展である。前述のP.ラングランやE.ジェルピ以外にも，M.ノールズのアンドラゴジー(成熟教育学)論を含む成人学習理論[18]，P.クラントンの振り返り型学習理論[19]，A.グラムシの有機的知性や文化的ヘゲモニー理論[20]，P.フレイレの課題提起的学習理論や識字学習理論[21] などがある。さらに，T.ラベットの地域発展学習理論などの成人継続学習理論[22]の発展は，E.ウェンガーの状況的学習や埋め込まれた学習などの実践的コミュニティ理論[23]，Y.エンゲストロームの活動理論からの「拡張による学習」論[24] などとも呼応して学校教育や社会関連学習あるいは高等教育における非伝統型学生の教授・学習の実践的で理論的な前進に寄与してきたといえる。

第4に，この間の歴史は，学習・発達・教育観の質的な転換を求めてきたといえる。子どもを軸としたペダゴジー理論は，〈教師―子ども〉の教授＝学習理論を基盤としてきたが，その伝統的規範は教授者＝教師主体の教育課程編成であった。その教育的プログラムにおいて，学習主体の意欲・関心への働きかけが，社会から閉ざされた狭い教室的時空間での教授者による教育内容伝達の認識論的精緻化と技術的洗練や教授者の授業構成の専門職的修練にとどまる限り，学習主体の「生活世界」から生じるまるごとの発達・学習課題に迫りえないことは，さまざまな学習困難を抱える学習主体や「生活世界」での厳しい課題を抱える成人学習者には明白であった。ここに，教授者と学習者という非対象的な関係を越えて，学習者が自己教育の主体であり，発達＝成熟の主体であり，複雑な生活課題を背負った主体であること，その場合における相互主体的な教育支援の在り方が，あらためて問い直されてきたといえる。また学習主体は，ひとりの人間をとってみれば，子どもであり，青年であり，大人であり，高齢者でもあること，女性でもあり男性でもありうることの発達・成熟論的，あるいはジェンダー的な視点が求められてきた。これらは，成熟教育学(アンドラゴジー)や教育老年学(ジェロントロジー)，あるいは女性学，男性学の主張とも連動しながら，学校教育(高等教育を含む)と社会教育の双方における教育＝学習観の転換を求めてきたといえる[25]。

第5は，生涯学習専門職や，社会・生涯学習労働のとらえかえしである。この間の教師の専門職性のとらえかえしのなかに，「反省的実践家」(D. ショーン)[26]としての教育専門職の考えの普及がある。それは，教職の専門職性を従来の教授学としての教育方法・教育内容実践の深化への方向のみではなく，教育臨床あるいは教育臨地的な「対人学習支援・援助」専門職[27]としての教育実践＝教育労働の再定義としても立論すべきとの考えが，学校的世界にも一定の広がりをみせてきていることと連動する。しかし，それはけっして新しい考えではない。むしろ，生涯学習的実践のなかにこのような対人学習支援・援助の実践的歴史的蓄積があることに学校世界が気づいてこなかったというべき事柄であった。人間の発達＝成熟時空間を世代で輪切りせず，生涯の全過程を通じて把握する視点や，いついかなる場所においても教育の目的が実現されるべきとの視点，学習主体参加によるプログラム編成構造，講師・助言者と社会教育専門職と学習者との柔軟な相互協力の学習共同体づくり，地域社会のさまざまな人材や資源を力に問題解決型の学習を組織する地域づくり教育の視点，教育を効率や競争的能力観によってとらえず，ひとりひとりの人生を結い直す学習として組織する視点，などは，この間の社会生涯学習の生きた実践知として蓄積されてきた事柄であった[28]。また，このことは社会生涯学習における専門職労働をほかの関連労働(社会福祉，学校教育，農業，医療，地方自治，等々)との関係においてとらえる視点とも連関していた[29]。以上は，いわば規範的な「学校型教育を越え」る教育として生成発展してきたが，まさにそれが故に，学校の危機の時代に「学校再生」のための起死回生の視点として再着目されてきていることは，歴史のダイナミズムといえる。

第6は，このように発展してきた社会・生涯学習の教育的価値が，歴史的転換期にあって社会的共通資産として，広く認識されているかどうかである。

前述したように，社会の教育的積載能力の拡大の可能性は，学習・教育人口の拡大や学習・教育環境の条件整備の高次化としてだけでなく，人間科学(医学，心理学，看護福祉学，教育科学など)の発達による学習・教育可能性の拡大としてたちあらわれてきた。しかし，それは，絶えず，人々の教育要求と教育運動の水準と社会に組織される共通認識の水準に規定されるものである。近年の教育改革は，公的部門縮減と民営化を促進し，さらには公私混合協働システム導入を第１優先原理として，教育的部門を疑似市場化して，不採算・不効率部門の統廃合を強力に推し進めてきた。そのひとつの帰結として，社会生涯学習施設・職員の合理化削減・廃止が常態化し，代わりにNPM(New Public Management)型人材配置や経営理論が顕著になってきた。そこでは脱専門職としてボランティアやNPOの「教育力」が活用され，コスト縮減のためにパートナーシップが強調されるという転倒した事態が生じてきた。社会生涯学習の公共性の議論よりも，教育文化産業の営業の自由と連結され市場化された学習商品の購買選択が消費者としての学習者の学習＝消費とされてきた。さらに，集団的共同学習は軽視され，個人主義的な学習観が支配的である。これらを真に批判し対案を提起するためには，人々の社会的自己実現の支援と援助の総体の営みである社会生涯学習を社会的共通資産(資本)[30]として再定義しそのことの認識が，人々のなかに深く共通に浸透しているかどうかが検証される必要がある。

注

1）J.ヒルシュは，グローバル化のなかで，「権威主義的国家主義」という指標をもったフォーディズム的「安全保障国家」は，新しい類型としての「国民的競争国家」に席を譲ろうとしていると指摘する。J.ヒルシュ著，木原滋哉ほか訳『国民的競争国家』ミネルヴァ書房，1998，p.Ⅵ。

2）五十嵐顕は論文「社会教育と国家」1959(『国家と教育』明治図書，1973，pp. 57-61，に再録)で子どもを中心とした学校教育が国家との関係で抽象的形態であるのに対して，社会教育が「教育の全体構造において基礎的であるという本質」と「「おとな」の現実的な社会関係の意識に働きかける」特質に早くに着目していた。

3）「第３の教育改革」を掲げたのは，1971年の中教審答申であったが，それをより強く自覚して追いつき型近代化を超えての国際化，情報化，成熟化の時代に「生涯学習体系への移行」を提起したのは，中曽根首相の肝いりの臨教審(1984～87)であり，「官民の新しい役割」のための新自由主義的改革の前提条件を創り出したことをあらためて想起したい。

4）E. ホブズボーム著，河合秀和訳『20世紀の歴史――極端な時代，1914-1991』上下巻，三省堂，1996。

5）I. ウォラーステイン著，松岡利道訳『アフター・リベラリズム』藤原書店，1997，は，ベルリンの壁の崩壊とソ連の解体は，「イデオロギー的な力としてのマルクス＝レーニン主義の崩壊」でもあるが，同時にリベラリズムの崩壊，「「アフターリベラリズム」の世界に決定的な第一歩を踏み出したことを刻印した」(p. 7)とする。

6）G. エスピン-アンデルセン編，埋橋孝文監訳『転換期の福祉国家』早稲田大学出版部，2003，は「福祉国家地域」間の国際比較と，各地域の福祉国家間の二重の国際比較である。

7）T. イーグルトン著，森田典正訳『ポストモダニズムの幻想』大月書店，1998，p. 5，では，ポストモダニズムを「深さがなく，脱中心化され，基礎をもたず，自己観照的で，戯れ的で，模倣的で，折衷的で，複数的」と批判的な言及を行なっている。

8）例えば，鈴木敏正『エンパワーメントの教育学――ユネスコとグラムシとポスト・ポストモダン』北樹出版，1999；R. Taylor, *For a Radical Higher Education: After Postmodernism*, Open University Press, 2002.

9）例えば，D. Mackinnon, *Education in Western Europe*, Open University Press, 1997；藤田英典ほか編『世界の教育改革』(岩波講座：現代の教育12)岩波書店，1998；黒沢惟昭・佐久間孝正編『世界の教育改革の思想と現状』理想社，2000；文部科学省編『2001諸外国の教育の動き』財務省印刷局，2002；「特集：教育の危機と改革」『季刊アソシエ』第8号，2002；OECD著，御園生純・稲川英嗣監訳『世界の教育改革――OECD教育政策分析』明石書店，2002，参照。なお大桃敏行他編『教育改革の国際比較』ミネルヴァ書房，2007は，本章執筆時以降の動向を含めて検討を加えている。

10）例えば，堀尾輝久『人間形成と教育』岩波書店，1991；佐藤一子『生涯学習と社会参加』東京大学出版会，1998；E. ハミルトン著，田中雅文ほか訳『成人教育は社会を変える』玉川大学出版部，2003，参照。

11）例えば，中内敏夫・小野征夫編『人間形成論の視野』大月書店，2004；鈴木敏正『学校型教育を超えて』北樹出版，1997，参照。

12）例えば，G. ジョーンズ，C. ウォーレス著，宮本みち子ほか訳『若者はなぜ大人になれないのか？――家族・国家・シティズンシップ』新評論，1996；不破和彦編訳『成人教育と市民社会――行動的シティズンシップの可能性』青木書店，2002；A. Lockyer et al., *Education for Democratic Citizenship*, ASGATE, 2003，参照。

13）P. ラングラン著，波多野完治訳『生涯教育入門』全日本社会教育連合会，1973。

14）E. ジェルピ著，前平泰志訳『生涯教育――抑圧と解放の弁証法』東京創元社，

1983；E. ジェルピ・海老原治善編『生涯教育のアイデンティティ』エイデル研究所，1988。
15）佐藤一子「21 世紀への鍵としての生涯学習――第 5 回国際成人教育会議報告」東京大学生涯学習計画講座『生涯学習・社会教育学研究』第 22 号，1997。
16）H. S. ボーラ著，岩橋恵子ほか訳『国際成人教育論』東信堂，1997，p. 194。
17）例えば，藤田秀雄編『ユネスコ学習権宣言と基本的人権』教育史料出版会，2001。
18）M. ノールズ著，堀薫夫・三輪建二監訳『成人教育の現代的実践』鳳書房，2002。
19）P. クラントン著，入江直子・三輪建二監訳『おとなの学びを創る』鳳書房，2004。
20）山崎功監修『グラムシ選集』全 6 巻，合同出版，1961-64。その文化的ヘゲモニー論については，前掲注 8)，鈴木文献，第 3，4 章参照。
21）P. フレイレ著，里見実訳『希望の教育学』太郎次郎社，2001；P. フレイレ著，里見実訳『被抑圧者の教育学』亜紀書房，1979。
22）T. Lovett (ed.), *Radical Approaches to Adult Education*, Routledge, 1988; T. Lovett, *Adult Education and Community Action*, Croom Helm, 1982.
23）E. Wenger, *Communities of Practice*, Cambridge University Press, 1998，E. ウェンガーほか著，野村恭彦監修，櫻井祐子訳『コミュニティ・オブ・プラクティス』翔泳社，2002。
24）Y. エンゲストローム著，山住勝広ほか訳『拡張による学習――活動理論からのアプローチ』新曜社，1999。
25）例えば，渡邊洋子『生涯学習時代の成人教育学』明石書店，2002。
26）例えば，D. ショーン著，佐藤学・秋田喜代美訳『専門家の知恵』ゆみる出版，2001。
27）小林剛ほか編『臨床教育学序説』柏書房，2002。
28）例えば，島田修一編『生涯学習のあらたな地平』国土社，1996；社会教育推進全国協議会編『社会教育・生涯学習ハンドブック』(第 6 版)エイデル研究所，2000，などの実践世界はその生きた事例である。
29）例えば，山田定市編著『地域づくりと生涯学習の計画化』北海道大学図書刊行会，1997。
30）例えば，宇沢弘文『社会的共通資本』(岩波新書)岩波書店，2000；神野直彦『人間回復の経済学』(岩波新書)岩波書店，2002；長野県総合計画審議会答申『未来への提言』2004；R. パットナム著，河田潤一訳『哲学する民主主義』NTT 出版，2001。

第１章　現代生涯学習の意義と革新

第１章第１節では，人類社会のなかで生涯学習という学びの思想とシステムがどのような歴史的文脈のなかで発展を遂げ，そして現代社会に不可欠なものとしての位置づけ＝「地球時代の生涯学習」となってきたかを理念と思想を軸に簡潔に述べる。

第２節では，日本の 1990 年代以降の教育改革が国家政策として地域における新たな国民統合の手段として「生涯学習」政策を多面的に展開してきていること，それが学校，社会教育，地域での多様な学習活動をも包摂してきているだけでなく，福祉，経済，地域づくりなどとも連動して組織されてきていることに触れる。しかし，それは他方で「生涯学習」から排除疎外されている人々を生み出すとともに，その内容に批判的かつオルタナティブ(代替的)な活動を新たに生成させつつあることにも触れている。

第３節では，生涯学習・高等継続教育研究において，本書の主たる対象としている日英の双方の比較研究の意味について，これまでの研究史に即して，成果と課題を簡潔に整理している。比較研究の困難さと同時に，近年の共通する課題が明らかにされる。

第１節　生涯学習の現代的意義

現代社会は，激動の只中にあるといってよい。政治的・社会的・文化的・技術的な変動の激しさは，時代に追いつくこと(catch up with)，知識を更新すること(up dating)を絶えず人々に強いている。それでも，自分は時代に取り残されているのではないかという不安は現代人に共通するひとつの心性的特徴といえよう。しかし，時代の激動こそは，逆に人々に社会を読み取る力や見通しを求めさせる土台ともなっていることに注目したい。

とりわけ，現代の生産諸力の物質的な基盤，教育制度の拡充，平均寿命の延長，情報化と国際化の進展は，その矛盾面と同時に，「人間らしく生きる」ことと「生涯にわたって学習する権利」(right to lifelong learning)との結合を，初めて本格的に可能にさせてきているという積極面としてとらえる必要がある。生涯学習をそのように，時代の積載能力の可能性の高まりとしてとらえることは，逆に現代の国民生活のさまざまな危機の主体的な解決の在り方を明確にさせるものといえる。

ここに，すべての人にとって生きる上で必要不可欠な「人間解放」(human liberation)の手段としての「生涯学習」の役割がかつてなく重みを増してきているといえる。

1　生涯学習の思想と歴史——前史

ところで，上記に述べたような生涯学習を終生にわたる自学自習という意味での「修養」として考えれば，中国やギリシャの古典哲学のなかにも見いだすことが可能ではあろう。真理の探究を軸とした生涯学習は，しかしそれらの時代には，恩恵に浴した人々がごく少数の選良(エリート知識人)に限られていたこともあり，古典的というべきであった。

選ばれたごくひとにぎりの人々の特権的な学習から，すべての人々への開かれた学習へという視点の発展は，中世末期にあって，すでに6時間労働のもとに自由な学習，精神活動を論じたT. モアの『ユートピア』(1516)やT. カンパネラの『太陽の都』(1623)を経由して，フランス革命期にようやくその近代的な原型を示したといえる。

2　生涯学習の現代的意義

生涯学習の現代的な意義は，21世紀に向かった国際的な人権の高まりの流れのなかにも典型的に看取されよう。「学習権宣言」(第4回ユネスコ世界成人教育会議，パリ，1985)や，「子どもの権利に関する条約」(国連総会，1989)，『学習──秘められた宝』(ユネスコ教育21世紀委員会報告，1996)などは，その最良のテキストのひとつともいえる。

これらは，現代社会の科学技術(テクノロジー)や民主主義(デモクラシー)の発展の上に立つ新しい人権の拡大の可能性を示すとともに，地球規模でみればその実現を阻むさまざまな現実の障壁が同様に大きく立ちはだかっていることも示してきた。しかし，障壁を打開する力は主体の形成にあることも明白である。学習を自己教育にまで高め，その成果を実際生活に生かし問題解決に立ち向かう子ども，青年，大人はいかに形成されるのか？ そのための自律的な学習・教育システムはいかにあるべきか？ 我々に課せられ，問われていることは多い。とりわけ，平和，環境，男女平等，福祉，教育，文化などの課題を創造的に推し進めるための能動的主体的な生涯学習の在り方が具体的に求められてきているのである。生涯学習が時代のひとつのキーワードであるとは，そのような意味においてである。

フランス革命当時の代表的な教育改革思想家M.コンドルセは，この分野の近代の夜明けの鐘を鳴らした人物のひとりであったといえる。その「永続教育」(l'éducation permanente)構想(1792)は，科学・学問の国民的普及をめざす単線型学校体系の実現の上に，さらに学校後教育と継続教育の結合を示唆するリセ(高校)の「日曜公開講座」案などに明瞭に示されていた。

ところで，「生涯学習時代」といわれるような今日の考えの成熟と発展は，コンドルセらの18世紀啓蒙思想からさらに英国に典型的にみられた産業革命期およびその後の諸改革思想家(R.オーエン，W.ラベット，W.モリスなど)を経て，20世紀の発展を待たなければならなかった。

ここには，2つの流れがあったといえよう。1つには，エリートと大衆との複線的な学校制度の支配の強い英国にあって，第1次大戦後の成人教育委員会の最終報告書(1919)にみられたような中等教育の拡充の方向とともに，「市民形成としての成人の学習」を学校後の継続教育として位置づける方向であった。そこには，実践におけるボランタリズムを容認しつつも，「国家的必要物」として「成人教育」を「生涯にわたるもの」と位置づけ，国，地方教育当局，民間団体，大学との連携が志向されていた。

2つには，第2次大戦下，フランスのレジスタンス運動に連なるG.バシュラールの生涯学校（l'ecole permanente）構想や，ランジュバン・ワロン計画（1947）の一般原則にみられる「あらゆる段階を通じて」無償・非宗教的公教育を，子どものみならず，すべての成人にも保障しようとする学習権保障の思想的系譜であった。

3　生涯学習理念の国際的進展

これらの前史をもとにしながらも，新しい「生涯教育」の考え（アイデア）は，1960年のカナダ・モントリオールでの「第2回ユネスコ世界成人教育推進国際委員会」での提唱が最初であった。それは，技術革新，都市化と工業化，政治的世界の分裂，核戦争の危機に対応して学校教育体系と成人教育体系との全体的な結合・連携概念としての提唱であった。しかし，国際的により大きな波紋と影響を与えたのは，1965年の「第3回ユネスコ世界成人教育推進国際委員会」に提案されたP.ラングランのワーキング・ペーパー"L'education Permanente"（生涯教育）であった。この提案は，教育―学習を「人の一生という時系列に沿った垂直的な次元と，個および社会の生活全体にわたる水平的な次元の双方について，必要な統合」をはかることによって，これまでの教育体系に根本的な変革，すなわち教育制度，体制，構造，方法の本質的な革新を迫るものであった。その中身は，学校教育と学校外教育・社会教育との統合，一般教育と職業教育との統合が軸ではあったが，それとともに，ユネスコのそれまでの成人基礎教育，識字教育，開発教育などの教育との統合をも意図するものであった。

これら「統合」（integration）概念をキーコンセプトとするユネスコ＝P.ラングランの「生涯教育」論は，その後の教育改革論議に大きな影響を与えたといえる。OECDのリカレント教育の提唱（1970），1971年の教育国際開発委員会・フォール委員会の報告書*Learning to be*（未来の学習），ILOの「教育有給休暇条約」（第140号，1974）などがその典型といえよう。ユネスコにおいては，P.ラングランの後任のE.ジェルピ段階に，生涯学習・生涯教育思想のさらに大きな展開と転換が示された。E.ジェルピにみられるいわゆる第三世界を視野に入れ，生涯学習の二面的な性格(抑圧か解放か)の弁証法的な把握と主体的な参加＝自己決定学習を促す思想は，今日さらに継承・発展させるべき多くの事例を生成してきたといえる。例えば，P.フレイレは，学校などが陥る「銀行型教育」を批判し，いつの日か引き出すための預金としての学習ではなく，人々の日常の意識化と問題解決のための提起型の学習や成人基礎教育を組織し，大きな影響を与えた。このような思想の系譜は，ユネスコの「成人の学習に関するハンブルク宣言」(1997)，あるいは「未来へのアジェンダ」(1997)，「21世紀に向けての高等教育宣言」(1998)，「持続可能な開発に関するヨハネスブルク宣言」(2002)など，21世紀に引き継がれてきたといえる。

生涯学習の実際の進展は，その学習権保障としての組織や制度，施設が，世界各国に共通な市場原理による公的部門の縮小を迫られているなど，単純ではない。しかし一方では，人々の学びの要求は確実に高等継続教育の伸張を促してきた。アメリカの短期高等教育としてのコミュニティカレッジの発展や，北米各地での学校から仕事への移行を組織する(school to work)実践の広がり，地域学習を保障するスタディ・サークル(スウェーデン)の持続的発展，欧米都市部での多様な民族的文化的な構成をもつ地域での多文化共生の市民教育(citizenship education)の不撓不屈の試み，世界各地での自然を生かしての循環型農業と持続可能な地域発展をめざす環境学習の広がり，単なる貧困ではない複合的な社会的排除をなくすための学習と行動の組織化など，これまでにない生涯学習の動向が看取できよう。

第2節　地域の国民統治をめぐる国家政策と生涯学習

はじめに

前節までの生涯学習の思想や理論の発展は，同時にそれと対応して，あるいは並行する国家政策の革新を求めてきた。本節では，そのことに焦点をあてることになる。

21世紀初頭の我が国の教育改革は，その歴史的骨格を20世紀後半，特に1990年代に形成してきた。ここでは，その全体像を明瞭にしておこう。それは，80年代の臨教審が徹底しきれなかった改革を，教育関係法全体を改正する形で決着させ，次なる目標，憲法・教育基本法改正を視野に入れ始めたものであった。またそれは，教育改革単独の問題ではなく，国家全体の統治機構・政治経済改革のなかに組み込んで行なわれようとしてきた。こうしたスケールの問題を，どのような視野と方法で分析するかは，当然に多くの論議を必要としよう[1)]。

1　危機に立つ国家

(1)　国家政策における危機意識

1990年代半ばを折り返してから，我が国の国家政策の論調は，ほんの少し前までのバブル期の楽観論とは打って変わって，悲壮感とペシミズムを根底においての危機意識に彩られることになった。「このままでは，日本は世界から取り残される。いままでの枠組みや思考方法では，21世紀における名誉ある位置を保つことはできない」などなど[2)]。97年元旦からの『日本経済新聞』の「次の世代へ，2020年からの警鐘」「日本が消える」キャンペーンなどは，その典型であった。「連立」政権以降の政治力学は，「「危機」の打開に向けての改革の断行は，この時期を外してはありえない」との判断に傾いていた。当時の橋本内閣の五大改革に教育改革が加えられて六大改革と呼ばれるのは，この時期であった(97年1月)。いわゆる「官民あげての改革」に，労働組合の一部も，参加と創造を掲げて加わるようになっていた[3)]。「財政構造改革法」「地方分権推進法」にもとづく「財政構造改革会議」「規制緩和小委員会」「地方分権推進委員会」などの諸論議は，並行して次々と発表される財界団体の「日本改革構想案」[4)]と密接な連関性をもちながら，きわめてストレートな，その意味で明確な主張を提言していた。それは，国家政策の「危機意識」の大胆な表明であり，「打開」のための処方箋の提示であった。こうしたゼネラルな政策の諸論議が，次に各論の論議と実行を求めるのは理の必然である。教育改革は，五大改革に加えて，国民意識の統合をはかるための「始末をつける」役割を求められたのである。考えてみれば，教育政策は常に教育内在的に提起されるわけではない。この意味で，教育改革を論じるときに，ともすれば陥りやすい視野の狭い教育論議を避ける上でも，国家と資本の国家改革・再編成の企図を明確にし，その一環としての教育政策をリアルにとらえることが求められているのである[5)]。ここでは，この間の政策の基本原理のひとつとされてきた「危機」論とセットになった「新自由主義的改革」に最初に焦点をあて，それがいかに総体としての「教育改革」に影響を与えてきたのかから始めよう。

(2)　新自由主義政策の徹底とその破綻——国際的レベルでの揺り戻し

過去四半世紀ほどの，いわゆる先進資本主義国の一定部分に共通する政策的動向の特徴を示せば，以下のとおりであろう。

第1は，国際レベルでの急進的な新自由主義的改革の徹底である。1980年代から90年代にかけて，新自由主義的改革の潮流は，多国籍企業段階の資本のグローバリゼーション，とりわけ国際的基準の再編動向と連動して，いわゆる「先進国」諸国を覆う，共通の政策潮流であった。ケインズ理論から新古典派経済学＝新自由主義政策への転換は，「先進国」共通のキーワードかにみえた[6)]。それは，市場原理での社会・経済活動に伴う社会問題の是正や，個人の自助努力のみに依拠しない社会保障政策や，雇用，教育・訓練政策などの福祉国家政策が正当性を否定され，むしろその財政的負担が市場における資本の自由な活動を抑制し，国民の国家依存体質を助長するものと非難されたのである。資本と労働階級との矛盾の緩和，労働運動の穏和化をねらいとした福祉国家政策は「終焉」を宣言されたかにみえた。

例えば，レーガン，サッチャー，中曽根といった当時の政権の新自由主義・新保守主義政策は，その急進性において共通のものがあった。これらの国々では「政府の役割を重視し，資本主義に対する一定のコントロールと大衆的な社会保障体制を柱にした，国民国家的資本主義国家」から「市場機能に経済を委ね，政府の役割を小さくして，かつハードにし(軍事・治安・外交などへの国家力能に重点をシフトする)，国民国家的制約をきりつめる多国籍的企業本位の資本主義国家」への改革・改造が強行されたのである[7]。そして，新自由主義的改革の内容は，①民営化，②規制緩和，③福祉国家の財政修正，④分権化，⑤国際貿易・投資の自由化に集約されたが，それは経済政策というよりは多分に政治的なイデオロギーに主導されるものであった[8]。その結果として民衆の困苦の増大，中小企業・零細自営業などの犠牲の増大，国際的競争力に欠ける産業の縮小ないし放棄，社会内の階層的不平等の拡大，失業の増大，労働運動の抑圧も必要悪とされた。

80年代から90年代にかけてのこうした十年余の極端な新自由主義政策は，金融市場の投機的混乱，競争原理による弱者犠牲を必然化し，貧富差と地球的規模の資源の浪費を拡大した。また，経済の安定性は損なわれ，人々の拝金主義と企業のモラルハザードをもたらした。多くの国々では，金融マフィアともいうべき悪が暗躍し，官僚と政治家と資本との癒着や，汚職・収賄など腐敗・堕落もかつてなく蔓延することになった。

第2は，行き過ぎた政策の破綻と揺り戻しである。例えば，21世紀に向けての持続発展が新自由主義的改革で可能なのか？ 真の自由や平等は，新自由主義的改革でもたらされるのか？ さらに，貧富の差の拡大や地球上の南北格差問題を，新自由主義政策は一層拡大しているのではないか？ 等々。そうした問いと疑問が次第に大きくなるにつれ，まずヨーロッパを中心に，こうした政策の行き過ぎへの反省が求められるようになってきた。労働運動，環境や平和を求める市民運動(NGO，NPO運動も含めて)の対抗運動が盛り上がり，地方選挙，国政選挙，ヨーロッパ議会選挙などで，それまでの極端な新自由主義政策の修正を掲げる議員の増大や，新自由主義を掲げる保守政権の敗北と社会民主主義的な新政権の誕生など変化が起きてきたのである[9]。

(3)　日本の1990年代――改革と対抗のダイナミクス

ところで，国際レベルでの新自由主義政策の徹底とその破綻・揺り戻しは，ただちには日本に及んだわけではなかった。むしろ悲劇的なのは，新自由主義的改革への批判と反省が多くの国の基調となろうとするときに，時代錯誤のように新自由主義的改革を徹底しようとしている姿である。しかも，多くの国が福祉国家の批判として新自由主義的改革を導入しようとしたのに対し，日本は低福祉国家で有名であっても福祉施策の行き過ぎをもって新自由主義的改革を語る資格は，最初から欠落している国であったからである。ここで，日本の政治経済改革の動向の全体を論じることはできないが，その若干の特徴をみておこう。

第1は，日本型福祉政策の低水準性である。日本型福祉政策は日本型産業構造と不可分一体のものであった。すなわち，日本型産業構造——日本型労使関係，過労死型雇用・賃金構造，職業訓練システム，トヨタ方式にみられる下請け企業の膨大な存在など——を維持しようとする資本・財界は，国，自治体に公共事業優先を求め，公費の投入を産業部門以外には厳しく抑制を求める合理化政策を長く強要してきた。したがって朝日訴訟にみられたような国の文化的生存権理解の低水準をいかに克服するのかがこれまでの課題であった。

第2は，規制緩和政策の問題である。前述の社会保障政策の貧困に加えての，規制緩和，市場原理優先の改革は，二重に国民に犠牲を強いるものであった。したがって，改革への「痛みの分かち合い」と自助努力・自己責任の強調は，とりわけ社会的な弱者や市場原理になじまない公共的分野を直撃した。この意味で，多国籍企業段階に合わせたグローバルスタンダードに適応するための構造転換は，財界の「危機」意識の表明ではあっても，国民に犠牲を強いることの必然性と説得力にはなりえないものであった[10)]。

第3は，日本型福祉社会論の幻想性である。日本型福祉社会とは，自助努力と家族扶助および近隣共同体の扶助機能を前提としての，公私混合福祉であった。しかし，その機能が曲がりなりにも「有効性」を政策上主張しえたかにみえたのは，せいぜい1970年代までであり，80年代以降の日本社会の政治・経済の構造変容は，家族も地域共同体もかつての結合の強さを失い，「解体」の危機にあるといえる。したがって，日本型福祉社会は，ある意味で幻想であり，イデオロギー的統合理念にとどまらざるをえない[11)]。

第4は，日本型福祉社会論の破綻問題である。社会における家族・近隣扶助機能の衰弱のなかで公的福祉を縮小し，自助努力・自己責任の上に，競争・能力原理と市場原理が強調されれば，何を帰結させるかは明白であろう。実際に多くの調査は，貧富の階層差が少子化時代の子育て・教育や高齢社会における介護や福祉にこれまで以上に大きな影響をもたらし，社会的弱者や低所得層に矛盾を集約させてきていることを示している。しかも国家・自治体の公共性が低水準であるにもかかわらず，現段階をナショナルミニマムの達成水準ととらえ，これからは公的セクターを縮減し，可能な限り「民＝企業」に移行させるという発想は，特殊日本的というほかはない。とりわけ，民間事業者へのアウトソーシング(外部委託)の大胆な導入による「問題解決」という見地は，公共性の撤退と放棄ともいうべきであって，国民の間を二分し，断裂社会化を促進せざるをえまい。これが，21世紀の豊かな福祉社会というイメージの，裏側の現実の行き着く先なのであろうか？ 残念ながら，国家の国民への公共的責任の貧しさをこれほどに露骨に示している国は，少ないといわなければならない。

2　教育改革プログラムの意図

前述の新自由主義的政治経済学にもとづく「改革」の断行は，教育にも及んだ。しかも，ほかの領域と比してむしろ「改革」へ組み込みやすい，とさえ考えられているかのごとくにである。

(1)　国家構造改革政策としての教育改革

前述の強圧的な新自由主義的国家政策は，個別省庁のバラバラな施策の集成でなしうるわけはなく，統一的共通原理のもとに強行されるものとなる。1980年代に出発した「臨調」(臨時行政調査会)型施策は，臨教審，自治体行政改革，労働行政改革などを引き出し，さらに90年代に入って，財政構造改革法，地方分権推進法などを呼び水としながら，前述した橋本内閣時の六大改革などに集約されてきた[12]。時代の焦点は構造改革にあり，それに異を唱えるものは守旧派，時代遅れとの非難を浴びせるメディアの世論誘導も盛んになされた。六大改革のひとつたる教育改革は，一番最後にもちだされ，

「教育改革プログラム」(1997 年 1 月策定，97 年 8 月および 98 年 4 月改訂）に集約された。それは，地方分権推進委員会や財政構造改革会議などの政策にもとづきながら，次のような内容の骨格をもつものとして，4 点に表現された(1998 年 4 月改訂版)。

①心の教育を充実する—幼児期からの心の教育の国民的機運の醸成，家庭におけるしつけの充実，地域社会の力の活用，学校は心を育てる場に，生きる力の育成とゆとりある学校生活の実現，完全学校週 5 日制の実施，子どもの悩みを受け止められる教員の養成

②個性を伸ばし多様な選択ができる学校制度を実現する—中高一貫教育制度，大学入試年齢制限緩和，公立小中学校の通学区域の弾力化，幼稚園・保育園の連携強化など

③現場の自主性を尊重した学校づくりを促進する—主体性のある学校運営，地方が責任をもつ行政制度の実現，自由で闊達な社会教育の推進

④大学改革と研究振興を進める—21 世紀の大学像の策定，柔軟な高等教育の実現，学術研究と科学技術研究の総合的展開の促進，産学連携による研究の活性化

4 点の目標は，1997 年当初の表現にあった〈教育制度の革新〉，〈社会の要請の変化への機敏な対応〉，〈学校外の社会との積極的な連携〉，〈国際化の促進〉，〈教育改革の輪を広げるための経済界等との協議の場などの設定〉などの，国家政策そのものからの要請としての露骨な表現を避けて，教育関連審議会への諮問を基礎としての，具体的な目標に沿うような文部省的表現に改訂したものといえる。しかし，そのような表現の差異にかかわらず，これらの改革の基本骨格は，国全体の新自由主義的改革に規定されながら，民営化・規制緩和・地方分権をキーワードとして市場原理・競争原理を導入し，教育の個別化・自由化・私事化を押し進めようとするものであることは明確であった[13)]。

(2)　教育改革関係審議会の相次ぐ諮問と答申

前述の教育改革(プログラム)に連動して，教育関係審議会は当時の文相の

相次ぐ諮問に応えて答申を重ねてきた。その主要なものを以下に列記しよう。

○中央教育審議会(以下，中教審)「幼児期からの心の教育の在り方について」(1998年6月答申)，「今後の地方教育行政の在り方について」(98年3月中間報告，98年9月答申)

○生涯学習審議会(以下，生涯学習審)「青少年の〈生きる力〉をはぐくむ地域社会の環境の充実方策」「社会の変化に対応した社会教育行政の在り方」(「中間まとめ」1998年3月，98年9月答申，「生涯学習の成果を生かすための方策」)

○大学審議会「21世紀の大学像と今後の改革方策について――競争的環境のなかで個性が輝く大学」(1998年6月「中間まとめ」，98年10月答申)

○教育課程審議会「21世紀に向けた初等中等教育の教育内容の在り方について」(1998年8月答申)

○教育職員養成審議会「新たな時代に向けた教員養成の改善方策について」(1998年10月答申)

これらの一連の答申は，基本的に同一の枠組みとシナリオにおいて，それぞれがパートを演じ合い，総体としての「教育改革」を遂行するという構造をもつ。ところで，「教育改革」の基本構造をめぐっては，これまでも多くの議論がある。教育の現状をよしとする議論は，国民サイドは無論のこと，政府サイドにおいても少ない。しかし，教育改革の必要性については誰しもが認めるとして，改革の在り方については，すでに臨教審論議の場合もそうであったが，政府サイドも一枚岩ではなくさまざまな対立点や複雑な利害が絡み合い，その理解は容易ではない。

(3)　国民側のオルタナティブ政策と運動の動向

ところで，当然のことながらトップダウン方式の教育改革には，国民的合意や討議が欠如せざるをえない。しかも1990年代以降の改革は，多少の犠牲もやむなしとの判断が政策側の強圧性を特徴づけていた。誤解を恐れず，やや単純化していえば，こうした政策の全面的展開に対し，この間の対抗的運動の立ち上がりは，けっして十分とはいえなかった。この場合，対抗的な運動の機軸となるのは以下の2つであろう。1つは，労働運動や政治的対抗運動であり，2つ目は，地域レベルの住民運動(さまざまな命と暮らしを守る運動，それとNPO，ボランティアセクターなどの運動)である。前者については，現今の政治力学における労働運動や政治的対抗的勢力の形成は，さまざまな懐柔と分断を受けながらも新たな発展途上にあり，きわめて流動的である。ここでは，そのことを指摘するにとどめたい。後者については，ようやくさまざまな地域での住民運動の意思表明と市民活動ネットワーキングが組織されてきている。そして，そのような運動の主体形成は，運動それ自身のプロセスとともに，それを意味づける自己教育活動，言い換えれば生涯学習の発展に負うものが多くあることは，この間の実践が教えるところである[14)]。ここでは，そうした代替方向を踏まえながら，なぜ市場化になじまない国民生活に密着する領域(医療，福祉，教育など)をも対象として，国民犠牲と負担を求める政策の，強圧的で説明なき適用がなされるのか？ そして，教育改革は国と地域レベルで何をねらい，日本はどこへ行こうとしているのか？ そうした基本的な疑問を少しでも明らかにする必要があろう。

3　地域をめぐる国家教育政策——その再編成のヘゲモニーをめぐって

(1)　主体形成をめぐる危機

どのように，豊かで文化的な生活を送り，人間らしい成長発達や自己実現をはかっていくかは，子どもも大人も共通して直面する課題である。とりわけ，バブル経済崩壊後，不安の時代，不透明な時代，大不況と就職難，大量失業の時代等々，けっしてよそ事ではないと思える現実が，背景に広がりをみせてきている。加えて，暗い「世紀末」にふさわしい「情報」を，メディアは大量に放出しながら人々の暮らしの不安意識を醸成し続けてきた。

1995年は，その意味でシンボリックな年であった。阪神・淡路大地震，オウム真理教のサリン攻撃とその奇怪な終末観(ハルマゲドン予告)の登場は，「最悪の年」として人々に記憶された。さらに，96年の神戸小学生の中学生少年による殺人事件は，その後の危機の予兆と意識された。すでに，いじめ，不登校，高校中退，教師の体罰，校則・管理教育，画一的教育，受験競争の過熱化とその弊害，変動社会の適合性の低下など，教育関係審議会が取り上げるトピックは，メディアの好むエピソードでもあり，「改革の気分」を醸成するに十分にみえた。しかし，ある論者もいうようにこうした「問題」のとらえ方それ自身に問題が潜んでいるのである[15)]。なぜ，このような事態が深刻化し広がってきたのか？ 根本的に打つべき手は何なのか？ そうした，因果の関係，構造的な把握こそ求められているのであって，部分的な対症療法で事柄が解決するわけではない。

にもかかわらず，この段階では運動主体にも十分な解決の処方箋が見いだせないような，ある意味でこれまでの教育実践の経験だけに頼っていては明確に把握しえないような事象が続出し始めたことも事実である。「ムカツキ」や「ナイフ」に代弁される子どもの新たな荒れの進展，女子高校生の「援助交際」や若者の性風俗のゆがみ，学校・学級崩壊ともいうべき教授学習時空間の空洞化，家庭や地域の養育機能や連帯性の低下の広がり，等々。どこか，社会の根底の部分に亀裂や断層が走っているとも思われるような，いたましい現象が続出してきたのである。それは，人間的な信頼や連帯・共同による解決ではなく，市場原理での競争のもとでの個人主義的自己防衛（＝「私的解決」）の矛盾がもたらす，深刻な病理ともいうべき現象であった。

しかも，このようななかで，制度や法のシステム不全や「制度疲労」を理由に，教育の機会均等や学習権の制度的な保障システムの規制緩和と公費教育のスリム化を迫る教育改革が，足下を洗い始めたのである。こうした政策に本来異議申し立てをするであろう，対抗運動の組織的主体としての教員組合運動や自治体職員組合運動にも，教育実践での模索に似た焦りや，地方財政危機の財源不足から生じる閉塞感や無力感の広がりがないわけではなかった。

したがって，この間の対抗的運動を担う主体の側は，国家と資本による強権的な教育改革の押しつけと，教育現実の現状の深刻さへの二重の危機意識を強くもたざるをえない必然性があったといえる。それが故にこそ，国民の不安の根源の生活意識を深くとらえ，真の危機の所在や改革の課題を明確にする必要が鋭く提起されてきていることも明確である。

(2)　教育改革の構図——国と地域再編成のグランドデザインとは？

深刻な教育矛盾の拡大に，教育関係審議会がその答申において打ち出した改革のひとつの焦点は，「生きる力とゆとり」のもとの学校のスリム化・学校週5日制の実現であり，審議課題は「幼児期からの心の教育の在り方」「青少年の〈生きる力〉をはぐくむ地域社会の環境の充実方策」「21世紀に向けた初等中等教育の教育内容の在り方」「新たな時代に向けた教員養成の改善方策」などであった。そしてもうひとつが，臨教審以来の生涯学習体系への移行や規制緩和と地方分権を車の両輪としての，教育改革プログラムの制度的実現をはかるものとして，審議課題「今後の地方教育行政の在り方」「社会の変化に対応した社会教育行政の在り方」「21世紀の大学像と今後の改革方策」であった。

前者が，学校を中心としての教育課程・内容の大幅な縮減・スリム化を打ち出し，また本来家庭や地域社会の自治的形成機能に属する「心の教育」や「地域社会環境」の改革をねらうのに対して，後者では，初等教育から大学・大学院までの学校体系，あるいは生涯学習行政の視点から社会教育やコミュニティ行政までといった教育制度・教育体系の総合的・構造的変革を打ち出していることが注目される。そして，教育改革は，この両者(内容とシステム)の統合的変革を国(再中央集権化)と地域(地方分権)の両面で行なおうとしているのである。その具体的な実行は，教育関係法律の全体的な改正である。そして，そうしたグランドセオリーの論議がオルタナティブな教育運動側にも求められていることに留意しておきたい[16)]。

4　国家政策としての教育改革——地域と教育の再編をめぐって

1990年代の中教審と生涯学習審との関係把握については，すでに言及したことがあるが[17)]，ここでは，その後の主要な論点を新たに整理することで，本節の「むすび」としたい。

(1)　教育政策把握の多角的総合的視野の必要

教育改革の国家政策上の位置づけは，前述のとおりである。他方，教育政策固有の内的な連関性については，臨教審以降の「生涯学習体系への移行」政策のなかで，学校教育機能と社会教育・生涯学習機能(以下「社会生涯学習」)との「連携」「融合」が，ことのほか強調されるようになってきた。この場合，従来のアプローチには，大きな偏り――社会生涯学習サイドからの学校教育を含んでの総合的視野に比して，多くの場合，学校教育サイドからの社会生涯学習を除外した視野の狭さ――が存在した。しかし，学校週5日制の実施に絡んでの教育課程の精選論議，あるいは学校機能のスリム化論議，さらに「青少年」の自己形成の危機が顕在化するなかで，学校機能の「地域社会での受け皿論」や「開かれた学校論」が多く交わされるようになってきた。いわば，教育矛盾の拡大とともに，学校と社会教育との「連携」「融合」論がにわかに緊急性をもって語られるようになってきたのである。これは，否定的接近ともいうべき現象ではあるが，多くの新たな実践と理論課題が提起されてきているのも事実である。さまざまな地域の文化協同運動，子育て支援ネットワーク事業，プレイパークや遊び場公園におけるプレイワーク実践，野外活動や環境学習のフィールドワーク，子どもや青年の居場所づくり・フリースペース活動，オルタナティブスクールの開設運動，開かれた学校づくりと地域住民の教育課程参加・参画実践，農山村留学や労働体験学習，「青年の家」や公民館あるいは青年団などの小中学生との触れ合い対話活動や世代間交流事業などである。このような事例には，イニシアティブを誰が発揮するのかという問題があるが，新たな可能性が拓かれてきていることも無視しえない。多角的な視野の検討が必要となってきたのである[18)]。

(2)　地域生涯学習政策の構図――中教審・生涯学習審の接近と統合

しかし，中教審・生涯学習審の接近と統合の問題には，否定的接近の副産物の積極面はあるとはいえ，多くの危惧されるべき問題が内包されていた。それは，次のようなことである。①学校教育のスリム化のツケの受け皿としての「日常生活圏」の社会生涯学習のイメージの曖昧さ(経済同友会の「合校」論における「基礎基本教室」「自由教室」「体験教室」の三重化の構造の底辺部)がつきまとうこと，②学校教育の貧しさの補完としての特別非常勤講師など地域住民の活用の問題性，③校長の裁量・任命の上での学校評議員の創設の危険性，④民間人からの校長の登用や教師の民間企業への派遣研修の恣意的危険性，⑤学区制の弾力化や公立中高一貫校の創設による学校体系の複線化がもたらす公立学校の差別的貧困化や荒れの危険性，⑥少年法改正問題と連動しての地域での警察行政と一体化する健全育成運動の危険性，⑦社会生涯学習施設の民営化・独立法人化，あるいは社会生涯学習職員の専門職性の弾力化に伴う学習機会・プログラムの営利的商品化，施設の有料化の促進，体制的動員的ボランティアの活用などの危険性，⑧公民館運営審議会や図書館協議会，博物館協議会などの必置規定の廃止による，施設運営の住民参加の後退や恣意的運営の危険性，などである[19]。

(3)　国家的地域統合と国民的な地域づくりとの分岐点

したがって，これから求められるのは2つの岐路の主体的な認識であろう。ひとつは，国民の生涯学習の要求を逆手にとっての，国家的地域統合の担い手としての生涯学習の組織化である。都道府県レベルでの生涯学習カレッジや県民カレッジでの生涯学習の成果の評価や，ボランティアあるいは「指導者」人材としての登録と組織化などは，その典型であろう。さまざまな学習機関やグループ・団体を生涯学習推進体制のネットワーク的連携に結びつけること，学校教員の社会教育主事としての連携推進役としての位置づけの強化もここに含まれよう。

他方，もうひとつは，地域でのさまざまな学習機会(フォーマル，ノンフォーマル，インフォーマル)を，地域住民の主体的な参加と話し合いによって，柔軟に組み合わせていく学習構造をいかにつくり上げていくかである。それは，学校教育と社会生涯学習の再編成でもあり，地域の産業・仕事おこし・職業能力開発と文化的・福祉的なまちづくりの統合でもあり，さまざまな専門分野のさまざまな人々・団体を横に結びつけ，地域発展の可能性を多面的かつ内発的に探求していく地域住民大学の創造の課題でもある。それは，生涯学習計画化という別名をもつ学びの協働の取り組みであろう。この岐路の批判的自覚化と主体的選択(自己決定)力量が問われてきているのである。

注

1）この論文執筆時には，当然ながら，構想されていなかったが，2006年12月に47年教育基本法は改正された。その道を用意したものとして，本節を読んで頂けると幸甚である。
　社会教育法の改正問題については，島田修一「生涯学習審「答申」をどうみるか」および長澤成次「生涯学習審議会答申と社会教育関連法「改正」」いずれも『月刊社会教育』1998年12月号，参照。国家機構改革問題としては，広渡清吾「グローバリゼーションと日本国家」および市橋克哉「日本国家の力能再編――行政改革・地方分権・規制緩和をどうみるか」いずれも『法の科学』第27号，1998；渡辺治ほか編『講座現代日本』全4巻，大月書店，1996-97；「特集：国家の役割と統治構造改革」『ジュリスト』第1133号，1998年5月1日・15日合併号，参照。

2）『財政構造改革を考える――明るい未来を子どもたちに』財政制度審議会，1996；『光り輝く国をめざして――規制緩和の推進に関する意見(第一次)』行政改革委員会，1995；『光り輝く国をめざして――規制緩和の推進に関する意見(第二次)』行政改革委員会，1996，などに典型的に示されている。

3）市川昭午・連合総合生活開発研究所編『生涯かがやき続けるために――21世紀の「しごと」と学習のビジョン』第一書林，1996。いわゆる世界的大競争の時代に，国家政策の展開に対する連合のオルタナティブは「自立した勤労者の形成」「キャリア設計のできる職業人の育成」が目標という。経済同友会の「合校」論にも異論がないとする連合の政策は，真のオルタナティブになりうるのであろうか？ G.マコーマック著，松居弘道・松村博訳『空虚な楽園』みすず書房，1998，は「20世紀を見送る日本」の未来に，「繁栄の代償として日本がこうむった傷」の回復をめざす新たな人々の出現を期待するが，まえがきによせたN.フィールドの指摘同様，体制にすり寄っていく人々への採点は辛い。

4）日経連『新時代の「日本的経営」――挑戦すべき方向とその具体策』1995；経済同友会『学校から「合校」へ』1995；経団連『創造的な人材の育成に向けて――求められる教育改革と企業の行動』1996；経団連『魅力ある日本――創造への責任』1996，など参照。

5）渡辺治「支配層の21世紀戦略と教育改革」『教育』1997年9月号。

6）例えば，初期の潮流分析としてT.ティーマイヤーほか編，尾上久雄ほか編訳『民営化の世界的潮流』お茶の水書房，1987；田口富久治編『主要諸国の行政改革』勁草書房，1982；法政大学比較経済研究所『新保守主義の経済社会政策――レーガン，サッチャー，中曽根三政権の比較研究』法政大学出版局，1989。なお，横田茂・永山利和編『転換期の行財政システム』大月書店，1995，参照。

7）植木俊哉「「地域統合の法」の構造と特質」岩村正彦ほか編『国際社会と法』(岩波講座現代の法 2)岩波書店，1997，pp. 239-261。なお，室井力ほか編『現代国家の公共性分析』日本評論社，1990，p. 14，では，市民的生存権的公共性と国家的特権的公共性との対立の構造を明確にしている。

8）宮本憲一「いま求められる公共政策の考え方」『住民と自治』1998年6月号。あるいは，内橋克人編『経済学は誰のためにあるのか――市場原理至上主義批判』岩波書店，1997，参照。

9）前掲注 1)，広瀬文献，また例えば，後藤道夫「資本主義批判の現在と変革イメージ」後藤道夫編『新たな社会への基礎イメージ』大月書店，1995。なお拙稿「イギリスにおける大学成人教育の危機と新しい可能性」『高等教育と生涯学習』(日本社会教育学会年報第42集)東洋館出版社，1998，および，姉崎洋一ほか「イギリス成人教育の新しい可能性(その 1-8)」『広島平和科学』第20号，は，この間の英国の社会経済動向と成人継続教育との関連構造を問題としてきた。

10）例えば，山家悠紀夫『偽りの危機，本物の危機』東洋経済新報社，1997，あるいは，内橋克人ほか『規制緩和　何をもたらすか』(岩波ブックレット 458)岩波書店，1998，参照。

11）例えば，埋橋孝文『現代福祉国家の国際比較――日本モデルの位置づけと展望』日本評論社，1997，p. 198，あるいは A. グールド著，高島進ほか訳『福祉国家はどこへいくのか――日本・イギリス・スウェーデン』ミネルヴァ書房，1997。

12）例えば，自治体問題研究所編『地方分権の「歪み」』自治体問題研究所，1998；「永山利和・三輪定宣対談――六大改革の中の「教育改革」を斬る」『季刊エデュカス』第20号，1998。

13）例えば，藤田英典『教育改革』岩波書店，1997，p. 3；堀尾輝久『現代社会と教育』岩波書店，1997；宇沢弘文『日本の教育を考える』岩波書店，1998；堀尾輝久「教育改革と教育基本法」川合章・室井力編『教育基本法　歴史と研究』新日本出版社，1998。改革審議に加わっての当事者としての議論に，小川正人「中教審の教育行政改革」『季刊教育法』第117号，1998。

14）拙稿「地方分権・規制緩和と社会教育法制」『教育基本法 50 年――その総括と展望』(日本教育法学会年報 27)有斐閣，1998；拙稿「市民の学びと NPO 法」『月刊社会教育』1998年12月号；佐藤一子『生涯学習と社会参加』東京大学出版会，1998。

15）前掲注 13)，藤田文献，p. 173。

16）例えば，渡辺治・後藤道夫編『日本社会の対抗と構想』(講座現代日本 1)大月書店，1997，参照。

17）拙稿「学校のスリム化と地域――社会教育・学校教育をつなぐ地域教育政策の動き」『教育』1998年6月号。

18) 増山均「自立と社会参加の模索と創造」『月刊社会教育』(12月臨時増刊号：日本の社会教育 1998) 1998。

19) 例えば，拙稿「社会教育法改正をめぐる動きと課題」『季刊教育法』第118号，1998，あるいは，拙稿「公民館・図書館等の必置規制の見直し」小川正人編『地方教育行政の改革と学校管理職』教育開発研究所，1998。なお，文部省生涯学習局生涯学習振興課長・寺脇研の司会のもと，通商産業省生活産業局文化関連産業課長，労働省職業能力開発課長，建設省都市局公園緑地課長，農林水産省農産園芸局普及教育課青年農業者対策室長，厚生省社会・援護局施設人材課長の出席する「座談会：生涯学習社会の構築に向けて」『文部時報』第1462号，1998，は，過去10年間ほどでの各省庁の「開国」というべき考え方の変化をもとに，生涯学習政策の省庁間連携への若手課長レベルの新自由主義的な率直な政策意図が無邪気なほどに披瀝されている。文部省内部のそのほかの部局は，これほどには多弁ではないが，学校と社会教育の連携・融合はこうした議論に影響されざるをえない。なお，寺脇のその後のさまざまな場での奔放な発言，そして失脚，民間への転身(2006)には，文部(科学)省内の，生涯学習政策に関する熾烈な暗闘が推察される。

第3節　日本と英国の生涯学習研究――比較研究の視点

はじめに――日英生涯学習の比較研究に関しての若干の方法的視点

日本と英国のように，歴史的背景，言語，文化，政治経済構造も異なる相互の社会間において，教育はどのように比較分析可能なのか？ いわゆる教育における比較研究は，これまで多く指摘されてきたようにそれほど単純なことではない。異なる社会間の教育に関する現象的な異同を数多く取り上げて，それをある種の仮説のもとに類型化をはかり整理することは，これまで多くなされてきたし，初期段階にはそれほど無駄なことではない。しかし，その内部構造に立ち入って質的な異同性を歴史的かつ構造的に論じることは，それほど容易なことではない。また厳密な意味で学問的な検討に耐えるようになるには，多くの個別的な研究蓄積が必要不可欠である。さらにいえば，本節のような2国間比較というレベルではなく多国間比較においては，比較における複眼的な尺度や指標など分析における方法的仮説検討が一層求められる[1)]。

もちろん，ここで教育の比較研究という場合，一般的には，いくつかの異なるアプローチが想定される。誤解を恐れずにいえば，それは3つの方向からの既存研究として整理されよう。

1つは，人間の成長発達の生理学的・医学的・心理学的研究である。これは，乳幼児期の発達研究などで知られるように，ある程度の国際的な共通分析視点や概念・方法が確認されてきており，何ほどかの成果と成功を果たしてきている領域である。

2つには，これまた多くの試みがなされてきたが，教育システムの組織・制度，政策などについての比較史ないし現実動態の比較研究である。これも，まだ端緒的ではあるが，統計データの集積や個別研究が，一定程度蓄積をみせてきている。近年では，各国の教育政策や教育改革などにおいてこうした知見が利用され，また影響を与えてきていることも事実である。

3つには，教育実践ないし教育思想を媒介としての〈教育―学習〉過程と，その過程を通じての主体形成の理論の比較研究である。人間の意識と存在に働きかける〈教育―学習〉の役割や実践理論は，いわゆるフォーマル教育―ノンフォーマル教育―インフォーマル教育の3類型においても，共通理論の生成と精緻化を求めてきている。ここには，教育理論・教育思想の比較研究も含まれよう。

ところで，念のためにいえば，ここでは教育の比較研究一般について論じることが目的ではない。本節では，上記の3つの異なる比較研究アプローチにおいて，主に2と3のアプローチを前提として，日本と英国(主としてイングランドを対象として)における高等成人継続教育の比較研究を意識した上で，両国の生涯学習研究分析の素描を行なう。

1　日本と英国の生涯学習研究分析の前提
――教育における比較研究の可能性と限界

(1)　教育の比較研究をめぐる歴史的論争点の推移

本節では当然に深く立ち入ることはできないが，教育システムないしその機能についての比較研究をめぐっての論点はいくつかに整理できよう。

第1に，かつて論じられたことのひとつは，日本の教育の「近代化」をめぐっての論争点であった。ここではその細部には立ち入らないが，いわゆる追いつき型「近代化」とその「成功」についての，賛否の議論が多くなされたことは事実であった[2)]。ここには，R. P. ドーアの後進国の特性としての「後発効果」理論なども含まれよう。

第2は，教育の社会的規定をめぐっての論争である。いくらか過去に属するが，1950年代の教育科学論争(いわゆる土台―上部構造をめぐっての教育構造論争，教育実践と教育理論をめぐっての教育実践論争など)の経験などは，そのひとつであった。

第3は，階級・階層と教育，あるいは貧困と文化的剝奪，さらには文化的再生産をめぐる論争である。教育の果たす階層移動効果の実証的批判的検討，立身出世教育と能力主義教育ないし能力原理(メリトクラシー)との区別と関連など，比較研究における現代的共通論点の基礎をなす問題である[3)]。

第4は，公教育の範囲や役割をめぐる論争点である。とりわけ，1980～90年代にかけての教育の民営化，新自由主義的改革の国際的動向は，それぞれの社会・国家での公教育の在り方をめぐる教育改革動向としてあらわれてきている。教育政策やシステムの制度設計における教育理念，教育価値をめぐっても多くの論争点が浮かび上がってきている。例えば①自由・選択，②平等・公正，③効率・能率，④教育の質の4つの価値の関係性は，教育改革をめぐる中核的論点である[4)]。

第5は，80年代後半から90年代以降の国家政策としての生涯学習政策の展開である。日本では，具体的には，臨教審以降の「生涯学習体系への移行」政策としてあらわれてきている[5)]。

本節で，分析上考慮されるのはこの第4，および第5の論点であり，特に第5の問題が焦点となる。具体的には次のような点である。

1つには，日本における生涯学習の市場化政策と国・地方公共団体の公共的責任縮減の急速な展開である。90年のいわゆる「生涯学習振興整備法」の立法化，地方分権委員会や生涯学習審の答申を受けての一連の社会教育関連法の改正(99年の「地方分権一括法」，2001年の教育関連6法の改正など)

などは，その法制的な基盤整備であり，地方分権，規制緩和，行政改革がそのキーワードとなってきた[6]。

2つには，教育行政の責任範域の再編統合が急激に進められており，国にあっては中央省庁再編法により文部省は科学技術庁と統合されて文部科学省に，地方公共団体にあっては，教育委員会機能の再編統合が進められている。国の審議会においても，生涯学習審や大学審議会は中教審に吸引され，各部会を構成することになった。さらに，このことは従来の学校教育，社会教育，家庭教育相互の境界を再編融合させ，「社会奉仕体験活動」の促進や「家庭教育の振興」のために，より密接な連関構造化がはかられようとしている。

3つには，初等教育，中等教育に続いての中等後教育をどのように再編するかが，生涯学習政策との連関でも焦点化されてきている。すなわち，新たな統合概念としての中等後教育の内容と方法，行政・制度をこれまでの高等教育，職業能力開発，社会教育と分断されていたシステムとの連関でいかに再編統合させるかが課題となってきているのである。

このことは，本節との関係では，近年の英国においても高等継続教育を含む生涯学習政策の展開において同様の論争点を有し，比較研究を要する論点のひとつである。

(2)　生 涯 教 育――学習政策の国家的類型性

ところで，生涯教育・生涯学習政策には，その社会発展段階においておおよそ3つの類型がみられる。

第1は，〈先進工業国型〉の類型である。それは，主として中等後教育としての生涯学習政策の展開であり，内容的には①職業能力開発・資格取得型，②非職業的教養教育型，③地域発展教育型などに類型化されてきた。しかし，近年ではこの3類型についての区分よりも統合に関心が寄せられ，高等教育との連携が強化されてきているといえよう。なお，〈先進工業国型〉にあっても，生涯学習政策には，消費としての生涯学習（公教育の市場化）に力を入れる日本に対して，教育投資としての生涯学習（職業能力開発と連携）に力を入れるヨーロッパ（英国を含む）との対照的な相違がみられる[7]。

第2は，〈発展途上国型〉の類型である。これは，いわゆる第3世界の生涯学習にみられる，成人基礎教育，識字教育，社会学習型・参加型学習などに典型的である。ここでは，生涯学習は抑圧からの解放の道具としての位置づけが与えられる。学習形態としては，不定形型学習(ノンフォーマル教育)をとる場合が多い[8)]。

第3は，〈新興工業国型〉の類型である。これらの国々では，かつての日本がそうであったように先進工業国への追いつき型政策として学校教育重視があり，副産物としていわゆるR. P. ドーアのいう「学歴稼ぎ」と受験激化の「後発効果」が出現している。同時に，欧米や日本を参考にしながらの生涯教育・生涯学習政策の受容が開始され始めている[9)]。

(3)　日本の生涯学習政策の歴史的変化

こうしたなかで，日本の生涯教育・生涯学習は，独自な政策形成がはかられてきている。光のあて方によって整理のされ方は異なるが，おおよそ次のような歴史的な軌跡と展開をみることが可能である。

1つには，生涯教育という用語と考えは，1965年のユネスコの世界成人教育推進国際委員会でのP. ラングランの報告文書とそのいち早い紹介(波多野完治の役割)によって普及され，知られるように初期は教育界よりも産業界での労働者の自己啓発思想として着目された。

2つには，生涯教育の政策的な活用と体系化は，当初，文部省を中心に進められ，当時の中教審，社会教育審議会(社教審)の各答申(いずれも1971)，さらに中教審答申「生涯教育について」(1981)に具現されたが，まだアイデアの域を脱するものではなかった。

3つには，臨教審(1984～87)が，それ以前の文部省用語としての生涯教育から，他省庁も参入可能な国家政策としての「生涯学習」に考えを転換させたことは，大きな政策転換を意味した。すなわち，教育体系上の「生涯学習体系」への「移行」と，国家政策上の複合的な「生涯学習」政策としてである。前者においては，文部省の筆頭局として生涯学習局(1989)が置かれ，学校教育と社会教育との融合政策，学校5日制などの旗振り役となった。後者では，当時の文部省以外の労働，厚生，通産，自治，農水，建設の各省や国土庁など多くの省庁の政策推進における重要な起動力として生涯学習が位置づけられた。

4つには，いわゆる生涯学習振興整備法成立(1990)である。同法における，政策決定の力学構造は，職業能力開発の労働省でも，コミュニティ行政の自治省でも，福祉ボランティア育成の厚生省でもなく，新規サービス産業育成の通産省に最終的なイニシアティブが握られ，文部省との共管の法律として誕生した。その意味で，教育法というよりも産業法の性格が色濃いものであった。以降，生涯学習の市場化政策，とりわけ消費としての生涯学習観が政策当事者を強く支配していくことになった。しかし，バブル経済崩壊後，この施策は思うようには展開していないことも事実である。

5つには，上記をより徹底させるための法律改正が，既述したように地方分権，規制緩和の施策と唱和しながら進められてきたのである(1999，2001両年の社会教育関連法の改正)。そこには，新たな国民統合の道具としての生涯学習政策も復活してきていることが留意される[10)]。

このように，過去40年ほどの歴史的動向と照らし合わせると，我が国の生涯学習政策は，一定の政策変化を含みながら，①教育改革の「統合」概念としての注目，②各領域における国家政策の国民動員の推進イデオロギーとしての位置づけ，③国際的な新自由主義的改革に合わせた教育の市場化・産業化の先兵としての役割，④「痛み」を伴う国家の構造改革を進めるための国民統合の思想としての位置づけ，⑤学校教育，家庭教育，社会教育の一体的融合型の国民の内面形成の統合政策としての位置づけなど，多面的な機能と役割を担わされていることが注目される。

しかし，国家政策は，国民の要求や運動の洗礼を受けることなしには実現されえないことも事実である。ここでは，対抗的運動について詳述しないが，国家政策の政治・経済力学的動態にかかわらず，国民の生涯学習要求の広がり，学習権思想の拡大の面からとらえかえせば，過去40年間の歴史は国民の解放の道具としての生涯学習思想と実践の大きな進展の歴史であったことは共通に確認しておきたい。

(4)　生涯学習の教育制度・政策上のインパクト

これまで，生涯学習の政策上の意味づけについて論じてきたが，生涯学習政策や思想が与えた教育の制度概念あるいは教育理論構成上のインパクトは別な視点で整理できよう。誤解を恐れずに，いくつかの用語概念の類型をみておこう。

1つは「社会・生涯教育」(小川利夫・新海英行)[11] という定義づけである。ここには小川・新海の教育制度上のこだわりが看取されよう。すなわち，社会問題としての社会教育の視点と制度概念としての生涯学習の用語の曖昧さを排して，生涯教育という教育制度概念を生かして統合しようとする考えである。「社会教育・生涯学習」という並列的な用語法への批判もうかがえる。

2つ目は，「大人の学び」と「生涯学習」(佐藤一子)[12] という視点の提示である。佐藤は，宮原誠一の問題意識，すなわち「社会教育」の再解釈を求める最も基底的な要因としての歴史の「世界史的相互規定」に学びながら，社会的通念としての「生涯学習」という用語の普及にかかわらず「社会教育」という用語の積極的な意味づけを見いだすとすれば，「法制度として実体化してきた社会教育」が「学習の営みと自己教育運動」を通じて「「社会における」おとなの学びの発展を支える場として機能してきたという歴史的事実の認識」を出発点にすべきと述べる。また，それぞれの国・地方の特殊性に即して形成されてきた多様性をもつ「成人教育」「民衆教育」「コミュニティ教育」などと同様に，日本の「社会教育」も再解釈されるべきであり，その限りで「社会における学び」から「社会を創る学び」としての社会教育への再解釈と再構成をはかるべきであり，その視点からの「生涯学習」の位置づけを提起している。そして，現代的な新たな実践舞台として，従来の地方自治体の社会教育に加えて，高等教育機関とNPOの形態に注目すべきことをあげている。

3つには，生涯学習と高等教育との接続関係の新たな構築の動向である。ここには，高等教育という主としてアメリカにおいて発達してきた制度概念が，生涯学習政策や国民の生涯学習要求と接触を深めていくなかでさらに広がりをもち始めていることを意味している。生涯学習機関としての高等教育機関は，非伝統型学生の増大や高等教育機関の外部社会への社会サービスの提供の増大など，すでに足を踏み出してきている。ここにおいて，英米圏における伝統的概念としての大学成人教育などの「高等成人教育」概念，あるいは職業能力開発や職業準備教育の高等教育への接続の増大によって生成しつつある「高等継続教育」概念などが，生涯学習思想の広がりのなかで再解釈と再構成を求められてきているといえる[13)]。

2　英国「成人継続教育」の先行研究とその系譜
——日英生涯学習比較研究の前提として

これまで，日本の社会教育・生涯学習研究は，その方法的視点や実践的な視点，教育理論上の示唆を，歴史的に一歩先行する欧米の国々に先例を求めて研究する場合が多かった。英国はそのひとつの典型的なモデルであった。こうした方法的視点については，欧米追随的な思考方法ないし〈先進—後進〉モデルの単純化として，今日批判的にとらえる視点も散見されるが，清算主義的な批判はあまり有益ではない。むしろ，そうした批判を受け止めながら，我が国固有の実践的・理論的課題を追求する視点が重要であろう。以下に，やや世代論的な限界をもつといえるが，英国成人継続教育，生涯学習研究の系譜について素描を行なっておきたい。

(1)　古木弘造，宮原誠一，小堀勉，津高正文，碓井正久らの第1世代研究

英国成人教育については，すでに戦前1920年代の我が国の社会教育形成整備期において，帰朝した官僚・研究者らによって端緒的な調査報告や紹介がなされていた[14)]。しかし，その自由な研究は第2次大戦後を待たなければならなかった。特にその学問的な対象化は，50年代以降，東京大学，名古屋大学などに社会教育講座が開設され，研究者の自由な研究が始まってからであった。トインビーホール，セツルメント，大学拡張運動，メカニックインスティテュート，WEAチュートリアルクラス，マンスブリッジなどの事例や運動，人物の紹介，さらに19年最終報告書，24年成人教育規定，44年教育法などの分析によって英国成人教育の制度化の道筋や責任団体制度が注

目されてきた。英国成人教育関連の文献も紹介され始め，S. G. レイボールド編『英国成人教育における潮流』(1958)，R. ビアーズ『成人教育――比較研究』(1959)などが基礎になって検討され始めた。

(2)　真野典雄，諸岡和房らの第2世代研究

第1世代の薫陶を受けたり，留学などを通じて，次の世代の研究が始まっていった。この世代あたりから，比較研究の視点や視座の模索，具体的な実証を通じての個別事象・事例の歴史的研究や紹介がなされていくことになった。英国の文献も，まとまった形のものが刊行され始め，それらによる研究も始まっていった。T. ケリーの『英国成人教育史』(1962)，B. サイモンの『英国教育史』のシリーズ刊行開始(1960)，J. F. C. ハリソンの『学習と生活』(1961)等々がそれである。

(3)　宮坂広作，上杉孝實，藤岡貞彦，島田修一，小川剛，奥田康弘，朝倉征夫，香川正弘，加藤詔士らの第3世代研究

第3世代といっても，まとまったひとつの傾向があるわけではない。その方法や英国成人教育への関心の抱き方も多様である。具体的には，特定の歴史的事象の実証主義的研究(大学拡張運動やメカニックインスティテュートなど)や問題史的著作(宮坂広作『英国成人教育史の研究』Ⅰ・Ⅱ，明石書店，1996)，また留学を契機として日英比較を意識しての研究も始まってきたといえる。例えば，そうした日英の研究者交流の成果として，日英の現代成人教育・社会教育の比較研究も行なわれていくことになった。J. E. トーマス『日本社会教育小史』(藤岡貞彦・嶋田修一訳，青木書店，1991)，M. D. スティーブンス著『イギリス教育学者のみた日本の教育』(上杉孝實・江阪正己訳，新世社・サイエンス社，1993)，M. D. スティーブンス著『日本の教育・日本の未来』(上杉孝實訳，新世社・サイエンス社，1994)などはその端緒的なものといえた。また，英国においても，成人教育から成人継続教育への転換が行なわれ，現代的な課題を踏まえて，あるいは比較研究を意図しての刊行物が出版されるようになってきた。世代的には多少幅があるものの，

C. デューク，C. ティトマス，P. ジャービス，T. ラベットなどが紹介されるようになってきた。

(4)　佐久間孝正，川添正人，鈴木敏正，姉崎洋一，左口真朗，田村佳子，矢口悦子，渡邉洋子らの第4世代研究

次の世代は，第3世代の研究成果に刺激を受けながらより現代的な関心から英国成人継続教育にアプローチしてきている。そこには，エスニックマイノリティや失業者，女性，高齢者など社会的不利益者に視点をあてたり，サッチャー，メージャー，ブレアと政権の変動に伴う生涯学習政策の変遷の分析，大学成人教育や責任団体の役割への現代的関心から逆に歴史研究にアプローチするもの，大人の学びや学習過程について実践的な考察を進めたり，地域発展教育に関心を向けるものまで多様である。成人継続教育に関しての翻訳刊行物も増加し始めた。このことは英国においても同様であり，新たな世代の研究が紹介され始め，ある種の協働的な調査研究や，共時的な関心の形成がなされてきた。英国においても，R. フィールドハウス，K. ウォード，K. フォレスター，R. テイラー，T. スティール，S. ブルックフィールド，J. L. トンプソンなど，新たな世代の研究紹介もされ始めてきたといえる。

このように，英国成人継続教育の研究史的な系譜と変遷をたどるとき，現代においては，次のような共通関心軸が形成されてきていることに気づかされる。

すなわち，1つは，地域間比較研究の進展である。国の政策を踏まえながらも，英国ないし日本の地域間比較の研究が始まってきているといえよう。そこでは，地域づくり教育，地域発展教育の可能性，社会的発展と社会統合ないし排除の構造，住民の主体形成への多様な支援の在り方についての検討がなされてきている[15]。

2つ目は，日英の共通現象への比較の視点の検討である。新自由主義的な改革動向のなかで，規制緩和や生涯学習政策がどのように受け止められあるいは対抗的な力を生み出していくか？ 財政問題，専門職問題，教育的実践課題はどのようなインパクトを受けているかである[16]。

3つ目は，成人継続教育ないし社会教育に参加できなかったり疎外されている，教育的ないし社会的不利益層への働きかけの方法についての比較検討であり，いわゆる忘れられた人々の学習権保障問題である。障害者，女性，高齢者，エスニックマイノリティ，失業者，低学歴・非熟練・無資格な若者などがターゲットであり，そうした人々に向けてのアウトリーチ型のアクセスコース，やり直しや自信回復プログラム，職業能力開発と職へのガイダンスプログラムなど多様である[17)]。

4つ目は，成人継続教育ないし社会教育，あるいは生涯学習に関しての研究方法論への関心である。とりわけ，教育体系，職業資格体系における成人継続教育，高等成人教育，高等継続教育の相互連関と位置づけ，大人の学びにおける参加型ないし自己決定型学習の教育学上の新たな問題提起など，新たな課題を通して創造されるべき理論と実践が浮かび上がってきている[18)]。

3　日英生涯学習の比較研究においての今後の検討課題

これまでに筆者自身の研究も含めて，着手されてきた課題は以下のことであった。ここでは，問題の指摘にとどまるが，今後の個別研究の蓄積とその総合化が必要である。

(1)　日英生涯学習研究において比較検討すべき実践的理論課題

1)　教育システム上の位置づけ

生涯学習政策が，教育システムに与えるインパクトは大きい。生涯学習政策は，

①中等後教育・高等継続教育の再編を含む学校体系の再編
②職業資格や技術・技能の生涯学習としての絶えざる更新の促進
③市民意識・市民精神の涵養と地域創造の促進
④家庭・学校・地域・職場での国民統合と社会統制の鍵的役割

など，政策，法，行財政，専門職の在り方に変革を求める政策といえる。

それだけに，そのイニシアティブ(ヘゲモニー)を誰が握るのかが焦点となる。この点で，日英両国においては，この生涯学習政策の重要性認識におい

ては共通しているが，政策決定のヘゲモニーをめぐる拮抗関係・構造は大きく異なる。公的責任縮小と消費的生涯学習市場拡大策に傾く日本に対して，労使の一致点での労働力陶冶と生涯学習の振興をはかる英国，という基本的なスタンスの違いがまずある。さらに，生涯学習事業の供給主体の質的差異がある。すなわち，英国では，国，LEA(地方教育当局)，WEA(労働者教育協会)などの責任団体，大学の4者のパートナーシップ関係構築がある程度蓄積されてきたが，日本では，国，地方公共団体(首長部局と教育委員会)，民間教育文化産業，一部の高等教育機関とのパートナーシップ構築は，未成熟であるばかりか，問題関心が弱いといえる。

2)　日英生涯学習事業の共通点と相違点の比較検討

1)でも触れたように，生涯学習事業の供給主体は日英で大きく異なる。1つ目は，日本においては社会教育関係団体という独特な団体組織化がみられたが，英国のWEAのような責任団体的な主体，ある意味でNPO的な生涯学習事業主体は未発達であり，その相違点は比較研究の対象として興味深い。2つ目には，英国では民間教育文化産業の領域は限定されており，日本のように民間活力の活用政策を地方公共団体も住民も支持してこなかったという歴史的伝統があるが，日本においては，1980年代以降生涯学習政策上，強力にその領域の拡大がめざされてきた。この相違点はどこにあるのか検討されるべきである。3つ目は，日本のすぐれた実践の蓄積という意味では，憲法・教育基本法と接続する社会教育法を有し，公民館での事業実践の豊かな展開がみられることである。この点では，英国の成人教育センター，継続教育カレッジ，コミュニティセンターの広がりは，日本の公民館ほどではない。しかし，それらにはもちろん独自な実践が蓄積されており，比較検討がもっと進められるべきである。4つ目として，日本では，英国と比較して，高等成人教育や継続高等教育の発展という意味での，高等教育と生涯学習事業との接続関係やパートナーシップ構築が未成熟であったこともあり，英国の大学成人教育，宿泊制カレッジ，継続高等教育事業，労働者教育・職業能力開発・リカレント教育などの蓄積や歴史的教訓を検討し，日本の課題を比較検討していくことは依然として重要な課題である。

3）社会的不利益層の研究

新自由主義的改革において，日本の政権は特にそうであるが，英国においてもサッチャー・メージャー政権時代，機会均等政策や，教育的平等をめぐる論議への中央政府の関心は薄かった。しかし英国においては，住民サイドに立った施策は，よりボランタリーな活動として，あるいは自治体と大学・責任団体の事業として，逆流に抗して，あるいはオルタナティブな施策として行なわれてきた。ブレア政権の誕生は，このことに一定程度追い風となるものであった。1980年代のリプラン事業展開，さらにコミュニティ発展教育は，90年代以降，EUのプロジェクトなどの資金をも獲得しながら，女性，高齢者，失業者，エスニックマイノリティ，無資格低教育歴などの教育的不利益ないし社会的不利益層への自信回復，教育や職業能力開発事業へのアクセス学習や，機関間連携事業を行なってきた。このことは，我が国における地域創造活動と地域発展に向けた学習，ニューカマーといわれる滞日型外国人への支援活動と多文化共生型学習への取り組み，生育過程でのさまざまな負荷を背負った若者への新たな共同学習としての生活史学習や居場所づくり運動，ホームレスの人々，障害者の人々への支援事業などにおけるさまざまなボランティア活動の組織化，NPO型の多様な社会運動とそこでの学習活動などと，比較検討され深められていくべき共通課題を含んでいると思われる。

4）労働職業能力開発のイニシアティブの問題

日英の生涯学習政策・事業において大きな差異をもつものとして追加されるべきは，労働者の職業能力開発事業の目的，運営主体，法と制度，学習・教育形態にある。英国の大学，企業，労働組合，教育雇用省などの連携による職業能力開発（employee development）プログラム事業などと比較して，日本の場合，OJT型の企業内教育やキャリア開発型の事業に依存して進められてきただけに，この分野での独自な研究の進展が求められてきている。

5）学習プログラム開発

日英の社会教育と成人継続教育との，学習・教育上の実践的な知見と方法の具体的な比較検討は，教育学上の興味深いテーマである。英国における実践上の経験を重視した大人の学びや，教育の方法的プロセスや，支援援助の実際的・具体的な分析研究は，伝統的なチュートリアルクラスの実践だけでなく，多様な施設や場でのコミュニティ成人教育，女性のセカンドチャンス・プログラム，モジュラー型オープンラーニングなどの事例分析として深められてきている。日本においても，公民館での学級・講座での学習実践（教養学習や多様な問題解決型学習，障害者青年学級，公民館保育室の実践，識字教室や生活日本語教室実践，等々），青年団や女性団体などでの自己教育活動においての話し合い学習，共同学習，生活記録学習，生活史学習，環境問題や平和問題などでのフィールド調査学習や当事者への聞き取り学習など，多様な実践が蓄積されてきている。これらを，〈学習―教育〉過程の力動的な構造のなかでとらえかえし，主体形成の理論と実践を創造していくことは，日英の社会教育・生涯学習，成人継続教育関係者の共通の課題であろう。

⑵　日英相互の生涯学習研究上の共通実践課題

日英の双方において，生涯学習の理論と実践が今後深めるべき社会的役割と機能，実践課題を最後にあげておこう。ここでは列挙するにとどまるが，共通のアジェンダであり，筆者自身，そのすべてはカバーできないにしても，同学の人々との今後の共同研究課題である。

①民衆の社会的自己実現と自己教育活動への支援・援助方策の多元的アプローチの開発
②大人の学びの多様な発展形態の可能性の探求
③地域社会・国際社会への主体的関わりと社会創造の学習の開発
④学問・専門科学の問い直しと使命の自覚（高等教育改革）
⑤労働の在り方や職業能力開発の革新
⑥社会的公正・正義・民主主義教育への貢献
⑦多文化共生型社会への貢献
⑧民衆の文化的生活への参加力量拡大
⑨社会教育・成人継続教育に従事する専門職の養成と研修の多様な研究
⑩社会教育・成人継続教育の学習・教育理論の深化

注

1）比較教育学は，教育史研究の応用的分野と理解されてきたが，近年その固有性について必ずしも明解ではないことへの批判がある。すなわち，いかなる分野も歴史研究や現実分析研究と同様に比較研究を不可欠とするからである。比較教育学の固有の学問的主張は，古典的にはI. L. キャンデルの *Comparative Education*（比較教育学研究）, Houghton Mifflin Company, 1933，が嚆矢とされるが，P. E. ジョーンズ著，村山英雄ほか訳『比較教育学』黎明書房，1975，をはじめ，近年には多くの諸論がある。例えば，馬越徹『比較教育学——越境のレッスン』東信堂，2007。我が国においても比較教育学会があり，この分野の研究での蓄積を果たしてきた。なお，日英の成人教育・生涯学習比較においては，佐久間孝正『英国の生涯学習社会』国土社，1989；宮坂広作『生涯学習の理論』亜紀書房，1990；上杉孝實『地域社会教育の展開』松籟社，1993，などに基本的な論点が出されている。生涯学習や教育政策に関わっての，英国ないし日本を含む多国間比較においては，黒沢惟昭・佐久間孝正編の2冊の本『苦悩する先進国の生涯学習』社会評論社，1996；『世界の教育改革の思想と現状』理想社，2000；高橋由明編『教育訓練の日・独・韓比較』中央大学出版部，1996；教育研究振興会編『生涯学習の時代——主要国の現状と課題』日本教育新聞社，1995，あるいは小林文人・佐藤一子編『世界の社会教育施設と公民館』エイデル研究所，2001，があるが，方法意識を明確にした多国間教育政策の比較研究としては，H. S. ボーラ著，岩橋恵子・猪飼美恵子訳『国際成人教育論』東信堂，1997；A. グリーン著，大田直子訳『教育，グローバリゼーション，国民国家』東京都立大学出版会，2000；G. ウイッティほか著，熊田聰子訳『教育における分権と選択』学文社，2000；C. ヤーラオシュ編『高等教育の変貌1860-1930』昭和堂，2000，などをあげておこう。

2）日本の近代化についての皮相な紹介を批判してのまとまったものとして，T. Horio, *Educational Thought and Ideology in Modern Japan*, University of Tokyo Press, 1988，があげられる。

3）階級・階層問題についての日英比較については，例えば，J. スコット著，渡辺雅男編『階級論の現在——イギリスと日本』青木書店，1998。関連して，J. ウェスターガード著，渡辺雅男訳『イギリス階級論』青木書店，1993；G. ジョーンズ，C. ウォーレス著，徳本登訳『若者はなぜ大人になれないのか——家族・国家・シティズンシップ』新評論，1996，など参照。

4）例えば，前掲注1)，G. ウイッティほか文献；佐伯胖ほか編『世界の教育改革』（岩波講座・現代の教育12）岩波書店，1998；坪井由実「自治体教育政策と教育法」日本教育法学会編『自治・分権と教育法』（講座・現代教育法3）三省堂，2001，参照。

5）拙稿「生涯学習と社会教育法」『新世紀への教育法学の課題』（日本教育法学会年報20）有斐閣，1991。

6）拙稿「地方分権・規制緩和と社会教育法制」『教育基本法50年——その総括と展

望』(日本教育法学会年報27)有斐閣，1998。

7）例えば，OECD/JAPANセミナー(国立婦人教育会館，1994)のメインテーマ「生涯学習――未来への戦略」，サブテーマ①「総合戦略としての生涯学習振興」，②「消費としての生涯学習活動」，③「投資としての生涯学習活動」における日本と外国専門家の報告に明瞭であった。

8）前掲注1)，H.S.ボーラ文献，参照。

9）前掲注1)，黒沢ほか編『世界の教育改革の思想と現状』，参照。

10）拙稿「社会教育・生涯学習を推進する条例・規則の動向と課題」日本教育法学会編『自治・分権と教育法』(講座・現代教育法3)三省堂，2001。

11）小川利夫・新海英行編『社会・生涯教育文献集――総論』日本図書センター，1999，の小川利夫，新海英行，牧野篤の所論参照。なお，新海は，「「社会・生涯教育文献集」の構成と特色」と題する総論のなかで「社会教育と生涯教育(学習)の相互の関連をとらえ，それらを統一的に考察するため」と「社会・生涯教育」という用語を説明している。

12）佐藤一子『生涯学習と市民の参加』東京大学出版会，1998。

13）例えば，宮坂広作『大学改革と生涯学習』明石書房，1997，における「高等成人教育」概念の提起，あるいは高橋満「ドイツ継続高等教育政策分析」『成人と教育』第1号，1997。英国における概念を象徴するものとして *Further and Higher Education Act*, London HMSO, 1992，をあげておこう。

14）『社会教育の歴史と思想』(小川利夫社会教育論集2)亜紀書房，1998，および小川利夫『〈社会教育〉復刻の今日的意義』大空社，1991，参照。なお，この小川社会教育論集第2巻では小川のイギリス成人教育概念の歴史的な再検討が試みられている。

15）例えば，鈴木敏正を研究代表とする『日英周辺地域における地域社会発展と成人教育訓練の役割』(科学研究費報告)2000，参照。

16）前掲注1)，佐久間文献。

17）以下を参照されたい。拙稿「イギリスにおける大学成人教育の危機と新しい可能性」『高等教育と生涯学習』(日本社会教育学会年報第42集)東洋館出版社，1998；拙稿「成人基礎教育・識字教育の革新――英国パイオニアワークの事例を中心に」『国際識字年10年と日本の識字問題』(日本社会教育学会年報第35集)東洋館出版社，1991；姉崎洋一ほか「NIACEのリ・プラン事業の成果と課題」『名古屋短期大学紀要』第32号，1994；姉崎洋一ほか「英国地域再生計画とコミュニティ成人教育」『地方分権と自治体社会教育の展望』(日本社会教育学会年報第44集)東洋館出版社，2000；拙稿「イギリスのユースワーク」『地域青年リーダー養成に関する研究開発事業報告』日本青年館，1998；姉崎洋一ほか「イギリス成人教育の新しい可能性(その5)――EDプログラムの提起するもの」『広島平和科学』第17号，1995；姉崎洋一ほか「イギリス成人教育の新しい可能性(その6)――EDプログラムの課題」『広島平和科学』第18号，1996；拙稿「中高年トータルライフプラン開発のための調査研究――イギリスの事例から学ぶ」『中高年トータルライフプラン開発のための調査研究』報告書，日本福祉大学，1995；拙稿「イギリス成人教育の新しい可能性(その3)――ノーザンカレッジの場合」『愛知県立大学児童教育学科論集』第26号，1993，pp. 3-28。

18) 例えば，次の3つの論文集は，過去20年間ほどの英国成人継続教育動向の道案内となる。T. Lovett (ed.), *Radical Approaches to Adult Education*, London Croom Helm, 1988; M. Mayo and J. Thompson (eds.), *Adult Learning Critical Intelligence and Social Change*, NIACE, 1995; J. Thompson (ed.), Stretching the Academy, *The politics and practice of widening participation in Higher Education*, NIACE, 2000.

参考文献

本節の内容をより深めたい方のため，以下に，単行本に限っての主要な参考文献をあげる。

A　日本語文献(刊行年代順)

名古屋大学社会教育研究室『成人教育に関するケンブリッジ論文集』名古屋大学社会教育研究室，1964。

古木弘造編『外国の社会教育施設』名古屋大学社会教育研究室，1965。

宮原誠一『青年期の教育』国土社，1966。

古木弘造編『続・外国の社会教育施設』名古屋大学社会教育研究室，1967。

小堀勉編『欧米社会教育発達史』亜紀書房，1978。

森嶋通夫『続・イギリスと日本』岩波書店，1978。

佐久間孝正『イギリスの文化と生涯教育』人間の科学社，1983。

諸岡和房『社会教育の東と西』全日本社会教育連合会，1985。

B. サイモン，堀尾輝久『現代の教育改革――イギリスと日本』エイデル研究所，1987。

J. トンプソン著，上杉孝實ほか訳『解放を学ぶ女たち』勁草書房，1987(原著は1983)。

森嶋通夫『サッチャー時代のイギリス』岩波書店，1988。

J. E. トーマス著，島田修一・藤岡貞彦訳『日本社会教育小史』青木書店，1991(原著は1985)。

佐久間孝正『イギリスの多文化・多民族教育』国土社，1993。

上杉孝實『地域社会教育の展開』松籟社，1993。

宮坂広作『英国成人教育史の研究』I，II，明石書店，1996。

矢口悦子『イギリス成人教育の思想と制度』新評論，1998。

鈴木敏正『地域づくり教育の誕生――北アイルランドの実践分析』北海道大学図書刊行会，1998。

朝倉征夫『英国産業革命下の庶民教育』酒井書店，1999。

M. D. スティーブンス著，渡邊洋子訳『イギリス成人教育の展開』明石書店，

2000(原著は1990)。
左口真朗『20世紀英国成人教育文献を読む』名古屋短期大学，2001。
P.ジャービス著，黒沢惟昭・永井健夫監訳『国家市民社会と成人教育』明石書店，2001(原著は1993)。
不破和彦編著『成人教育と市民社会』青木書店，2002。

B　英語文献(日英比較のための参考文献——刊行年代順)

C. Duke and S. Marriott, *Paper Awards in Liberal Adult Education*, Joseph, 1973.
J. A. Blyth, *English University Adult Education*, Manchester University Press, 1983.
C. Titmus (ed.), *Widening the Field; Continuing Education in Higher Education*, SRHE and NFER-NELSON, 1985.
J. E. Thomas, *Learning Democracy in Japan*, Sage Publications, 1985.
S. D. Brookfield, *Understanding and Facilitating Adult Learning*, Jossey-Bass Inc. Pub., 1986.
R. Taylor and N. Young (eds.), *Campaigns for Peace*, Taylor Young Editors, 1987.
P. Jarvis (ed.), *Twentieth Century Thinkers in Adult and Continuing Education*, Kogan Page, 1987.
T. Lovett (ed.), *Radical Approaches to Adult Education: A Reader*, Routledge, 1988.
M. D. Stephens (ed.), *Culture, Education and the State*, Routledge, 1988.
B. Simon (ed.), *The Search for Enlightenment*, Lawrence & Wishart Ltd., 1990.
M. D. Stephens, *Adult Education*, Cassell Educational Ltd., 1990.
K. Forrester and K. Ward (eds.), *Unemployment, Education and Training*, Caddo Gap Press, 1991.
S. Miura et al., *Lifelong Learning in Japan: An Introduction*, National Federation of Social Education in Japan, 1991.
Learning to Succeed. Report of the National Commission on Education, 1993, issued by National Commission on Education, National Federation of Social Education in Japan, 1993.
B. Simon, *The State and Educational Change*, Lawrence & Wishart Ltd., 1994.
M. Mayo and J. Thompson (eds.), *Adult Learning Critical Intelligence and Social Change*, NIACE, 1995.
J. Elliot et al. (eds.), *Communities and Their Universities*, Lawrence & Wishart Ltd., 1996.
S. Walters (ed.), *Globalization, Adult Education and Trainig, Impacts and Issues*,

Zed Books, 1997.

T. Steel, *The Emergence of Cultural Studies 1945-65*, Lawrence & Wishart Ltd., 1997.

D. Watson and R. Taylor, *Lifelong Learning and the University*, Falmer Press, 1998.

E. Bourgeois et al., *The Adult University*, Open University Press, 1999.

S. K. Roberts (ed.), *A Ministry of Enthusiasm: Centenary Essays on the Workers' Educational Association*, Pluto Press, 2003.

S. D. Brookfield, *The Power of Critical Theory for Adult Learning and Teaching*, Open University Press, 2005.

第2章　青年・成人の学びの共同化と自己形成

この章では，青年および成人の自己形成，主体形成に働く多様な社会・経済・文化的影響を視野に入れながら，教育実践あるいは相互の学び合いによる発達や成長，あるいは自己変革の過程を分析対象としている。前章の社会・生涯学習の制度・システムの改革の全体動向に対して，社会・生涯学習の実践・運動分野での歴史的発展を，整理することになる。

時間的なスケールとしては，過去四半世紀の時間幅でとらえている。また，研究対象としては，若者の成長・発達に関わる教育運動と教育実践の理論と実践の問題，および市民の主体形成運動に，生涯学習の視点から光をあてることになろう。

第1節では，学校後の都市勤労青年の学びの組織化とその質的発展をはかった生活史学習の担った役割と教育的意義について，1980年代半ばの名古屋での実践事例を軸に分析される。

第2節は，90年代の時点での学校的呪縛や対人関係構築に悩みを有する青年たちの自己生成に，どのような実践的展望の切り口を見いだすのかについての考察である。この問題は，後に臨床的な領域だけでなく，社会とのミスマッチ問題や青年から大人への移行の困難増大としても論じられていくことになるが，この節の分析はその前提的考察といえる。

第3節は，現代的視点から20世紀末から21世紀初頭の英国における若者支援方策を素材に，その積極的就労・就学方策のもつ政策的含意と実態について光をあてている。日本の「ニート」，フリーター問題との異同が看取されよう。

第1節　都市勤労青年の学習・教育実践とその社会的性格
——生活史学習を中心に

はじめに

本節の課題は，1980年代半ばの時点における人格の解体の危機，発達疎外の最先端に置かれ，それらの危機(岐路)の自覚化と克服の道筋において，厳しく格闘している青年たち(ここでは都市勤労青年に限定したい)の学習・教育実践——特に，そのひとつの典型としての生活史学習——に着目して，その人格形成上の諸矛盾と基本的課題との力動的関係を考察したものである。

よく知られているように，社会の構造的変化に伴う人間的生活の安定の喪失は，子ども時代・大人時代の輪郭をくっきりと描くことを困難にさせているばかりでなく，子どもにも大人にも属さない社会的準備期，境界域にある青年期の人格形成に深い翳りを与えている。

特に，高成長期の生産力水準，社会的諸機能の上昇と分化は，その物質的基礎の上に，世界的にも異例の速度で，青年期の延長をもたらし，いわゆる大衆的青年期[1]の可能性を人為的につくり出してきたといえるが，そこには青年の人格形成上，さまざまな正負の価値が無秩序(アナーキー)に投げ出されてきていることも事実である。

そのことが，ある意味で，青年期の全般的危機ともいうべき状況を生み出す要因となっている。それだけに，すべての青年に，延長された青年期を十全な発達・成長の期間として組み替えていくことが求められているのである。

いうまでもなく，その主要な担い手は，先行する世代と青年自身であるといわなければならない。本節の主題とする，都市勤労青年の学習・教育実践はその主体的努力の一例と考えられる。

1　青年の生活(史)過程の基本的諸問題

最初に青年把握のいくつかの基本視点を吟味しておきたい。

(1)　世代論的アプローチの若干の留意点

社会体制を問わず，発達した諸国においては，人は乳幼児期・少年期を潜り抜けて，青年期に初めて，歴史的・社会的存在としての自己をいかに確立していくのかの人生的選択の岐路に立たされる。

その場合，青年期における主導的活動は，それ以前の発達段階とは異なって，経済的，社会的，政治的，精神的独立の見通しを含んで，とりあえずは〈学習〉〈青年集団〉のなかに，そしてやがて〈労働〉を加えて，3者のなかに展開されるといえる[2)]。

しかし日本社会の状況に照らしていえば，1つには，青年期の人生選択が個々の青年の個性としての社会的・心理的成熟を待たずに，学業上の特定の分野の測定された能力・学力によって，強制的に強いられることと，2つには，前記の3者の関連がバラバラに切り離されて，実体的統合としての青年の実生活＝人生の見通しをもちにくいものにさせてきていることがあげられる。

我々はこれまで，上述のような，社会的および年代的階層の特定の傾向について，社会経済的土台とそのもとでの生活様式の問題としてとらえ，その生活様式が，一定の時代の一定の年代の社会的成員の意識と行動に，特有の共通の母斑を顕わすかのようにとらえられるとき，便宜的な社会カテゴリーとして「世代」カテゴリーを用いてきたといえる。

しかし，それはあくまで，道具的・便宜的社会カテゴリーにすぎないともいえ，「世代」論的把握には，多分に現象的表象をメルクマールとするところからくる限界性も多く指摘されてきたといえる[3)]。

このような限界性を踏まえた上で，世紀転換期の青年たちの「世代」的特徴を次に明らかにしておきたい。

(2)　戦後第3世代——低成長下の青年たちの基本的特徴

青年を，考えられるさまざまな表象によって類型的に区分することが，ここでの目的ではない。ここでは，ごく大まかに，戦後日本の社会・経済的構造にひきつけて，次の区分をとりたい[4)]。

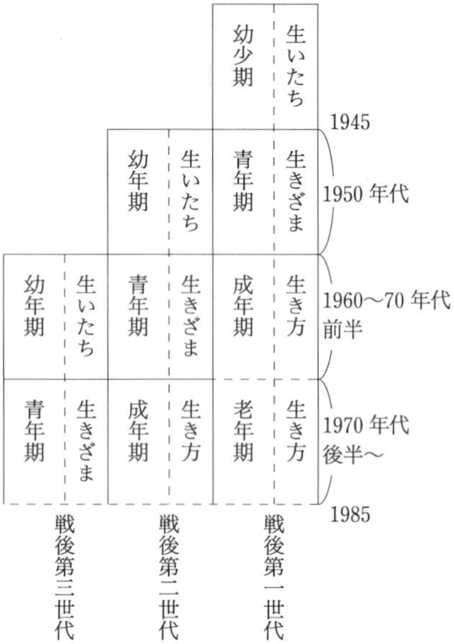

図 2-1　低成長下における青年たちの基本的特徴

第 1 世代——敗戦直後に青年期であった世代

第 2 世代——高度経済成長期に青年期を過ごした世代

第 3 世代——1980 年代に青年期にあった世代

そこで，上記の区分および図 2-1 のようにやや仮説的にとらえれば，戦後第 3 世代ともいうべき低成長期の青年たちには，いくつかの基本的特徴がみられるといえる。

1 つ目には，高成長期に出生し幼少期を過ごし，低成長期に青年期を迎えてきているところから，生活(暮らしむき)の厳しさは拡大してきているにもかかわらず，親たちの生活の基本設計，スタイル，欲望水準には，高成長期の形のものが，そのまま温存され引きずられてきていたこと。したがってその親の生き方が，この世代の生育過程を大きく規定してきていた。

2 つ目には，上記のことと関連して，生育過程における生活様式(way of life)の変化が，この世代の生活と人格に重大な変容をもたらしてきていたことである。いわば，発達の土壌の根本的変化ともいうべきものの影響の問題である。

その意味で，この世代の成育史・生活史は，高成長の変動とその後の低成長の経過を最も純粋な形で反映していた。すでに多くの指摘が，哲学[5)]，社会学[6)]，経済学，精神病理学[7)] 等々の分野から試みられた。その限りで教育学以上に多くの側面が明らかにされたことも道理であろう。

例えば，そのひとつである経済学においては，その一部の人々に「人間発達の経済学」が研究の目的として定立され，今日の人間発達の基盤分析が精力的に論及されてきた。この分野の論客のひとりである二宮厚美は，次の基礎的共通理解の枠組みを提示している。

すなわち，この時代の生活様式の変化の引き金は，①資本のもとへの労働者の実質的包摂と，②労働力の価値分割の2点に求められるとともに，その変化の直接的帰結は，地域，家族への商品貨幣関係の進行であること。このことは，現象的には，①旧来の生活能力と共同体的人間関係の弛緩，解体，②商品関係に媒介された人間関係の進行，③生活の「私事化」「孤立化」と解され，同時にその同じ過程を通して「生活の技術的構成の高度化と社会性の発展に伴う新しい生活能力再建の課題」が提起され，生活と地域をつくりかえる地域づくり運動の必然的契機が準備されていると指摘している[8)]。

このような分析枠組みは，たしかに首肯されるものである。青年の成育過程上の“育ちそびれ”の諸病理を明らかにしてこそ，それを克服する客観的基盤への理論的確信が生まれるからである。

(3)　他世代との関連における低成長下の青年の社会的困苦の歴史的変化

ところで，1980年代の青年期と比較して，先行する世代(＝第2世代)の基本的課題は，日本社会の構造的変化そのものが生み出したものといえた。よく知られているように，60年代末葉に生活史，社会科学，人生論学習を指導した那須野隆一は，都市勤労青年のサークル活動の客観的基盤を次の分析視角に求めていた。

「〈都市青年とサークル活動〉というテーマを分析すれば，それがすぐれて勤労青年――なかんずく中小零細企業勤労青年――に関わる事柄であることがわかる。その要因をさかのぼってみれば，事柄は，農村と都市をむすぶ人口動態一般の問題から，農民層分解の問題に帰着し，かかる分解の典型が青年問題にあらわれている〔傍点引用者〕」[9]

那須野は，この農民層分解の典型としての都市勤労青年が「社会的存在としての自己形成」を遂行するに際して，次の3つの危惧が存在するのではないかと考えるとともに，その克服の実践のひとつに，当時〈生いたち—生き方〉学習を設定したといえる。

すなわち，その1つ目は「身体的，精神的な発達期にある青年たちにとって，共同体社会から完全に切り離されてしまうのは，彼らの人間性の喪失や人格の荒廃や個性の衰弱(少なくともそれらの一面的，不調和的発達)をもたらすのではないか？」という危惧。

2つ目は「“形成”に関わる問題として青年たちが“地域”から遊離することは，とりもなおさず，彼らの人間らしい自己形成の足場を突き崩すことになりはしないか？」という危惧。

3つ目は「〈教育—学習〉に関わる問題として……その日暮らしの状況をそのままにしておいて，その枠内で〈有意義〉な“仲間づくり”を進める勤労青年教育というのはかえって，非教育的，非学習的な環境を醸成することになりはしないか」という危惧であった[10]。

ここには，青年の学習・教育の主要な舞台が，農村から都市へ転ずるに際して生じる危機に対して，組み替えられるべき，青年把握の視点が示されていたといえる。

このような事態に直面し，苦闘した先行する世代(第2世代)と比較して，80年代の青年たちは，すでに幼少期に上記の事態に投げ出され，いわば一面的に状況への同化・適応を強いられてきたことにより，一層人格上の自立の基礎を掘り崩されてきていたといえる。

2　都市青年の学習・教育実践の基本的諸課題
――生活史学習の展開を中心に

(1)　青年把握の変革的視点

これまでの分析にみられるように，青年を取り巻く発達的環境が否定的側面を多く有してきていただけに，「発達をひらく道筋の探求と生活の新しい価値の創出」[11]が求められる。その場合，青年がいかなる発達の可能性を豊かに秘めた存在であるのかがとらえられなければならない。

もちろん，いかなる時代においても，青年は彼ら自身の歴史をみずからの手でつくり出すのであり，先行する世代とは異なった道すじをたどって歴史をつくり出すのである。

ある青年は，生活史学習，たまり場学習をたゆまず展開してくるなかで，次のような現状認識に到達していた。すなわち，「誰に未来を託するのか？」とみずからに問いかけて，また，次のようにみずから答えている。

> 「「いまの若者はどうも…」の声に代表される世の大人たちの若者批判，あるいは，軽薄短小ブームといわれるなかで，「仲間と一緒に学び成長していきたい」という青年としてのあたりまえの要求・行動を“暗い，ダサイ”という一言でもって笑いとばして片づけようとする風潮など，何か現代の青年の現状を悲観的にとらえることをもってよしとするような状況があります。たしかに混迷する日本社会のなかにあって，青年がその社会的役割を十分果たしきれていないことは事実です。しかし，明るい日本の明日を担うべき若い力が着実に育ちつつあることもまた事実なのです。……青年が青年を組織することすら困難といわれる時代に，果敢なチャレンジを繰り返し明日を担う若者を多く育てていく道を切り開きつつある私たち……〔傍点引用者〕」[12]

少し長く引用したが，ここでは，青年特有の素朴な気負いや，サークル用語の特殊な使用がみられるものの，当時の若者論，青年批評のあれこれの諸相に対する主体的・批判的見地が明瞭に示されていたといってよい。

たしかに，青年たちの上記の指摘のように，氾濫する評論的青年論の一部の傾向には，あえて乱暴な言い方をすれば，「青年不可知論」とも「シンドローム的青年病理論」とも，あるいは「現実迎合的(逃走的)ユースカルチャー論」とも「実存的青年自己実現論」ともいうべき一連の青年把握が示され，それらの部分的接合の上に立つ，青少年対策的行政青年把握が示されていた。

もちろん，それらのなかには，すぐれた分析・発見がけっして少なくない。しかし，また一面では青年の現実の変革の視点からとらえるとき，青年の可能性に対する悲観論，あるいは現状のあれこれの解釈にとどまっている場合がけっして少なくなかった。そして，それらの多くは，(正常と考える)成人による，問題を含む青年の把握と処方箋の提示というスタイルが多かったことも特徴といえる。したがって，これらの根本的批判の上に立つ理論と実践が求められているのである。

(2)　生活史学習――青年の集団的自己認識と自己変革の方法として

その意味で当然ではあるが，たとえ，どのような秀逸な青年論であろうとも，青年の主体的自己認識の原理として受容されない限り，青年の現実を動かす力にはなりえない。青年の問題を含む現実とその克服の道筋を明らかにするためには，青年みずからの理論的対象化の努力と，その実践との絶え間ない往復の過程が求められているのである。

ここに，そのひとつとして青年の生育史・生活史の過程を，みずから認識し，その上に変革の可能性を求めていく，学習と教育の方法の編成が求められてきた理由があったといえる。そこで，誤解を恐れずにいえば，生活史(生活過程と形成過程)ないし，生育史(形成過程)の分析を組み込んだ方法的立場には，これまで次の諸点が代表的な立場であったと考えられる。

1つ目は，精神療法的，あるいは予防医学的な意味での臨床的生育史分析である[13]。

2つ目は，心理―歴史研究(Psycho-Historical Approach)の方法としての生育史研究である[14]。

3つ目は，いわゆる自分史，自己形成史学習としての生育史分析である[15]。

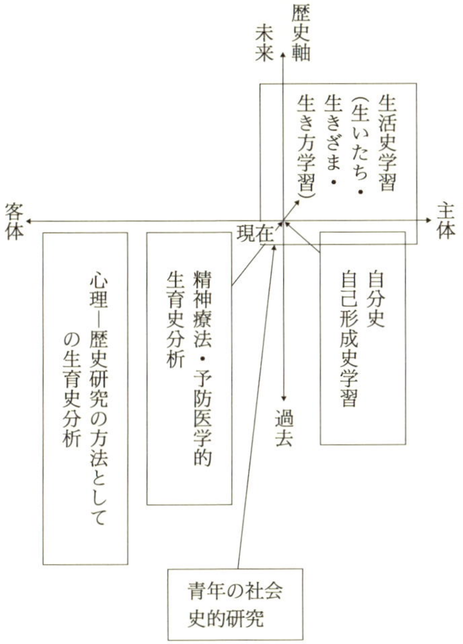

図 2-2　生活史学習の分析

さらに 4 つ目は，生いたち・生きざま・生き方学習としての生活史学習である。

なお，このほかに，青年の社会史的研究が加えられるともいえる。

ところで，これら諸学のアプローチを〈学習─組織〉論の視角からとらえるとき，前 2 者は研究の目的からみても当然のこととはいえ，分析主体と客体との区分と分離がみられ，あくまで分析主体による分析の素材──診断記録(カルテ)的な──として生育史が位置づけられるにとどまり，3 つ目についても，みずからペンを執り，みずからを対象的に認識するという意味での葛藤や格闘がみられるものの，自己がどこからきて，どこへ行こうとしているのかという見通しにおいて，「現実」の主観的背景理解にとどまる嫌いもこれまで多かったといえる(図 2-2 参照)。

以上，要するに，生活史・生育史分析と称される方法の諸相においても，その意図する目的が，分析主体による客体の認識上の素材にとどまったり，あるいは自己の歴史的背景の自己了解にとどまる限り，集団的相互討究を経ての学習の組織化や，生活と人格の本格的交流を企図する生活集団づくりには結びつかず，当然のことながら，自己の将来像に対する見通しを切り拓いていく自己教育活動には，転化していかなかったといえる。

ここに，以上と区別された，いわゆる生活史学習と呼ばれる学習・教育活動の今日的独自性があるといえる。

(3)　生活史学習論の歴史的性格

これまで生活史学習と呼ばれる学習・教育実践は，未開拓の諸問題を包含しながら，研究と実践の相互の往復過程を絶えず繰り返してきたといえる。そして，少なからぬ研究，批判的紹介，実践記録が蓄積されてきていることも確かである。

私見に関わっていえば，生活史学習の歴史的性格について，次の要約を試みたことがある。

>「「生活史学習」の全体的構成が，本格的に提出されたのは，那須野隆一「都市青年とサークル活動」(日本青年館調査研究室『地域青年運動の展望』1968)を最初とするが，この総合的学習論は，那須野個人の所産というよりも，60年代の名古屋サークル連絡協議会(名サ連)を中心とする名古屋の青年集団のそれまでの集団的実践の蓄積とすぐれた理論的実践的研究者の一人としての那須野氏とのある意味では歴史的出会いの所産として生み出されてきたものといえる。その後の「生活史学習」の実践的・理論的広がりと深まりは，名古屋という地域的限定を超えて，例えば，日本青年団協議会およびその加盟集団の実践によって検証され，日本の青年集団の諸活動に少なからぬ影響を与えている。(特に，那須野隆一『青年団論』日本青年団協議会，1976，の役割が大きい)……しかし，あらゆる実践と理論がそうであるように，この「生活史学習」の実践と理論が生み出される「歴史的性格」を無視することはできない。大づかみにいえば，高度経済成長のかげりがみえ始め，さまざまな矛盾が噴出し始めるころに，この「実践―理論」は体系化され，その後の低

成長下の地域における実践のなかで深められ，検証されてきている。いいかえれば，この「実践—理論」の問題意識の背景には，1960年代の高成長が一方に生み出した地域共同体の崩壊・変容のもとでの子ども，青年の生活様式の変化（ひいては成育史＝生活史の変化）を青年の存在と意識のレベルで科学的にとらえることに1つの焦点があったと思われる」[16)]

上記の整理は，生活史学習の歴史的性格の外在的分析にとどまっているともいえるが，ひとつの基本的見地と考えたい。

もちろん，那須野自身の総括的認識は，その都度公表されてきていることはいうまでもない。

3　生活史学習をめぐる現代的諸問題

(1)　生育史上の“負荷”の取り戻し，やり直しの困難さとその克服

青年の成育史上の負荷の問題としては，すでに人間的諸力の発達の土壌の狭隘化や，基礎的前提としての“からだ”と“こころ”のゆがみ，あるいは言語的および非言語的感応，表現の能力の発達不全の問題が，さまざまに論じられてきたといえる。要するに，「文化の基本的構造を自己に同化することを通してそれを支配する能力」（勝田守一）の衰弱に帰着するといえる。

ここに，みずからの成育過程における文化的，精神的，道徳的貯え（ストック）の貧しさをとらえかえし，自己回復，学び直しの学習・教育の必要性が求められているのである。「学業成績の良・不良にかかわらず，今日の青年はだれでも皆〈私の受けたかった教育〉についての悲しい願望の持ち主である〔傍点原文〕」[17)] といわれるが，生活史学習による自己のとらえかえしに，納得した青年たちの，それまでの宿命的自己像にもとづく抜け殻のごとき生き方とは正反対の能動的・自覚的自己変革の姿はまことに目を見張るものがあったといえる。例えば，うたごえ運動，演劇などを通しての，“からだ”と“こころ”の解放と自己表現に対する堰を切ったような活動，逃避的で密やかな恋愛意識から解放された後の，仲間のなかでの開かれた恋愛—家庭像の学習と実践などにみられる伸びやかさは，それまでの固く閉ざされた，孤立した生育過

程とは対照的であったといえる。

(2)　現実の“生活”困難とその克服

現代の貧困化を「生活主体である人間の在り方を含めた生活過程全体」の荒廃ととらえ，社会生活における人間的水準のあるべきものがないという意味での“剝奪された状態”(deprivation)と考えるならば[18)]，その限りで，その構成要因たる，所得，家族状況，教育・文化水準，健康衛生，消費水準等のいずれもが，驚くべき問題性をもって，青年の現実生活を直撃しているといえる。

特に，現実の家族や労働のありようは，程度の差はあれ，むきだしの現実そのものでは人間的欲求水準の潜勢力を減退させ，精神的疲労を蓄積させるものとなっている。

これらの問題は，ひとり青年や，青年世代のみの努力により解決できるというよりは，青年相互の，さらに他世代との共同の諸力を結集することにより可能となるものといえる。

生活史学習の実践の過程においては，例えば一見あたりまえともいうべき，①「たまり場」の多様な設置の努力や，②家族成員相互が向き合って対話をし共有感情と生活課題を分かち合う実践，③生活のなかで，自覚的・計画的に，学習・文化・スポーツの時空間をつくり出していく努力，④生活と人生全般にわたって，心を割って“仲間”のなかに問題を投げ出しそれらに対する成員共同の援助，相談活動を進める活動，⑤学習，文化，スポーツを権利として，地域や自治体(社会教育行政)に援助と合意を求めていく運動などが，意識的に展開されていたのもここに起因すると考えられる。

(3)　将来の生活設計の困難と克服

生活史学習の絶え間ない展開，創意に満ちた，たまり場の工夫は，学習-実践-総括の生きた回路を伴う限り，楽しくも厳しいなかに，青年集団の成員相互の生活の共有化と拡大を通しての生き方の再編成，再創造の着実な積み重ねをつくり出したといえる。

同時に，自分の過去と現在を総括し，みずからの生き方のなかに，組織性，集団性，実践性を付与していく見通しを生み出していくともいえる。ある青年は，これらを生活史学習とたまり場の生きた循環としてとらえている。

「生活史学習を通して，たまり場が元気になり，たまり場活動が元気になれば，生活史学習会がもりあがる……」[19]

ところでこのように，みずからと成員全員の生き方の「見通し」を励まし合って学習し実践し合ってつくり出していく努力には，他方に，職員，助言者，研究者などによる生き方を見届ける努力が介在している。このことは，意外に見落とされがちな側面といえる[20]。

この点は，青年の将来のみずからの職業，社会的部署での活動の肯定的・楽天的見取り図を描き出していくことに関わって，“仲間”や家族の支持と並んで，生活史学習の成否のひとつの重要な要因と考えられる。

4　お わ り に――残された諸問題

最後に，生活史学習の実践過程における現代的論点の残された主たる検討課題をあげておきたい。

1つは，生活史学習の展開は，自主的・自発的に展開されるのみならず，必要な限り，社会生涯学習行政や社会生涯学習施設のサービスを求めていた。この場合，政策的動向とも関連するが，条件整備の発想と水準の貧しさ，および，青年と少年を同一視点の上にとらえる管理主義的対応は，青年教育の墓穴を掘る行為といわざるをえない。この点では，たとえ行政改革下の職場の厳しさがあったとしても，ひとりの心ある職員のなしうる仕事は意外と大きいことにも留意しておきたい。

2つ目は，生活史学習の実際の展開においては，青年の現在の生きざまが中心的論点とならざるをえない。その際，生活と労働を媒介する，素朴な健康的感覚・感性的意欲をどのように知的認識と統一させていくのかが求められる。この点で，地域活動に旺盛に取り組んでいる実践のなかに，地域での新たな人間関係を通して，地域を社会的自己回復の場に組み替えていく努力がみられ，そこにある種の健康的な感性的意欲が取り戻されてきていたことに留意しておきたい[21]。

注

1）例えば，竹内常一「生活指導の課題」『教育』1983年1月号。

2）横山明「青年としての中学生をどうとらえるか」『中学生の発達と教育』三和書房，1984。

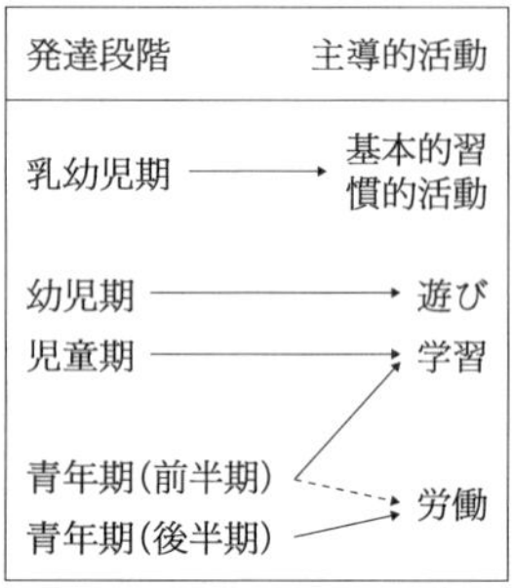

図2-3　発達段階と主導的活動

3）例えば，イデオロギーとしての〈世代論〉の問題性については，竹内真一「「世代」論と青年保守化論」『戦後日本国民の自己形成』国民教育研究所，1967。

4）例えば，「特集：現代青年の成育過程を考える」『経済』1985年5月号。

5）例えば，佐藤和夫ほか『市民社会の哲学と現代』青木書店，1984；佐藤和夫ほか『喫茶店のソクラテス』汐文社，1984，あるいは山科三郎「青年労働者の可能性を問う」『日本の労働組合運動2』大月書店，1984。

6）例えば，高浜介二『教育問題の社会学』あゆみ出版，1983，あるいは，田中義久『私生活主義批判』筑摩書房，1974。

7）例えば，笠原嘉『アパシーシンドローム』岩波書店，1984。

8）二宮厚美『生活と地域をつくりかえる』労働旬報社，1985，pp. 66-106，参照。

9）那須野隆一「都市青年とサークル活動」『地域青年運動の展望』日本青年館調査室，1968，p. 177。

10）那須野隆一「都市青年の組織化問題」『はばたけ青年団』日本青年団協議会，1982，pp. 51-52。

11）小野征夫「生活構造の変容と青年教育実践の課題」『生活構造の変容と社会教育』東洋館出版社，1984，p. 64。

12）末永三夫「誰に未来を託するか」第24回社会教育研究全国集会〈青年問題と社会教育〉分科会現地世話人会編『みそ煮込み——愛知・名古屋の青年活動の飛躍をめざして』1984。

13）笠原嘉ほか編『青年の精神病理』弘文堂，1976，あるいは中井久夫・山中康裕編『思春期の精神病理と治療』岩崎学術出版社，1978。
14）例えば研究史的紹介として，柳沢昌一「主体形成史研究の方法と課題――E. H. エリクソンの心理＝歴史研究の方法を中心に」『社会教育史と主体形成』成文堂，1982。また，心理学的方法ではあるが別の視点から「特集：発達への生活(史)的アプローチ」『心理科学の研究』第 3 号，名古屋地区心理科学研究会，1985。
15）例えば，長野県連合青年団の「自己形成史学習」の取り組みは，生活史学習の問題意識と近いものである（笹川孝一「青年団活動と自己形成」『月刊社会教育』1981 年 9 月号）。しかし，近年マスコミなどに紹介される「自分史」学習は，それとはレベルを異にするといえる。
16）拙稿「愛知，名古屋の青年活動の現状と課題」前掲注 12）『みそ煮込み』pp. 2-3。
17）佐藤一子「社会教育の再編成」『現代社会教育実践講座』第 1 巻，民衆社，1974，p. 45。
18）江口英一『現代の低所得層』上，未来社，1979，序章，を参照。
19）田中康子「生活史学習のすすめ」『第 30 回青年問題研究集会報告』第 2 巻，日本青年団協議会，1985，pp. 12-14。
20）那須野隆一「都市青年における地域組織作りの可能性」『輪をひろげる青年たち』青年団研究所，1984，pp. 62-102。
21）加藤伸治・西浦則政「地域に帰る青年」『月刊社会教育』1984 年 5 月号。
＊　この節は，1980 年代半ばでの，生活史学習実践とその理論を取り上げたが，けっして過去のアーカイブではない。主要な課題は，その後のたまり場，居場所論に引き継がれ，かつ若者の孤立と社会的排除の強まりのなかで共同化への，理論的前提として，あらためて検討されるべき内容を有している。

第 2 節　1990 年代の青年の自己形成と理論課題

は じ め に

本節は，筆者の 1990 年代の日常的研究・教育フィールドのひとつたる〈青年期教育〉に関しての，筆者なりの対象化とその研究的整理の必要を意識させられたことを直接的な契機として執筆されている。

青年期をめぐる教育・文化・主体形成に関しての研究アプローチには，中高等教育，勤労青年教育，青年心理・臨床医学，哲学・社会学，人類学，労働問題，社会史・心理歴史研究など多様な分野からその接近が試みられてきた。筆者のこの問題への体験的・実践的な契機は，勤労青年教育に関しての大学外での実践的なフィールドワークと地方公立大学での教育実践(当時)にある。そのことは，良い意味でも悪い意味でも，筆者の考察にある種の焦点づけと制約を課すことになった。それは，青年期の社会的自己実現をはかる上での，多かれ少なかれ社会文化的な剥奪と，生育史上の重荷と困難を背負ってきた青年たちとの出会いと触れ合いを前提にしているからである[1)]。

本節の考察の前提として，問題の所在の検討から始めたい。青年期の自立と主体形成の課題は，地球規模の課題として国際的に共通の問題を多く有している。しかし，東アジアの発達した資本主義国家の環境下にある日本の青年期の位置は，多くの側面で国際社会での共通面とともに，日本独自の課題を背負っているように思われる。このことは，そのまま日本社会に固有な時代変化の何ほどかの反映・鏡としてもとらえられよう。その意味で，「豊かさのなかの貧しさ」「生活の質での貧困」「余裕のない競争社会」「日本型企業社会」等々のキーワードが，青年の自己形成に大きく刻印されてきたのも，80年代後半から90年代にかけての特徴のひとつであった。そこで，共通に論じられてきたいくつかの論点を最初に提示しておきたい。

第1は，多くの発達した資本主義国家において，中・高等教育の進路選択を分岐点として2つの青年期の分裂がみられたことは共通ではあるが，日本においてはそこに複雑な諸相がみられてきたのである。フランスの堅固な階層社会分析を基盤としたP.ブルデューの「ハビトゥス(Habitus)再生産論」「文化資本(cultural capital)論」[2)]や，P.ウィリスの「英国の労働者階級文化」やコミュニティを基盤とした「対抗文化」の生成(learning to labour)[3)]の可能性を論じるのとは，いくぶん異なる青年の社会的自己実現の困難さが横たわっているからである。また，R.P.ドーアのいうように，遅れて工業化に着手した後進国ほど，学校教育をほとんど唯一の階層上昇手段としてとらえ，それが故に競争が過度に激しくなるといった「後発効果」[4)]として整理するには，いま少し複雑な「遅れた日本，進んだ日本」の問題があると思われたのである。日本の青年の問題には，表層の「豊かさ」とは別に，固有の悲惨さと社会文化的な貧困が，依然大きな位置を示していることが特徴である。とりわけ，隠然たる社会階層的な貧富の差と，表層の激烈な排他的競争の両面によって，青年世代の多くに，人間的な信頼や共通感情の基盤が崩されてきていることは，多くの先進国のなかでも抜きん出ているといってよい。これらのことは，筆者のこの間の実感のみならず，多くの研究の教えるところであろう。

第2は，自己をとらえかえす上での日本の青年の物事の価値判断が，80年代以降，大きく変化してきていることである。各種の青年意識調査や実態調査は，そこに何らかの異変が生じてきていることを警告してきた[5)]。社会心理学や社会学の分野の報告もそのことを論じてきた。それは，個人としての自己意識と共同社会の一員としての自己意識とのズレの深まりの問題である。そこでは，欧米にみられるような個人としての自立意識の強さとも，ほかのアジア社会にみられるような共同体帰属意識とも異なる，高度産業社会のなかに浮遊する自己中心主義の個別的欲望の持ち主，としかいいようのない若者の増大の現象レポートが，数多く積み上げられてきたのである。これらを，どのようにとらえかえすのか？ 残念ながら，教育実践として有効な問題提起を共通に認識し合う広場は，必ずしも十分ではなかったといわなければならない。社会的な問題事例は，その間に大きくその発生件数と問題の構造的深刻度を増してきた。日本の青少年の生育史環境は，非人間性を増しているものといわなければならない。

とはいえ，上記の問題に実践的のみならず，理論的にも新たな論点提示を行なうことは，単なる状況報告ではない，何らかの理論創造活動を要請しよう。いわゆる，批判から創造への視点が必要なのである。本節は，そのためのいくつかの方法論的な予備的考察を意図している。

1　現代学校の苦悩
――「企業社会の社会化」と「人間(子ども・青年・成人)の社会化」の狭間の苦悶

(1)　企業社会の社会化と学校の病理

誰も否定しようもなく，現代社会の人間形成に学校教育(スクーリング)の果たす決定的な役割は，議論の共通前提であろう[6)]。一時期学校機能の硬直化や肥大化に対抗するものとして議論された「学校解体論」や「脱学校論」，あるいは「フリースクール論」なども，現状の学校の否定的側面をつくものであったとはいえ，そのアンチテーゼは，学校のもつ社会システムの一部としての構造的な力を認識していたからこそであった。このことは，その後の「学校再生論」「学校変革論」などにおいても基本的前提であろう。そもそも学校のもつ機能の二面性(①人類の文化的な遺産の継承と個々人の成長・発達の保障，②社会的秩序の正当化と能力主義的な選抜機能)などといった議論をもちだすまでもなく，多くの父母住民と子ども・青年は，現代の学校の役割をみずからの体験において熟知してきている。

しかし，それが故に学校の二面性をめぐる矛盾は，個人的な利害に終始する限り，教育熱心・教育過熱と教育荒廃の蟻地獄から逃れえない(例えば，公立学校の荒れを危惧する都市中産層以上の親たちが，こぞって私立中学校入学を子どもに求めた，いわゆる「私立中学」ブームにしても，結局受験競争を早め受益者負担に耐えうる親の社会的選抜をつくり出したことにほかならない。そこから外れた親と子たちは，さらに深刻な受験競争の波に放り込まれることになった)。このジレンマは，国民のみならず，政策担当サイドにも困惑を与えている。文部大臣の公的最高諮問機関たる中教審の過去の議論は，その点で困惑と危惧を率直に表明し，その「解決」のための新たな矛盾を生み出す政策を提唱しているのである。

(2)　第14期中教審答申「新しい時代に対応する教育の諸制度の改革」(1991年4月19日)の危機意識

いまや旧聞に属するこの答申の性格にまず触れておくと，臨教審以降の教育政策において，文部省サイドからの注目すべき「異論」の登場はいくつかみられるが，そのうちのひとつがこの第14期の中教審の答申「新しい時代に対応する教育の諸制度の改革」であった。この提案は，一方に学歴社会是正のための生涯学習社会への対応を説きながら，他方に教育制度の構造的欠陥にみずから触れ，その性急な「改革」を熱望している点において，文部省本流の流れとはいささか異なる，日本社会の中・上層階層のいらだちを率直に表明していたものといえる。執筆者の中心と目された人物の個性的表現と，一括処理するだけには終わらないある種のリアリティが潜んでいるからである。

「もし教育に現在何らかの病理が発生しているとするなら，それはあまりに短期間に達成された日本の産業面での成功のいわば代償であり，裏面の歪みであるといえなくもない。……学校教育における偏差値偏重，受験競争の激化，その前提となる高校間「格差」，大学の「序列」は，今日，日本の教育のいかなる問題にも必ず障害要因として顔をのぞかせる最大の病理である。しかし，他面ではこれが，日本の教育のバランスを支える安全弁でもあり，さらに産業社会の成功因でもあるとなると，社会全体の平等と効率のバランスを著しく失うことなしに，同時にそれの引き起こす裏面の災いをどのように制限し，少しでも緩和することができるか，これは矛盾しているが故に絶望的に困難な課題であるように思えてならないのだが，しかしまた，教育改革の目的は，紛れもなくここにしかないようにも思えるのである……」[7)]

ここで取り上げられているのは，日本社会の，底の浅いとはいえ産業発達を支えてきた根幹に「学校教育」の急速で異例な発達があり，それを支える原理は「平等と効率」の同時追求であったというこれまでの政策に，根本的な行き詰まり(＝病理)が生じてきていることの「自覚」である。「今後は，平等よりも効率にシフトせよ」これが，行き着く先の論理であろう。事実，このことを裏づける事態がこの間急速に進展してきている。

(3)　1990年代教育政策の主要骨格

1980年代の臨教審政策の手直しとして，90年代にめざされたのは(上記第14期中教審答申もそのひとつ)，次のような政策方向であった。

◎産業構造転換と生涯学習体系への移行→教育の二重構造(いわゆる学校教育法の1条校とそれ以外の教育機関)の統合・接続と再編成→とりわけ高等教育概念の拡大＝大学審議会答申・大学設置基準の改訂→高等教育の目的別再編と職業能力開発・教育訓練との結合(一方に大学院大学

化，他方に，短大の再編，専修学校の高等教育機関化，「リフレッシュ教育」の推進)

◎能力主義と階層分化による学校再編を促す教育課程と教育体系の再編→新学力観と新学習指導要領→単位制高校，不登校児童生徒の学校代替施設認可，6年制中等学校論 etc.

これらは，「〈選択の教育〉をめざして」(経済同友会，1991年6月)，「新しい人間尊重の時代における構造変革と教育の在り方」(経団連，93年7月)，「我が国企業に求められる人材と今後の教育の在り方」(東京商工会議所，93年7月)などの財界筋の労働力・教育政策にも明確である。要するに，労働力人材のより一層の効率的選抜を学校に期待し，結局，学校のミニ企業社会化(能力に応じての秩序への忠誠)や，企業社会の学校化(管理主義的競争)を促進し，24時間のみならず，一生涯終わりなき競争と効率・収益のための人生を，ひとりひとりの人間に避けようもないものとして強いるものといえる。

この結果，学校の荒廃は癒されるどころか，いわゆる，「民主主義は学校の門前で立ちすくむ」(体罰，いじめ，管理，校則と人権)とか，「学校の寒空」(教師の分断，国民[子ども・父母]の分断)といった荒涼たる風景が，学校イメージに固有なものとして定着していかざるをえないのである。このことは，父母と教師の間を分断し，従来の国民教育運動における「国民の教育権」論の論争的分化＝教師の教育権と切り離して，独立した父母教育権論の主張と理論的構成を引き起こしてきたりもした。また，先述したような父母の私学志向にみられる競争の私的解決化(私事化)が，一部により深刻な教育過熱を引き起こしてきたといえる。

求められるのは，これら「学校の病理」に対する教育の人間的復権である。

(4)　学校の病理と人間の社会化

この間の数多くの学校の病理をさらけ出した事例は，いずれも多くの国民の胸を塞ぎ，心重くさせるものであった。例えばそれは，次のような事例に典型的であった。

1)　非人間的な学校体験と，学校嫌い・教師嫌いの深化

「このままじゃ生き地獄」(中野富士見中，S君，1986年2月1日)

「学校なんて大きらい，みんなで命を削るから，先生はもっときらい，弱った心を踏みつけるから」(長野，N・Oさん，84年12月3日)

「学校は人が作ったものだから人は必要なものと思うだろう，だけどだ，学校にいってしあわせになるかだ」(横浜，小5，S君，85年2月26日)

のような具体的現実的な悲劇とともに，作家の文学的表現のなかにも，深刻な学校の非教育性が浮き彫りにされた。

「学校におさまることは魂の死につながるようなところがあると同時に，学校からはずれることも絶望感から死にむかいかねないようなところがある，と思うようになりました」(干刈あがた「母から夏実へ」『黄色い髪』朝日新聞社，1987)

しかも，このことは，おさまる気配はみられない。94年11月の愛知・西尾東部中学校のいじめによるO君の自殺事件は，その衝撃性において，兵庫・神戸の高塚高校での女子高校生の門扉圧死事件(90年7月6日)と並んで，学校の非人間的な現状の象徴的なものとして，国民的関心を集中させるものだった。

2)　学校的まなざしと文化コード

上記の意味する内容に何を読み取るのかは，多くの論議のあるところだが，少なくとも我が国の学校教育の特殊性の問題としては，いくらかの共通認識がつくられてきたように思われる。例えば，文化的・身体的画一(uniform-ism，standardization)化の制度的・心理的強制の実態は，内申書，校則などによる外的な規制とともに，子ども・青年の心理・行動規範に大きな圧力となり，そこから外れた子どもや弱い立場にある子どもへのいじめ・暴力的従属を誘発したり，同時に，子ども・青年の内面における他者の拒絶や成長・自立からの退行・巣ごもり行動や過剰同調あるいは不適応を生み出してきた。いわゆる，素顔をみせない子どもたちや登校拒否・不登校，あるいはみずからの死を選んでしまった子どもたちの心の傷の深さは，その意味では，

彼らからの人間的なコミュニケーションの深刻な危機を知らせる警告と受け止めなければならない。

したがって，そうした危機を回避し，自己防衛として多くの若者たちがとる行動には，とりあえずの学校的規範への判断停止(学校的規範へのそれなりの適応とくぐり抜け，当面する受験へののめり込み，あるいはアフタースクールでの消費的文化への逃避)があり，対決を回避する姿がみられた。

こうしたなかにあって，学校の再生への努力を行なう実践は，きわめて限定されたものにならざるをえない。例えば，「教育県」であるが故の，深刻な能力主義的な競争と人間不信にさいなまれてきた長野県の教育運動「よみがえれ，学校――子どもと先生の死をムダにするな」(1988)のいたましいまでの取り組みや，管理教育と能力主義的な差別分断の政策に傷ついてきた愛知の私学運動「それぞれの旅立ち」「流れよ，教育の大河」(1990)の涙ぐましく，感動的な私学高校生フェスティバルやサマーセミナーの実践や，北海道・宗谷の深刻な過疎と産業危機のなかでの地域おこしでもある教育合意運動の広がりなどが，典型的に学校の退廃・非人間化に対抗するオルタナティブな再生運動として提起されてきた。これらは，いわゆる都市部中産層家庭にみられた一部エリート私学ブームとも，フリースクール運動とも異なる問題提起ではあったが，にもかかわらず，それらは真に広がりをみせているのかという点では，まだ多くの実践的・理論的検討課題があるといわなければならない。

2　現代学校体験の抑圧的重みと「体験」の再解釈と組み替えの課題

現代学校の有するネガティブな「抑圧的重み」からの脱却と「学校体験」の再解釈や組み替えを行なうことが，多くの父母や子ども・青年の共通する要求であることを前提として，いま少し「現代学校体験」の内実にこだわってみたい。

(1)　学校が強いるもの・求めるもの＝「抑圧的重み」の正体

1)「表だったカリキュラム」

何よりも，能力主義的な競争を組織するのは，いわゆる「教科」学習での学業成績の出来不出来いかんにほかならない。それは，まっすぐに進路選択のメカニズムに連動しているからである。それを決定づけるのは，学習指導要領・教科・特別教育活動などによる「表だったカリキュラム」「文化」の規範化・系統化への効率的適応とその吸収・表出にある。

2)「隠されたカリキュラム」

そして，「表だったカリキュラム」が，実は「隠されたカリキュラム」に依存していることは，多くの指摘を待つまでもなく，国民の実感するところである。「隠されたカリキュラム」とは，「生徒の内面に浸透することを通じて，正統なものの範囲を定めている一連の諸前提を提起する」(M. W. アップル)[8] 機能のことであり，現実の場面では，中産層以上の階層の子弟に優位に働く，文化的システムといってもよい。

そして，問題は1)，2)ともにきわめて抑圧的な構造であり，それに異を唱えることを含めた自己表明権，あるいは事柄の「非決定」を主張する「学習主体」の権利は，現実には考慮外というべき支配的状況がある。一部の「学力」論が，結局，受験学力に象徴される力量形成に包摂されるものにすぎないときに，愛知の「高校生フェスティバル」のアクティブリーダー層に形成された力量をどのような言葉で「学力」論に定位させるのかが問われた[9]。それはユネスコの「学習権宣言」(1985)や，国連「子どもの権利条約」(1989)に読み取られるであろう，普遍的な「学力」論とも連動して深められるべき理論課題であった。

(2)　学校体験・価値の呪縛的内面化とその重み
——価値の優先順位(priority)の強いられた固定化

他者との比較における測定された試験成績などの優劣の位置づけや，ある特定階層の価値規範を基準に焦点づけられた「学力」観が，ほとんど唯一の一元的尺度として君臨する世界が，現代学校の「体験的世界」である。そしてその歴史的経過年月はすでに1960年代初頭以来の我が国の親子2世代の体験を経てきた。このことの意味することは大きい。それは結局，偏差値・学力勝者のアプリオリな優位性を，人格的な優位性と同列ないしそれ以上のものとする認識を，国民の間に世俗化・常識化させてきた。このことは，義人，田中正造の唱えた庶民の健全な批判的精神としての「無学の学」思想の対極に位置するものであり，「私益をもって公に害をなす」「無邪気で危険なエリート」たちがもたらした「我が亡き跡に洪水よきたれ」の無責任思想に通じるものであった。

さらに，学校的支配秩序＝社会秩序への「支持的同調」の強要とそれへの異議申し立ての罪悪視＝少数者や異論者の抑圧を必然化させた。「登りつめる」者と「降りる」者の分断は，抑圧的勝者の横暴を免罪させることになってきた。また，能力の一面的消費と価値の一元化は，国民の潜在的な多様な能力の開花の機会を剥奪し，さらに「学力ヒエラルキー」と「社会的階層ヒエラルキー」との予定調和的結合信仰などを生じさせるものであった。

この限りでは，かつての「学校・学力」派に対する「社会・生活力」実力派の「対抗文化」の萎縮化の傾向を生み出してきたことは，悲しむべき事実であった。

(3)　学校体験・価値観の相対化の課題（自分さがし，自分くずし，自分づくり）——「価値」のパラダイム転換

上記のような，支配的な価値規範の「定着化」傾向に歯止めをかけ，ひとりひとりの能力や人格に対する信頼を生み出すためには，どうしたらよいのか？ ここでは，そのいくつかの方向性と課題を見いだしたい。

1)「自分」への肯定的自己認識の多様な再発見（他者との出会いによる自分さがし）

日本の子ども・青年の自己認識の特徴のひとつに自己評価の極端な低さがあることは，この間の国際比較調査にも明らかであるが，そのことは絶えざる競争における自信の喪失として片づけるには，あまりにも酷である。しかし，自己評価に自信のない日本の子ども・青年にも「やさしさ」への共感やあこがれが強いことが，1970年代以降四半世紀の特徴でもあった。『やさし

さのゆくえ』(筑摩書房，1981)の著者，栗原彬の指摘するやさしさの3特徴は，次にあった[10)]。

①生命への感受性，ほかの生命の波長への共振

②ヴァルネラビリティ＝可傷性(傷つきやすさ)，あるいは共苦ということ

③心の寛やかさということ，排除したり差別しない心の広さ

考えてみれば，この限りなき「やさしさ」志向は，その同じ時代に日本の子ども・青年の心を蝕んだ3特徴，すなわち『青年団論』(日本青年団協議会，1976)の那須野隆一によれば，

①物質偏重の大量消費志向，いいかえれば物質面での「使い捨て」生活様式

②その影響を受けた精神面での「使い捨て」生活様式，とりわけ排他的な競争心と刹那的射幸心，その日暮らしの生活思考

③それらの「使い捨て」生活様式が，少なからぬ青年の間に仲間や集団は自分のそのときどきの利害関心に有利に機能する限りで意味があるという思考(機能集団的傾向)

の対極に位置する心性であり，ひとりひとりの子ども・青年にとってみれば，内面に同時に潜む感情であり，激しく心のなかを両極に揺れ動くメダルの裏表の関係の心性であったといえる。

したがって，日本の心ある教育者たちが，この状況のなかで共通に意識してきたことは，次にあったといってよい。

1つは，自己否定から自己能力の肯定的自己評価へのきっかけ探しである。自尊と自信を取り戻す体験づくりが，さまざまに取り組まれた。

2つ目は，自己利益第一主義から協同・共生の生き方への発見と探求の「旅」の模索である。労働を通じた，触れ合いや分かち合いの探求，ボランティアの活動を通した生きる意味の探求など，他者に開かれたやさしさの実践の裾野は広がっている。

3つ目は，相対主義的自己把握(優越感と劣等感)とは異なる絶対主義的自己把握・アイデンティティの確立の「自分探し」の旅の励ましであった。

2) 「自己肯定」のための「自分くずし」

したがって，自己の肯定的な評価にたどり着くには，それまで(過去・現在)の固定的生活世界の「再解釈」と「意味づけ」が不可欠になる。この分野のひとつの理論的・実践的な取り組みは，「生活史学習」の登場と生成にあった[11]。

筆者自身も関わってきた「生活史学習」とは，多様な実践の細部を捨象して，その大筋を整理すれば，ある意味では日本の学校での教科学習が十分に組み込めてこなかった「生きる力」＝自分の世界を読み取る力(ユネスコ「学習権宣言」)の形成であり，家庭と地域社会，職場で衰退しつつある「一人前」になるための，世代間の分かち伝え体験の組織化であり，集団での共同学習の再組織化であったといってよい。

すなわち，1つには，生活史(ライフヒストリー)の再吟味による「過去の自分との出会い」と「現在の自分との対決」(他者からの多様な解釈によるみたことのない自分との触れ合い・再発見)である。口頭による話し手と聞き手による自己紹介学習から，やがては書くことによる認識の再吟味がはかられ，対話型学習が試みられてきた。

2つ目は，自己と他者のかけがえのなさの相互承認と触れ合いによる「閉じられた自己」から「開かれた自己」への必要の自覚(自分くずしの学習要求の生成)がある。内面の変容は行動の意思となり，新しい自分づくりが多様に開始されてきたのである。

3) 生活世界・人生の「自己決定」と設計(自分づくり)

生活史学習は，さしあたり現実の自分のとらえかえしを出発点とし，過去のみずからの来し方を再吟味し，さらに未来への新しい展望を探求する総合的な学習の実践方法である。そのことは，とりもなおさず次のことを意味する。

1つは，深く考えることのない「時の流れ」に身を任せる，受動的で，ある意味でおさだまりのライフコースからの離脱である。人生を可能な限りより良きものへ「自己設計」し「自己決定」するライフコースへ挑戦しようとする文化的構えが，さしあたり，めざされることになるのである。

2つ目は，自分につながる人的ネットワークの自覚である。ともに生きる他者との分かち合い(ワークシェアリング，タイムシェアリング，ライフシェアリング)による自分づくりは，生きる喜びや支えとなって，日々の暮らしに照り返されるのである。攻撃的で利害に絡んだまなざしに怯えてきた，それまでの対人関係とは異なる，無防備に自分をさらけ出し受け入れられる世界の発見がそこにはあった。

現実の展開は，ときに失敗することはあっても多様な人間模様とドラマをかたちづくり，我々の大筋の確信を強めてくるものであったといえる。そして上記の1)，2)，3)は若者の個別の孤独な学習の営みではなく，ある種の共同・集団を通じての「学習・教育」関係を前提とするものであった[12)]。

ところで，筆者は，すでに述べたようにこの種の「生活史学習」に研究者集団の一員として関与してきた。しかし，主として働く青少年の「生活史学習」が，現実の制度としての「公教育」体系にどのように「接続」し，かつ独自性を主張しうるのかについて，理論的な提言をなしうるに至ったわけではない[13)]。そこには，欧米にみられるような高等教育機関へのアクセスを可能にするような大学成人教育の整備や，レジデンシャルカレッジ(宿泊型成人教育カレッジ)，企業におけるリカレント教育への合意，教育有給休暇の運動，労働組合の教育・職業能力開発へのイニシアティブが，基本的に欠如ないし遅れているという客観的な条件問題があるにしても，それだけではない，多くの未踏の課題が横たわっていると思われる。

やや，事柄を論争的にするための問題提起をすれば，一部の社会教育ないし青年期教育研究者を除けば，これまで多くの教育学研究者は，上記実践を学校教育と切り離して「勤労青年教育」(主として18歳以降の)の一類型とレーベルを貼り，理論的検討の対象から除外してきた。あるいは，せいぜい学校教育から「落ちこぼれた」青年の「やり直し」の教育，いわば学校教育の補完・スイーパー(sweeper)的教育の位置づけを与え，これまた理論的検討から除外してきたといってよい。たしかにこの種の「学習・教育」実践は，労働を猶予された「学校的形態」としてよりも，日々の労働体験と家族体験の惨めさ・つらさを学習の社会的リアリティの軸とし，同世代の共感関係を感動・意欲の軸とする「集団」(サークル，団体)的形態のなかに，自主的・独立的に「自己教育」活動として定立されてきた経緯があり，ために「学校」のなかに閉じられた理論的視野からは，対象化されにくかったともいえよう[14)]。

にもかかわらず，これらの実践のなかからは，学校のなかで深く沈澱し教師と子どもの心身を支配してきている「企業社会」的秩序の社会化のプロセスに，「生活世界」と「人生」を全面的に委ねることを拒む「対抗文化」の形成がはかられてきたことに注目したい。

この点で日本の場合，「やつら」と「おれたち」に分かたれるような「2つの文化」，特に後者の「労働者文化」が育つ基盤を掘り崩され[15)]，ソフトで技巧的な都市的消費生活文化と生活様式が支配的ななかで，それとは異なる「生活世界」の文化的価値観を構築することは，けっして容易な営みとはいえない。そうであるだけに，これらの実践の提起する問題を，中等教育にせよ，あるいは中等後教育としての高等継続教育であるにせよ，理論問題として引き受ける必要があると，ここではとりあえず指摘しておきたい。

注

1）筆者がさしあたり，具体的な実践の手がかりとイメージを求めるのは，勤務大学や出講大学でのゼミ生などとともに，過去20年間ほどの，さまざまな青年集団との継続的な関わり(青年団，都市型サークル，等々)のなかからのものである。さまざまな青年に関しての諸論は，その内容での吟味をこれら青年集団との関わりのなかから考えてきた。

2）例えば，P.ブルデュー著，宮島喬訳『再生産』藤原書店，1991。

3）P. E. Willis, *Learning to Labour—How working class kids get working jobs*, Gower Publishing, 1977［熊沢誠ほか訳『ハマータウンの野郎ども』筑摩書房，1985］.

4）R. P. Dore, *The Diploma Disease*, 1976［松居弘道訳『学歴社会　新しい文明病』岩波書店，1978］.

5）例えば，NHK放送世論調査部『中・高校生の意識と生活』日本放送出版協会，1985；東京都青少年基本調査『大都市青少年の生活・価値観に関する調査』東京都都民生活局，1976，79，82，85，88，91(3年おきの調査が行なわれている)；『青年問題基本統計報告書』日本青年館，1990，など。

6）例えば，竹内常一『いま学校になにが問われているか』明治図書，1992；竹内常一『日本の学校のゆくえ』太郎次郎社，1993，あるいは，久富善之編『豊かさの底辺に生きる――学校システムと弱者の再生産』青木書店，1993，参照。

7）西尾幹二『教育の自由』新潮社，1992。

8）例えば，M. W. Apple, *Ideology and Curriculum*, Routledge, 1979［門倉正美ほか訳『学校幻想とカリキュラム』日本エディタースクール出版部，1986］；M. W. Apple, *Education and Power*, Routledge & Kegan Paul, 1982［浅沼茂ほか訳『教育と権力』日本エディタースクール出版部，1992］.

9）例えば，教育科学研究会の1992年1月中間研究集会における愛知の井上毅報告「高校生フェスティバルのなかでどんな力が発現したか」に対しての吉田和子氏のコメント「高校生の学力獲得のすじ道は，井上報告が指摘するように，行為・行動のなかから①自己解放する力，②自己信頼の回復，③聞き取る力，学ぶ力，を獲得しつつ，状況を変えることへの意欲・挑戦心を育むすじ道のなかにも可能性が開けている」(『教育』1992年4月号，pp. 60-61)に同意したい。

10）栗原の議論にはそのすべてには同意できないが，示唆的な表現が多い。やさしさの4つのタイプのうち〈開放的＝構造的〉やさしさは，まだ，未踏とされるが，それはいつに可能なのか？ 筆者は，未曾有の阪神大震災(1995年1月17日)後の人々の復興・救援のなかにその原型をみる思いがしたことを付記したい。なお，栗原の『やさしさの存在証明――若者と制度のインターフェイス』新曜社，1989，も参照されたい。

11）例えば，その最初の理論提起は，那須野隆一「都市青年集団のサークル化とその課題」日本青年館調査室編『地域青年運動の展望』日本青年館，1968，にうかがえる。その後のひとつの総括は，日本社会教育学会編『現代社会と青年教育』東洋館出版社，1985。筆者の関与する限りの事例では，①単位サークルでのさまざまな総合的な活動(学習，文化，スポーツ等々)とそれらの連絡協議会組織を基盤とした〈たまり場活動〉，リーダー養成講座などを通して，生活集団づくりがめざされる。②その上で自主的な系統学習(社会科学や歴史学習)と生活史学習が結合され，③さらに社会教育施設(公民館，青年の家)や教育委員会主催の制度的な主催講座，中級リーダー養成「青年大学」，上級リーダー養成「青年大学院」などによる，自己教育への系統的・教育科学的な援助と助言の，三重構造的な学習・教育が組織されている。

12）そのひとつの試みは，1990年代半ばの名古屋市青年大学院プログラム事業であり，90年代後半から21世紀初頭に展開された，日本青年館のユースカレッジであった。

13）若干の問題意識の展開は，かつて拙稿「都市勤労青年の学習・教育実践とその社会的性格」前掲注11)『現代社会と青年教育』pp. 102-111，に述べた。

14）同様の問題提起のひとつとして，鈴木庸裕「企業社会の転換と生活指導――もう一つの社会を模索する勤労青年を手がかりに」『生活指導研究』第9号，1992。

15）熊沢誠『新編日本の労働者像』筑摩書房，1993，の議論や，竹内真一監修『労働青年白書』学習の友社，1982，のなかから新しい展望を出していく作業は，どのような方法を求めるのか？ 筆者は，英国の大学成人教育と労働者の自己形成・職業能力開発の関わりの事例分析を続けている。姉崎洋一ほか「ED 学習プログラムが提起するもの――イギリス成人教育の新しい可能性(その5)」『広島平和科学』第17号，1995。

補論　生涯発達・生涯形成の教育学への転換を
――子どもの教育学の呪縛からの脱却の必要

以下に述べることは，日本の現実においてはまだアイデア・構想の主張の域を出ないものなのかも知れない(「成人教育学」「生涯発達心理学」の生成途上での未発達性，「生涯学習」「社会教育」「職業教育」「高等教育」などの現実的条件整備，蓄積の弱さがある)。

しかし，熟していなくとも，いまは「必要」と「必然性」を主張すべき時代と考えたい。

1 「子どもから出発する教育学」の重要性を否定するわけではない。その深化と拡大の必要

1つには，「経済学における研究の出発点が〈商品〉であると同様に，教育学における出発点は〈子ども〉である」という従来の主張の積極的な理解を継承したい。しかし，「子ども」は学習主体の時系列上のひとつの姿にすぎない。すなわち，ひとりの全生涯からみれば誰しもが子どもでもあり，青年でもあり，成人でもあり高齢者でもあるという視点が，不可欠である(各年代の固有性と共通性の確認)。例えば，恵那(岐阜県)の教育においていわれてきた「子どものなかに情勢」をとらえるという卓抜な視点は，ひとりの人間の生涯の発達のなかに情勢をみるという視点として継承される必要があろう。

2つ目は，「子どもの教育学」の狭さからの脱却という課題である。子どもの発見，大人とは違う独自な存在としての子どもの成長・発達への注目の視点ということの特別の配慮は，「児童の世紀」の終わり近くになって「子どもの権利条約」(1989)を生み出した。この点で，子どもの全生活と人権の

拡充・見直し，さらに学校がこれらの観点から見直され改造されることは大いに望ましい。

しかし，中等後教育，高等教育，さらに成人教育の要求と必要の増大は，20世紀後半以降から21世紀初頭にかけて飛躍的に増大し，その拡充整備を求めてきた。平均寿命の伸び，技術革新，情報化，国際化などによる生活世界の拡大と，知的・文化的解決能力としての国民的教養水準の上昇は，必然的に継続教育，知識・職業技術・技能更新教育を求め，そのための教育制度整備を求めるのである。

この点であえて誤解を恐れずにいえば，「子どもの教育学」と称しつつ，実は戦前来の「小学校」用師範学校教育学の水準に堕していてよいのかという問題がある。たとえば臨教審の委員にひとりも教育学者がいなかったという「名誉」以上に，いま，教育学に対する国民的な信頼はどれほどあるのかが問われる必要がある(このことは，教育再生会議[2006〜]においても同様な批判がなされた)。

2 「生涯形成」の自己決定学習を軸とした教育学と教育制度環境実現の課題

最後に，今後の検討課題と重ねて教育学上の論点を整理しておきたい。

1つ目は，ユネスコ「学習権宣言」(1985)，「子どもの権利条約」(1989)などを貫通する，人間的自己実現・生涯設計を可能にするための，生涯にわたる学習の権利のとらえなおしの課題である(能動的人権)。

2つ目は，企業社会，国家統制社会などの「非人間性」社会論理・原理を峻拒し，「人間中心」社会を生み出す自己教育主体形成の教育学，共同的人間関係構築の教育学の確立の課題である。

3つ目は，成人，高齢者の成熟と自由な機会創出に応える生涯形成教育学の課題である。加齢(エイジング)と教育の相関，生活の知恵と力(実際生活に即する文化的教養，1947年教育基本法第2条や社会教育法第3条の現代的再解釈)の形成に関しての，フォーマルとノンフォーマルの区分の再吟味，職業能力開発と〈教育―学習〉との，あるいは地域福祉と主体形成との制度的な区分の再吟味など，未踏の領域は多い。インドの伝統的な人生区分の思考たる学生期，家住期，林棲期，遊行期などの思索から，教育学が引き取るべき課題は多いのである。

第3節　英国の若者支援方策の矛盾と打開をめぐる課題
——T. ブレア政権の若者就労支援施策を中心に

この節では，英国の，ニューレイバー(新しい労働党)を旗印とした前 T. ブレア政権の若者就労支援政策の実態に焦点をあてて，若者の自立と大人への移行の課題に潜む現代的な諸相と論点を整理してみたい。

1　階層・階級社会と青年期の二重構造

英国では，伝統的には，青年期の二重構造問題が階級・階層問題に根ざしながら，労働のありようの分断(知的精神的労働と肉体的単純労働)や，義務教育離学年齢後の教育機会の格差化によって，その後の人生展開に大きな差異をもたらしてきたことは，よく知られた事柄であった。それは，日本でもかつて宮原誠一『青年期の教育』(岩波書店，1966)等によって指摘されてきたことでもあった。いわゆる，英国の「2つの国民」問題は，とりも直さず階層差と青年期の文化的・経済的・社会的分断の問題でもあった。

したがって，そのような分断を是正し，中等教育機会の均等化により，共通教養をすべての青年期に保障しようとする運動は，B. サイモンらによる，コンプリヘンシブスクール(総合制中等学校)の普及と拡大に象徴される，1970〜80年代の教育改革の共通精神であった。しかし，社会的な階級・階層問題の根は深く，コンプリヘンシブスクールの運動は「途半ば」を余儀なくされ，教育課程の共通性の模索は，80年代後半以降の新保守主義的・新自由主義的教育改革(象徴的には，88年教育改革法)によって，中断と後退を強いられてきた。コンプリヘンシブスクールは，条件整備の放置によって緩やかな解体が迫られ，他方，学力テストやナショナルカリキュラムの導入によって競争的文化が浸透し，地方教育当局の権限を縮小化させることと並行しての公立学校から私立学校への転換をめざす施策は，いわゆる教育の民営化政策として，サッチャーとメージャーの両保守党政権によって推進されてきた事柄であった。もちろん，こうした施策は，地域の労働政治経済事情によって浸透度は異なり，南東部の広がりに比して中北部は抵抗も多く，必ずしも広がる形にはならなかった。

2　対抗的文化の衰弱

学校でのトラッキング(その後の進路の選別機能)に対抗して，かつての英国のワーキングクラスの若者たちには，'Learning to labour (労働への学び)'(P. ウィリス著，熊沢誠・山田潤訳『ハマータウンの野郎ども』筑摩書房，1985)があり，労働者としての連帯や労働過程での陶冶機能が重要な役割を果たし，労働組合はそのような基盤の上にもうひとつの「国家」をかたちづくっていた。しかしながら，周知のように国際的な産業構造と労働過程の変容は，英国の産業的競争力の弱さを顕在化させ，1970～80年代は，総じて英国経済の構造的衰退をもたらした。

とりわけ，第2次産業の衰退は著しく，鉄鋼，造船，重化学などは世界的な競争に立ち後れ，家電や自動車などの工業製品も，次々と外国資本に吸収されていった。長期にわたった炭坑ストも，その強引な労働組合つぶしと並行して，終息を余儀なくされたことは記憶に新しい。対抗的文化や運動は，こうしたなかで従来の活動を続ける限りでは発展の見通しは暗く，衰退への道をたどるよりほかにないようにみえた。

したがって，若者の大人への移行をこのようなカウンターカルチャーによって支えていくことは，かつてなく困難となってきた。「若者はなぜ大人になれないのか」という問題は，労働者コミュニティにおいても深刻化してきたのである。1980年代後半以降，21世紀に入っても，対抗的労働文化と運動は，新たな再生を求めての長い雌伏と模索を余儀なくされてきているといえる。

3　シティズンシップ，社会的排除，ワークフェア

1990年代は，ソビエト連邦・東欧政権の崩壊，ドイツの統一，旧ユーゴスラビア地域の内戦，湾岸戦争後のイスラム世界の不安定化など，世界的にナショナリズムの再興が起こり，国内に多民族社会化とマイノリティ問題を抱える国々にとって，シティズンシップと社会的排除問題が，失業問題に加えて大きな社会イッシューとなってきた。こうしたなかで，EUでの「マーストリヒト条約」に続いての「アムステルダム条約」(採択1997，発効1999)は社会的排除に初めて言及し，EU圏内の各国での対抗方策の方向を示した。社会的排除や失業問題への対応は，EU内部でもいくつかの流れがあり，それは自己責任原理を軸とした新自由主義的な保守勢力と，福祉国家の再編による社会保障の道も探求する社会民主主義型に分かれるようであるが，社会民主主義型政権にもフランス型，ドイツ型，さらに北欧型，そして英国型といった具合に色合いが異なることは，多くの指摘のあるところであろう。

4　ブレア政権の若者支援政策の光と影
――ブレアの時代に何が始まったか？

英国でも，サッチャー・メージャー政権の後にあらわれたトニー・ブレア労働党内閣(1997)は，サッチャー時代の新自由主義的な改革によって格差が広がり，若年層や中高年層の失業が長期化して社会保障費の拡大を余儀なくされていたことを問題として，その打開方策をアンソニー・ギデンズの「第3の道」理論を借用しながら，オールドレイバー時代にも，サッチャー時代にも戻らないとして，ワークフェア(雇用を通した福祉)路線を基本としながら，教育・訓練による労働福祉政策へ転換した。社会的排除防止部局(Social Exclusion Unit)の創設はそのひとつのアクションであった。

また，2000年以降，地域の連帯やつながりを失いつつある地区には，ネイバーフッド・リニューアルと呼ばれる近隣関係再構築プログラムが実験的に試みられ，さらに，諸事情によりシングルマザーになったり，十代の若年結婚による生活の困難を抱える家族，移民労働者家族，難民などマイノリ

ティグループの家族・子育て支援としてのシュア・スタート・プログラム(1999)などが開始された。とりわけ，義務教育終了後，雇用の機会がなく公的給付に頼る，アンダークラスと位置づけられる若者の失業問題をどのように効果的に解決するかは，喫緊の課題となった。

学校においても，16〜19歳プログラムの前に，共通課程とは別に，12〜15／16歳の生徒の職業教育選択科目が準備され，その採用は各学校に任された。また，16〜19歳の年齢層の進路指導は，選択を重視したより個人的発達プログラムに転換されていった。ここには，ステイタスゼロと呼ばれる若者層の滞留が指摘され，NEET(Young People Not in Education, Employment or Training)と呼ばれる，教育も，雇用も，技能訓練もされていない失業，無業の青年たちの固定的状態が，深刻な社会問題化することへの危機感があった。その意味で，危機を未然に防止して，解決策を講じようとする政策強化がうかがえるのである。

したがって，NEETからEET(Young People in Education, Employment or Training)への転換，すなわちステイタスゼロの状態から脱して，教育，雇用，技能訓練を受けている青年層を拡大するということが，政策の中心を占めることになった。教育技能省の近年の緑書，白書などでは，その限りでの義務教育終了後の中等後教育(高等教育，継続教育)人口を拡大すること(widening participation)，資格付与に通じる教育訓練が大きな政策目標に据えられることになった。

また，こうした流れは国や自治体だけではなく，NGOやボランタリー団体を巻き込みながら，子どもや若者支援の多様な動きをつくり出してきたといえる。チルドレンズファンドなど多くの子ども支援事業，自治体が設けているユースポイント，成人教育センターなど，居住地域から遠くない地点に，ワンストップセンターを設けて，職員やボランティアスタッフが気軽に相談に応じ，必要な情報や方向をアドバイスする活動がこの間広がってきたといえる。なかでも，コネクションズ(connexions)と呼ばれる13〜19歳の教育・雇用支援活動(2001年本格開始)と18〜24歳の失業青年のニューディール・プログラム(Newdeal Program)政策(1997年開始)が，その中心をなす事業である。

5　ブレア政権の若者・家族政策の地域レベルの実態

すでに述べたように，若者から大人への移行の困難は，フーリガン，ドラッグ，早婚，逸脱行動といったアンダークラス特有の社会病理現象をもたらしただけではなく，若年失業・無業・無資格・無教育が故の社会保障の重荷となる失業給付的施策の限界を明瞭にした。そこで，先述の新たな事業群が起ち上がってきたのである。例えば，シュア・スタート・プログラム(0〜3歳を基本に12歳くらいまでの学童保育事業も併設)，公立中学校での職業準備教育，16〜19歳のユースポイントやコネクションズ事業，25歳以下の失業対策としてのニューディール政策といった，年齢軸に合わせた事業は，その実施部局も多岐にわたり，国の複数の省庁，地方自治体，NGO・ボランタリー団体が関係している。そこで考えられてきているのは，「ジョイントアップ施策」——縦(年齢)と横(実施機関，専門家)の統合という考えである。

ただし，こうした活動に潜む矛盾がないわけではない。1つは，上記の事業の多くは国のパイロット事業として開始され，一定期間後，パートナーシップ型事業として地方自治体もしくはNGOなどに事業移管が考えられている。しかし，自治体の多くは，財政危機を抱えており，NGOも同様である。現場では，先行きの保障がないという不安を抱えながら多くのスタッフが事業を行なっているのである。このことは，筆者の2003年12月，05年10月，11月のリーズ地域での訪問調査インタビュー先で異口同音に語られた。

2つ目は，職員スタッフの多くが臨時，嘱託であり，なかには人材派遣型職員も多いことである。ガーディアン紙の記者P.トインビーもみずからの潜入体験ルポ(P.トインビー著，椋田直子訳『ハードワーク』東洋経済新報社，2005)で証言しているように，事業の末端部分では，低コスト政策ゆえに十分なサービスが提供できず，そのサービス受給においても，階層間格差があることは否めない。

ブレアの政策の肯定的評価として，就学・進学率上昇と就業の拡大，失業率の「減少」が語られる場合が多い。しかし，階層差の拡大，貧困・排除層の機会格差の厳存，排外主義，抑圧の顕在化(イスラム系青年たちの失業と不満の高さ)，社会福祉・社会保障の後退と軌を一にする自助努力と競争の肯定，地域再開発による繁栄地域と剝奪地域の落差化などは，依然としてこの国に重く立ちはだかっている。「ブレアの時代」とは何を意味したのかが問われている。

以下の文献を参照されたい。
・山口二郎『ブレア時代のイギリス』岩波書店，2005。
・日本青年団協議会地域青年運動構築21世紀委員会編『地域青年運動の活性化と青年教育に関する政策提言』日本青年団協議会，2005。
・乾彰夫編『不安定を生きる若者たち』大月書店，2006。
・横井敏郎「若者自立支援政策から普遍的シティズンシップへ——ポストフォーディズムにおける若者の進路と支援実践の展望」『教育学研究』第73巻第4号，2006。

＊　この節は，科学研究費基盤研究A「発達学習支援ネットワークのデザインに関する総合的研究」(2003～2006年，研究代表，鈴木敏正)による，英国調査(03年12月，05年10月，06年12月)の聴き取り調査にもとづいている。

第3章　大学成人教育の役割と現代的革新

この章では，生涯学習の広がりが，大学(高等継続教育)と連動してその内容の高次化，系統化，ネットワーク化を広く保障し，また担い手の育成を組織できることを検証している。対象地は，成人教育の歴史的先行地である英国である。そこでは，大学成人教育が重要な役割と機能を発揮している。

第1節は，英国が歴史的に古くから民族間の移入や移出の経験をもつ多民族国家であり，さらに第2次大戦後，旧植民地からの移民を受け入れたりしたこと，あるいは，2つの国民といわれるワーキングクラスと中産層以上の国民との階級・階層問題を抱え，そうした社会的不利益層(社会的排除層)の教育は，識字教育や成人基礎教育の革新を不可避としていることを検証している。

第2節は，英国におけるコミュニティ成人教育の歴史的動態を分析し，さらにそれが，地域再生や再開発事業とどのようにリンクし，あるいは大学との連携を求めているのかについて，実証的に言及している。

第3節は，比較的長い歴史をもつ大学成人教育が，国家の再編，行財政改革に連動した大学改革の流れのなかで危機を迎え，それをどのように打開し，新たな展望を拓こうとしているのかについて分析している。

第1節　成人基礎教育・識字教育の革新

――リーズ大学・パイオニアワークの事例から

「イギリスでは19世紀前半，より正確にいえばフランス大革命の熱気がこの島国を包み込む 18 世紀末からほぼ 19 世紀 40 年代まで，〈労働者階級〉を〈リテレイト（literate）〉にすること自体が，即座に激烈な反対，抑圧を引き起こし，推進者側でも急進派，改良派が入り乱れる，物々しい言葉を使えば，階級闘争の一焦点であった。保守的な人間からみれば，〈字を読む〉労働者というのは，その存在自体が反・秩序の象徴にほかならない」（リチャード・ホガード著，香内三郎訳・解説『読み書き能力の効用』晶文社，1974，p. 303）

はじめに

ユネスコの「機能的非識字」（functional illiteracy）概念を待つまでもなく，いわゆる第三世界諸国のみならず，発達した「先進工業国」と目されてきた国々においても，「識字」教育キャンペーンの与える影響は大きい[1]。本節においては，その素材のひとつとして現代英国の事例を取り上げる。

よく知られるように，英国は，帝国主義的海外植民地支配により，それらの国々の民族的言語・文化破壊と宗主国的言語・文化支配を行なってきた典型国であった。その意味では，英語を母語としない人々への第 2 言語としての英語教育の体系化と，その洗練された蓄積も大きなものがあったし，現在もそうである。

しかし，本節の課題からいえばむしろそのような「洗練」こそが，今日逆に批判され見直されてきている。単なる言語修得の技術としての「中立的な」英語教育ではない識字教育の在り方が，多文化・多民族・多言語教育の主張と重ねて見直されてきているからである。ここには，旧植民地諸国からの影響もまた最も大きい国のひとつとしての英国の姿がある。例えば，第 2 次大戦後の労働力不足は，それ以前の白人移民に限定していた政策を修正し，かつての旧植民地諸国＝英国連邦（commonwealth countries）からの大量の労働力移入に英国を踏み切らせた[2]。これは，後に厳しい移民制限法により再び政策の転換をみたとはいえ，エスニックマイノリティの問題を主要国内論争問題のひとつとさせた。識字教育におけるエスニシティの問題は，現代英国（成人）教育が避けて通れないひとつの主要な課題である。

他方，「帝国」の「栄光」の「没落・落日」は国内経済に顕著であり，伝統的産業の衰退とそれに伴う失業者問題，地域的不均衡，貧富の差の拡大などは福祉国家＝栄光の基盤を不安定にしてきたといえる。特に社会・経済要因が若年層の進学や就業にあたえる不安定さは，この層の学力問題にも深く影響し，現代的な「識字」問題を拡大再生産させてきているといえよう[3)]。

これらの複合的な要因が，いわゆる社会的不利益層(social disadvantaged people)を生み出し，低教育機会，低文化環境，差別的社会処遇(職，医療，教育，福祉等々)の悪循環と，階層固定的な貧困の再生産を英国労働者階級の底辺部にかたちづくってきたといえる。とりわけ，これらの中心をなすのは，失業者，エスニックマイノリティ，女性，高齢年金生活者の4つであった。ここに，これらの解決の手がかりとして重大性を増してきているのが，成人基礎教育の取り組みである[4)]。本節は，北部イングランドの1980年代の経験(特にリーズ大学のパイオニアワークを中心に)から，識字教育，成人基礎教育，失業者問題の関連を中心に論究するものである。

1　英国における社会的不利益層の抱える問題点
——識字・成人基礎教育の前提

(1)　社会的不利益層の様相と成人教育の問い直し

第1は，失業者問題である[5)]。景気の後退に伴う産業構造再編は，一方に伝統的重工業地帯の産業のスクラップ化と大量失業の群れを，他方に金融，ハイテクノロジーの隆盛に浮き立つ新たな中産層(英国的ヤッピー層)の出現を，「北南」問題として提出してきた。とりわけ，前者のイングランド北東部，北西部，ウエストミッドランド，南ウェールズ，スコットランドのクライドサイド，北アイルランドの大量失業は，特にその都市中心部のブラックスポットにおいて，荒廃と社会問題(犯罪，家庭崩壊，乳幼児死亡率の増大，アルコール依存，若者を中心としたフーリガンとヴァンダリズム，失業・無職による自信喪失・無気力，早過ぎる定年退職による生活不安等々)を深刻化させた。保守党政府は，この事態に対し自助努力を強調し，産業構造再編のためには失業者増大も必要悪と，冷徹な対応を崩さなかったといえる。例えば，1980年代前半の失業率増大のピークを背景に，84年から85年にかけての「炭鉱ストライキ」は，国際的支援を含む労働者側からの80年代前半最大の反撃であったが，政府は一切の妥協を拒み運動を徹底して抑え込んだ[6)]。保守党の産業構造再編は，労働者の分断，労働組合の弱体化と国有産業の民営化(privatisation)をあわせねらい，結果的に失業者の増大を根本的に抑制するよりも，企業収益の増大と競争力の拡大を最優先としたのである。ここに，皮肉なことだが，上記の背景のもとに失業者に対する成人教育の必要は不可避となり，それ以前の成人教育の中産層的な曖昧さや，その立脚基盤と社会的価値についてのとらえかえしを迫られる，大きな契機となったことは留意されるべきであろう。

第2は，女性問題の比重の増大である[7)]。女性の就労が伸長するとともに，性差(gender)による女性の社会的不利益問題が広範に意識されだしてきたことである。例えば，71年から85年にかけての14年間に，男性のなかでの経済活動率(economic activity rates)は81%から74%に減少したのに対して，女性の同時期でのそれは44%から44.7%に上昇した。とりわけドラスティックな変化は，同時期に男性の60歳から64歳の間での経済活動率が83%から54%に激減したのに比して，女性の25歳から34歳の間の年代で45%から62%に急上昇したことである。この変化の内実は，男性労働者の早期退職化(early retirement)を強要する一方で，家庭主婦の賃労働者化をはかることにあった[8)]。女性の職種の多くは，家事的な仕事に近似した「女の仕事」とみなされたり，低賃金単純労働職種あるいはパートタイム職種に限定され，管理職や専門家への登用は稀であった(それぞれ10%と20%)。さらに，女性であるが故のダブルバインド(妻であり母であることと働く労働者としての自分との自我葛藤)は，英国の社会的保育条件の悪さも手伝い，女性に肉体的および精神的な負担を大きく押しつけてきたといえる[9)]。

この間のフェミニズム思想の広がりや，変革と解放を求める成人教育の実践においては，各地の「セカンドチャンス・プログラム」や，「新しい機会への教育」(new opportunity program)，「学習への帰還」(return to study)プログラムが生み出され，女性の社会的不利益の打破がめざされてきたといえよう[10)]。ここにも，学習(文字＝wordを知ること)を通して新しい世界(new world)を知る，識字教育の現段階がある。

第3は，退職者，老齢者の人々の問題がある。退職後の年金生活者(pensioner)の多くは，十分な財産の貯えも準備教育もなしに職を去ることを迫られてきたのであり，精神的な傷や孤独に苦しんだり，平均的国民の収入の3分の1以下での生活の不安を抱え込んでいる[11]。これらいわゆる第3期(the third age group)の世代の人々のための成人教育は，英国においてもこれまでになく重要性を増してきている。歳を重ねるという過程自身を単なるネガティブな他者依存の強まりとしてとらえるのではなく，ポジティブな共同と自己実現の過程としてとらえかえす，成人教育実践(retirement education，elderly education)がここに深められてきている[12]。

第4は，英国の支配の代償としてのエスニックマイノリティ(ethnic minority)問題である[13]。前述したように，彼らは，英国の恣意的移民政策のもとに安価な労働力として積極的に導入され，景気変動後は厄介者として二重三重の人種差別(racism，racial discrimination)に苦しめられてきた[14]。サルマン・ラシュディによれば，「レイシズムは我々の問題ではない。あなたたちの問題である。我々はただ単にあなたたちの問題の影響を被っているにすぎない」のである[15]。

ところで，ここにエスニックマイノリティといっても，しかし「2つの文化の間」(between two cultures)[16]「この胸の嵐」(storms of the heart)[17]に悩む若者たちは，皮膚の色を超えてまぎれもなく現代「英国人」である。例えば，英国の黒人(旧アフリカ英領からの移民，西インド諸島からの移民＝アフロカリビーンの総称)の40％は英国で生まれてきているが，この数字は増大することはあっても減ることはない。

しかも，そのような「英国人」としての彼らは，ほかの諸国のマイノリティと同様に差別の集中的な受苦者である。黒人移民労働者の49％はいわゆる大ロンドン地区，別の22％は西ヨークシャー，西ミッドランド，南東ランカシャー地域に集住しており，その多くが荒れ果てた都心部に住み，現代都市の貧困の最悪の諸側面(平均の約2倍の高失業率，低教育歴，非衛生的で貧困な食事と不健康，劣悪な住宅など)を味わうことを余儀なくされている。このことは，アジア系(英国ではインド，パキスタン，バングラデシュなどの総称)，中国系(香港)などにも，多かれ少なかれ共通する問題である。ここに，それぞれの民族的尊厳を高めながら(独自の言語，文化の継承発展)，同時に，英国の現代に生きる共通の文化的連帯をどう育むのかが問われてきているのである。ブラックの人々によるカーニバル(例えば，Notting Hill Carnival)の開催[18)]，各地のバイリンガルによる成人教育講座の開設，民族学校の設立などは，この間の新たな動向といえよう。

(2)　社会的不利益層の固定化と教育システムの矛盾

以上のような社会的・経済的不平等にあえぐ人々を固定し，不平等それ自身を正当化するように働く教育的・文化的不平等の問題が指摘されなくてはならない。よく知られるように，英国の階級固定化に果たす教育制度の意味は大きい。1960年代以降，労働党政権のもとで拡大発展してきた総合制中等学校(コンプリヘンシブスクール)(comprehensive school)の「完全な中等教育をすべての者に」の政策と運動は，一定の地歩を着実に進めてきたとはいえ，その歩みは平坦ではない。特権的私立学校であるパブリックスクールを通しての上層階級のエリート的社会化は依然として根強く，88年教育改革法はそのねらいのひとつにエリーティズムの復権をはかろうとするものといえた[19)]。オックスフォード，ケンブリッジにつながる支配的教育は，未来の指導的存在としての競争的階層秩序，個人主義，シニシズムなどの諸価値を植えつけ，代わりに大衆に対しては実用的職業教育・訓練，継続教育があてがわれるという構図は保守党教育政策の基本原則といえた。この教育の二重構造の底辺部分は，学校後教育(post school education)の展開にも持ち込まれ，16歳の離学年齢時に何らの資格ももたず失業者の群れに押し込まれたり[20)]，MSC(Manpower Services Commisson，後にThe Training Agency)のYTS(Youth Training Scheme)プログラムに何の予備的動機もなく放り込まれたのは，低階層の子弟たちに集中してみられたのである。

以上のような文脈から，社会的不利益層のための成人教育は，新たな再編を求められてきたといえる。具体的には，英国のような工業国でも成人基礎教育(adult basic education＝失業者相談，自信回復プログラム，識字プログラム，第2言語としての英語教育，エスニックマイノリティプログラム）に重点を置いたコミュニティ成人教育（community based adult education）の革新の必要，さらには，16歳以降および成人または高齢者のための継続教育カレッジ（further education college），宿泊型成人教育カレッジ（residential college）[21] などがその社会的価値を高めてきたのである。これには，従来のリベラル成人教育の伝統を継承しながらも，社会目的（social purposed）成人教育の新たな展開が求められてきていること，特に，資格や技術習得の訓練教育の前に，学習主体の能動的な生活や労働への目的関心をいかに醸成するかが鋭く問われてきているからである。この点で，「非識字」を「無教養と同一視したり，識字能力がすなわち教養のあらわれだとみなすわけにはいかない」[22] という意味を含めて，学習主体の自尊心，自信を高めるような成人基礎教育の弁証法的な理解が求められるのである。

2　1990年代成人基礎教育の取り組み
――リーズ大学・パイオニアワーク実践を手がかりに

(1)　リーズ大学・パイオニアワークとは何か

リーズ大学・パイオニアワーク（Pioneer Work，以下PW）とは，現代英国にあって，さまざまな不利益な立場にある労働者階級集団のための，コミュニティに根ざした成人教育・成人基礎教育プロジェクトのひとつである。

この試みは，リーズ大学成人・継続教育学科のスタッフを中心にして担われ，DES（英国教育科学省）やLEA（地方教育当局）の補助を受け，TUC（労働組合評議会），WEA（労働者教育協会）と連携しながら，またNIACE（全英成人継続教育協会）の失業者のためのリプラン・プロジェクト（The Replan Projects）と連携・協力しながら進められた。その意味で，機関間協力関係ネットワーク（inter-agency approach）の手法をもった1980年代の英国大学成人教育（university adult education）の典型的実践のひとつであった。対象とされた地域は，リーズ，ブラッドフォードを中心にした西ヨークシャー地域である。

(2)　リーズ大学・パイオニアワークの基盤的条件とその実践的・研究的系譜

PWの基盤には，リーズ大学の大学成人教育におけるコミュニティ教育サービス面での歴史的蓄積と革新的伝統がある。都市大学としてのリーズ大学に，成人教育学科(Department of Adult Education)が創設されたのは，1946年であるが，それ以前からこの地域での労働者成人教育の実践は，WEAの地域活動やケンブリッジ大学のサマースクールへの参加が組織されていた。リーズ大学の位置する西ヨークシャーは，典型的な労働者コミュニティをその地域に有している。例えば，冒頭のR.ホガードはリーズの労働者の生まれである。S.レイボウルド[23)]，F.セジウィック，E.P.トンプソン[24)]，J.F.C.ハリソンらによる50年代の労働者成人教育に対する献身的な努力は，大学成人教育の「偉大な伝統」(great tradition)を発展させるもの(地域問題，歴史研究などのコース，それらは典型的な3年コースとして開設)であった。60年には，TUCと協力して炭坑，鉄鋼，繊維，公共部門の組合労働者に対する大学成人教育の多様なコース(day release and evening course for trade unionists)が，さらに70年代末までには，ミドルズバラとブラッドフォードの大学付属成人教育センターを含めて，労働問題研究(industrial studies)と地域成人教育(community adult education)に対する責任部門(department of external studies)が開設されてきた。本節の課題からいえば，76年以降にはブラッドフォード成人教育センターにおいて，マイノリティ成人教育やアジア女性のための特別コース，リーズの成人教育センターやノーザンカレッジとの連携による労働組合員のための長期プログラム，失業者のためのプログラムが組織されてきていた。

(3)　パイオニアワークの開始

リーズ大学の1980年代のリベラルな労働者成人教育は，大学固有の事業を前提に，パイオニアワーク(PW)事業を開設することで大きな飛躍がなされた。DESとHMI(勅任視学官)の大学成人教育の地域的責任の評価(1979)や，大学評議会の財政重点配分を受けて，81年にPWが開始されたのである。そのねらいは，失業者に対する実験的な成人教育のための，当初3年間の財政支援(90%はDES，10%は大学から)と研究ポストの設置であった。K.ウォードが専任に，さらに構外教育学科スタッフからR.テイラーとJ.ガーディナーがこれに加わった。

限定された予算と人員規模ながら，このプロジェクトは意欲的に目標を設定した。そのねらいの要点は次にあった。①労働者階級成人教育のための教育革新的な組織とカリキュラムの開発，②特別な「ターゲット・グループ」を選び，彼らの要求に見合う事業とプログラムを開発すること，③それらのための広範囲なレベルでの機関相互の連携ネットワークをつくり出すこと，④条件，基盤の異なるリーズとブラッドフォードのプロジェクトを，比較の方法を用いながら分析し，モニタリング(観察)する方法の開発である。このプロジェクトの推進にあたっては，リーズ，ブラッドフォード両地区にそれぞれ2つの研究班(フルタイムスタッフのグループ1，パートタイムスタッフのグループ2)が組織され，教授活動，相談，組織活動が精力的に展開された[25)]。

(4)　パイオニアワークの方法意識

PWの方法意識の基本は，大学成人教育の立場からの従来の成人教育に対する批判とオルタナティブの提示にある。これまでの成人教育は，教育サービスのなかでは副次的で小さな部門と認識され，LEAセクターのレジャー・レクリエーションあるいはWEAなどによる白人男性労働組合員，もしくは中産層の非職業的・教養的・初歩的教育サービスとみなされがちであった。これに対しPWの実践はリベラル成人教育の伝統に依拠しながら社会的不利益層と労働組合，コミュニティを学習主体を軸に再生させようとするねらいがあった。B.フライヤーは「労働者階級教育に対する挑戦」としてこのPWに高い評価を与えている。すなわち，TUCの1981年以降の労働者失業センター(Unemployed Workers Centre，UWC)の全国的配置のなかで，PWには次の評価を示していた。

「リーズ大学の成人教育チューターたちは，詳細な調査研究とUWC

での拡張教育事業の両面を促進させることに，さらにオックスフォードのラスキンカレッジに失業労働者たちを引き連れ，ともに継続的にこの面の活動の諸体験を交換することにとりわけ熱心で活動的であった。1982〜86年の間に，これらのコースはリーズおよびブラッドフォードだけで3000名を超える失業者たちを魅了しひきつけ，そこに雇用されたチューターたちは，彼らの成人教育活動における4つの異なるアプローチを用いた。これらは彼らが名づけている“コミュニティアプローチ”“インスティテューショナルアプローチ”“組織的アプローチ”“労働組合アプローチ”である」[26]

ここには，これまで成人教育の光があてられてこなかった分野に対する教育活動こそが，労働者成人教育の再生の鍵を握っているとの視点が看取されよう。

同時に，PWには大学成人教育のリベラトリ(liberatory)に対するとらえかえしが潜んでいることも忘れてはならない[27]。

(5)　パイオニアワーク事業の成果——チューター・受講生の評価

このPW事業の成果について，ここではその一端を示しておきたい。DESの補助金を受けたPWリサーチプロジェクト報告書(1988)では，講座事業には次の評価が報告されている。

〈チューターがつかんだ受講生の成果〉

①福祉の権利—自信を深めた／より探求的になった／自分たち自身の考えに価値を見いだすようになった／以前にはもっていなかった方向性を生み出した／〔以下略〕

②カウンセリング・討論グループ—自分たちの生活のより私的な部分を討論できるようになった／さまざまなタイプの諸関係について考えが深まった／避妊についての知識を増やした／〔以下略〕

③主題別講座—自信を得た／新しいテクノロジーについて恐れを克服した／気楽に図書館に入って行けて質問できるように思う／成人教育に関わることで自信をもった／〔以下略〕

④趣味教養講座―楽譜のことに，より意識的になった／絵画表現が向上した／生活全体により熱心になった／続けてほかの講座に参加している／〔以下略〕

⑤地域問題―コミュニティに大いに関わるようになった／ほかのコミュニティグループとつながりをもった／全国的な住宅運動に参加している／人々と話すのに自信をもった

⑥女性講座―講座修了後集まるようになった／より多くの社会的交流／新しい友人ができた／将来フルタイムの保育を望む／以前には考えてもみなかった問題について考えている／〔以下略〕[28)]

ここには孤独から徐々に解放され，対人交流能力を強めたり，みずからの自信と自尊心を回復させ，自己と他者に問いかけるようになってきたり，生活に能動的になってきた姿が示されているといえよう。

注

1）B. L. Hall and International Task Force on Literacy 'Opening New Doors' (eds.), '*The Literacy for all' International NGO Forum Nagoya 1990*, p. 4［和文報告書：『国際識字年記念“世界寺子屋運動”NGOフォーラム名古屋・1990』1991，p. 16］.

2）富岡次郎『現代イギリスの移民労働者』明石書店，1988；梶田孝道『エスニシティと社会変動』有信堂，1988；木畑洋一『支配の代償』東京大学出版会，1987，参照。

3）例えば，P. Brown and D. N. Ashton, *Education Unemployment and Labour Markets*, The Falmer Press, 1987; P. Brown, *Schooling Ordinary Kids*, Tavistock Publications, 1987，あるいは，P. Willis, *Learning to Labour*, Gower Publishing, 1977，参照。

4）K. Ward and R. Taylor, *Adult Education and The Working Class: Education For The Missing Millions*, Croom Helm, 1986.

5）K. Forrester and K. Ward, *Swimming Against The Stream?*, The Unemployed Workers' Centres and The Trade Union in Britain, 1988 (Working Paper for the Conference: *Adult Education and Responces to Unemployment Some North American and European Experiences*, Oxford, 1988).

6）M. Adeney and J. Lloyd, *The Miners Strike*, RKP, 1986.　家族に与えた心理的影響については，M. Hoyles (ed.), *More Valuable Than Gold*, Icehousebooks, 1985［山崎勇治・田中美保子訳『父さんの贈り物』レターボックス社，1987］。

7）古賀秀男「欧米女性史研究における人物研究の動向について」『歴史評論』1991年3月号；S. Boston, *Women Workers and The Trade Unions*, Lawrence & Wishart, 1987; *The Feminist Challenge to Adult Education*, WPICAE, 1987.

8）前掲注4)，*Adult Education and The Working Class*, p. 6。

9）拙稿「イギリスの女性の自己解放運動と教育文化」『婦人白書1989』ほるぷ出版，1989，pp. 73-77。

10）J. L. Thompson, *Learning Liberation: Women's Response to Men's Education*, Croom Helm, 1983［上杉孝實ほか訳『解放を学ぶ女たち』勁草書房，1987］. 事例として，*Return to Learn—Curriculum Development with Adult Basic Education Students in Leeds*, 1987, Department of Adult Education, University of Leeds, あるいは，E. Hutchinson, *Learning Later: Fresh Horizons in English Adult Education*, RKP, 1978。

11）前掲注4)，*Adult Education and The Working Class*, p. 6。

12）例えば，A. Coleman, *Preparation for Retirement in England and Wales*, NIACE 1983。

13）例えば，M. Sarup, *The Politics of Multi Racial Education*, RKP, 1986。

14）例えば文献紹介として，*Rasism and Discrimination in Britain: A Select Bibliography 1984-87*, The Runnymede Trust, 1988。

15）S. Rushdie, Racism and Resistance in Britain, *A Socialist Anatomy of Britain*, Blackwells, 1985, p. 146.

16）J. L. Watson (ed.), *Between Two Cultures*, Basil Blackwell, 1977.

17）K. Owusu (ed.), *Storm of the Heart*, Camden, 1988. なお，萩原弘子『この胸の嵐』現代企画室，1990，はこの著作に刺激された英国ブラック女性アーティストとの対談集である。

18）K. Owusu and J. Ross, *Behind the Masquerade: The Story of Notting Hill Carnival*, Central Books, 1987.

19）拙稿「イギリスにおける高等教育改革と成人・継続教育」『日本の科学者』1989年4月号，参照。

20）例えば，*TUC Handbook on the MSC's Youth Training Scheme*, 1983; P. C. Rethinking, *The Youth Question*, 1986; A. Harrison and J. Gretton, Education and Training UK 1987, *Policy Journals*, 1987; H. McGurk, *What Next?*, ESRC, 1987，など参照。

21）*NIACE Year Book 1990-1991* によれば，長期宿泊カレッジに9施設，短期宿泊カレッジに36施設が登録されている。その具体的な内容のいくつかについては他日分析を加えたい。

22）R. Engelsing, *Analphabetentum und Lekture: zur Sozialgeschichte des Lesens in Deutschland zwischen feudaler und industrieller Gesellschaft*, Metzler, 1973［中川勇治訳『文盲と読書の社会史』思索社，1985］. なお，英国の識字の歴史につ

いては，L. Stone, *The Educatonal Revolution in England 1569-1640*, Oxford University Press および *Literacy and Education in England 1640-1900*, Past & Present, no. 28, 1964 と no. 42, 1969 ［佐田玄治訳『エリートの攻防』お茶の水書房，1985］。

23）S. レイボウルドはミドルズバラに学校長の息子として生まれ，ノッティンガム大学で経済学を学び，1930 年代初めから成人教育活動にクリーブランドの教師職の傍らパートタイムチューターとして参加し始めた。1935 年以降はリーズ大学の正規スタッフになり，1946 年のリーズ大学成人教育学科の創設に加わり，1969 年の退職まで Head としてその献身的な研究・実践を続けた。ミドルズバラセンターは彼の寄付になるものである。

24）E. P. トンプソンについては近藤和彦・野村達朗編訳『歴史家たち』名古屋大学出版会，1990，pp. 60-81，に詳しいインタビューがある。

25）前掲注 4)，*Adult Education and The Working Class*, Chapter 3, 8, 9，および，L. Fraser and K. Ward, *Education from Everyday Living*, NIACE, 1988; R. Taylor, *University Adult Education in England and the USA*, Croom Helm, 1985.

26）B. Fryer, The Challenge to Working Class Education, *in* B. Simon (ed.), *The Search for Enlightenment*, Lawlence & Wishart, 1990, pp. 278-279.

27）R. Taylor, University Liberal Education: A ‘great tradition’?, *Adult Learning*, vol. 1 no. 9, 1990, pp. 243-245.

28）前掲注 4)，*Adult Education and The Working Class*, pp. 67-75；前掲注 25)，*Education from Everyday Living*, pp. 28-38.

第 2 節　1990 年代の英国大学成人教育の協働的実験と課題

は じ め に

英国におけるコミュニティ成人教育の歴史的動態を探り，それが地域再生や再開発事業とどのようにリンクしているのか，あるいは大学との連携をどのように求めているのかについては，これまで必ずしも明らかではなかった。本節では，そのことについての歴史的概観と現代的な実践に言及している。

1　コミュニティ成人教育・地域再生計画と大学の役割

(1)　コミュニティ成人教育の歴史的生成

1)　コミュニティ成人教育の生成初期

まず，コミュニティ成人教育の生成初期の歴史を簡単に概観しておこう。知られるところでは，出発点は，今世紀初頭の英国植民地での地域開発と成人教育との統合の考え方に由来する。さらに本格的には，1920年代のH.モリスらを中心としてのビレッジカレッジの活動として，ケンブリッジシャーを拠点に展開された。戦後になってからは，50年代に，カウンティカレッジの試みがなされ，その継承としてのコミュニティカレッジの活動が，レスターシャーを舞台に展開された。また，60年代に入ると，コミュニティおよびユースワークについての考えが政策上登場して(『アルブマール報告』1960)きたといえる1)。

2)　1970年代――コミュニティ成人教育の意味のとらえかえし

1970年代に入ると，まずコミュニティ成人教育の意味のとらえかえしが始まった。その契機は，労働党政権下での72年の地方自治法の改正によるコミュニティの範囲の再編(大都市カウンティと非大都市カウンティとの分割，それぞれにさらにディストリクトとパリッシュの単位)，さらに，75年のいわゆる『アレクサンダー報告』(スコットランド)が大きい。後者では，コミュニティ成人教育の強化をうたう内容に多くの注目が注がれた。スコットランドでのコミュニティ成人教育の議論には，P.フレイレの影響などもみられた。イングランドでも73年には，『ラッセル報告』が公表され，社会的弱者への成人教育が重点的な施策とされるべきことが強調された。『ラッセル報告』に影響されて，「北のラスキンカレッジ」と呼ばれるノーザンカレッジが設立され，教育優先地域の展開に即して，その固有な定義づけが考えられてきたといえる。

ここに，コミュニティ(成人)教育とは，第1に次のような内容を意味する。

①内容においてコミュニティへの参加とコミュニティのニーズに根ざした教育

②方法において伝統的なスクーリングを超えた多様で柔軟な学習を重視し，地域行動とも結びついて，なすことによって学ぶことを評価する教育
③対象において青少年と成人を統合的にとらえる教育
④対象において，これまで教育疎外状況にあった人々に焦点をあてた教育[2)]

第2に，さらにコミュニティそのものの意味内容も著しく変化していったのが70年代の特徴であった。それは，イメージとしてのコミュニティの変容をも意味した。50年代から60年代のコミュニティ概念が，予定調和的な統合イメージ，あるいは国家もしくは広域的な権力機構に対する近隣的・狭域的地域構造を主に意味したのに対し，70年代のそれは，例えばアメリカにおいては「貧困との闘争」(war on poverty)であり，「モデル都市計画」であったし，英国ではそれは「教育優先地域」(Educational Priority Areas, EPA)であり，「コミュニティ開発プロジェクト」(community development projects)として構想された。そこにみられるのは，地域再編・復興や計画化の対象としてのコミュニティ把握であった[3)]。

第3に，英国的文脈に即して，いま少しこだわれば，それは伝統的なワーキングクラス・コミュニティの衰退，荒廃への対応問題でもあった。したがって，労働者階級の就業確保や，生活地としてのコミュニティ再生の社会的課題こそが，焦点にならざるをえなかった。その意味で，それまでの成人教育の教養主義と中産階層的偏り，あるいは個人主義的傾向への批判が多く試みられ，コミュニティ成人教育においては，地域性・共同性・集団性の回復が重視され，日常生活からの学習・教育の構築の必要，変革への学習の重要性が強調されるようになってきたのである[4)]。

(2)　コミュニティ成人教育の歴史的展開(1970〜80年代から90年代)

1970〜80年代から90年代にかけてのコミュニティ成人教育の動向には，実践レベル，理論総括レベル，政策動向の各面で大きな前進や変動がみられた。ここでも，若干の問題に限定して整理しておこう。

1)　実践レベルの展開

この分野では，ラディカルコミュニティ成人教育と呼ぶべき実践の新たな生成発展がみられた。ここでは，そのなかでも，3つの事例に注目しておきたい。

第1は，リバプール地域の実践に始まるT.ラベットを中心としてのコミュニティ成人教育実践の蓄積である。その展開は，リバプールだけではなく，T.ラベットの故郷・北アイルランドでの，重層的構造的なコミュニティ成人教育の展開となって，大きな成果を生み出していった。地域での労働教育や平和づくりへの貢献，アルスター・ピープルズカレッジの活動，アルスター大学での理論研究等々，フォーマル，ノンフォーマル，インフォーマルの各教育の有機的連関の創造などに，大きな蓄積がつくられてきたといえよう[5)]。

第2は，イングランド，西ヨークシャー地域の，リーズ大学をはじめとする機関協働による社会的不利益層の人々に対するコミュニティ成人教育の展開である。NIACEのリプラン事業の一環であったパイオニアワーク事業による，失業者やマイノリティグループへのさまざまな教育機会の提供と，そのプロセスでの学習者主体の成人教育の革新の取り組みによって，多くの教訓的な成果がつくり出されていった。それは，リーズ大学でのリベラル成人教育の再生の取り組みであり，コミュニティ成人教育と労働者教育との新たな次元での結合でもあった[6)]。

第3は，レジデンシャルカレッジ(宿泊型成人教育カレッジ)での実践の展開である。例えば，南ヨークシャー・バーンズリーのノーザンカレッジの実践や，北アイルランド・ベルファストのアルスター・ピープルズカレッジの事業展開は，レジデンシャルカレッジの危機が叫ばれるなかで，コミュニティへの成人教育を通した貢献という点でのその新たな可能性を確信させるものがあった[7)]。

2)　理論総括レベル

コミュニティ成人教育の意義の総括をいかに行なうのかは，この時期の最も重要な理論的な関心のひとつであった。我が国の社会教育研究のレベルか

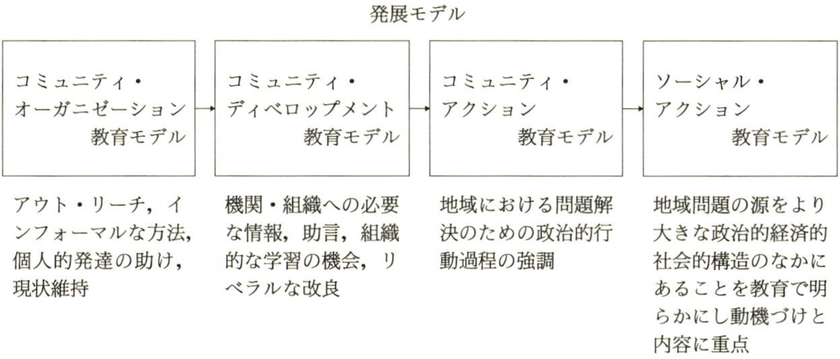

図 3-1　発展モデル(上杉孝實『地域社会教育の展開』松籟社，1993，p. 117-156)

<table>
<tr><td>教育三類型</td><td colspan="2">地域社会のための教育</td><td colspan="2">地域社会における教育</td><td colspan="2">地域社会とともにある教育</td></tr>
<tr><td>定型教育</td><td>開放教育</td><td colspan="4">……(学習条件整備)……</td><td>リーダー形成</td></tr>
<tr><td>不定型教育</td><td>教育的改良</td><td>地域社会開発</td><td colspan="2">学習援助活動</td><td>地域づくり</td><td>計画づくり</td></tr>
<tr><td>非定型教育</td><td colspan="2">趣味・教養個人学習
地域問題学習</td><td>自己形成</td><td>地域行動</td><td colspan="2">地域づくり学習</td></tr>
</table>

図 3-2　地域社会教育実践モデルと不定型教育(鈴木敏正『学校型教育を超えて——エンパワーメントの不定型教育』北樹出版，1997，p. 208)

らも，地域に根ざす社会教育と同質の問題を含むものとして深い関心が寄せられ，次のような整理が試みられてきた。

第 1 は，上杉孝實の整理である[8)]。地域社会教育の展開に関心を寄せる上杉のコミュニティ成人教育への理論的関心は，コミュニティの変容と成人教育との関連構造にあり，アレクサンダー報告以降の歴史的展開に対するものであった。図 3-1(発展モデル 1)は，上杉の叙述をもとに，筆者が作成したものだが，後述の鈴木敏正の理論的枠組みとも連動するものといえた。

第 2 は，鈴木敏正の整理である[9)]。上杉の整理に対して，鈴木敏正のコミュニティ成人教育の理論的な総括は，図 3-2(発展モデル 2)のような特徴をもつ。

鈴木の場合，コミュニティ成人教育の発展形態を，「地域社会のための教育」を基礎とし，「地域社会における教育」から，さらに「地域社会とともにある教育」へ，質的に高まっていくものと規定し，それぞれの発展形態に対応する教育類型形態(定型，不定型，非定型の3区分ごとの)での課題を整理している。そこにおいては，コミュニティ成人教育の収斂されるべき目標として，リーダー形成(定型教育)，地域づくり・計画づくり(不定型教育)，地域づくり学習(非定型教育)という課題が提起されている。ここには，北アイルランドでのT.ラベットの実践と，日本(北海道)での地域社会教育実践への理論的関心と統合意識がうかがわれる。

2　コミュニティ成人教育の社会経済的基盤
――1970〜90年代の行財政改革に即して

ところで，コミュニティ成人教育の進展は，それ自身の順調な発展というよりも，社会経済・政治文化的な危機への対応を迫られて発展してきたという側面が大きい。以下に，必要な限りでの分析をしておこう。

第1は，サッチャー型行財政改革の影響である。日英米の行財政改革の先鞭は，新保守主義の名のもとのサッチャー政権の市場原理第一主義の政治・経済路線であった。詳しくは述べないが，新しい労使関係の導入と労働組合攻撃，自己責任原則と福祉国家政策の解体路線は，税制の変更，産業の民営化，多国籍企業の導入など，住宅，医療，労働，福祉，教育等のあらゆる面での財政抑制と合理化導入をはかるものであった。それは，執拗で徹底的であった。しかしながら，こうした急進的な改革は，一時的な「経済効果」こそあれ，むしろ貧富差や地域間格差をより大きくするものだった。失業，階層間軋轢，コミュニティの荒廃は，かえって深刻さを増して定着することになったのである。そして政権後半の新たなコミュニティ・チャージなどの強行政策は，結局サッチャー政権の命取りとなった。引き継いだメージャー政権も結果的に短命政権であった。

ここに，国際的社会経済環境の変動のなかで，産業経済の再建，財政危機の打開の方途をどのように内発的に行なうかが，模索され問われることになってきたのである。そのひとつの焦点は，サッチャー政権時代に取り組みが開始されてきた都市再生事業であるといえる。これらのなかには，地域的展開のなかで，中央政府の当初の思惑(規制緩和・自由市場・民活型開発事業)を超えて，地域的再建のイニシアティブをみせるものがあらわれ始めた。英国各地での「都市再生戦略」のなかには，その一部にしたたかな自治体と地域住民の地域再生努力も見いだせるのである。本節で扱うリーズ地区の単一再生予算事業(SRB)も，内容や地域での利害の拮抗関係は，その延長線上にあると考えられる[10)]。

第2は，新自由主義的教育「改革」が与えたコミュニティ成人教育革新の課題である。これも多くの指摘があり，筆者も別の機会に触れたが，1988年教育改革法以来，教育行政の機構や制度の大幅な変化は，コミュニティ成人教育にも押し寄せてきた。国家教育行政の機構改革(教育科学省→教育省→教育雇用省)は，その変化を象徴的に示すものといえた。そこにはいくつかの変化の系が読み取れる。1つには，中高等教育と職業能力開発との「統合」政策の急速な進展である。そこには，16歳離学年齢以降の中高等教育人口の拡大(ポリテクニクの大学化)や国家的職業資格制度の整備があった。2つ目には，このことと連関して学校の国家的再編強化と地方教育当局(LEA)の権限縮小(オプティングアウト校，独立学校の推進)や財政的な構造の転換(HEFC〔高等教育財政審議会〕，FEFC〔継続教育財政審議会〕などの財政誘導の強化)による集権化と民営化の政策進展があった。これらは，総じて，英国の労働力の量的・質的底上げによるEU統合の国際環境や多国籍企業段階での国際競争力の向上をねらうものであった。ここでの課題に即していえば，英国においても，従来の成人継続教育を新たに生涯学習や高等教育と結合させて「高等成人継続教育」政策ともいうべき新たな段階が始まったといえる。このことは，一面では従来のリベラル成人教育の危機であるとともに，その現代的な再生課題を問うことにもなった。そのひとつの焦点は，地域での「高等成人継続教育」を担うコミュニティ成人教育の改革であり，大学成人教育の自己革新であった[11)]。

第3は，地方自治制度の改革による国と自治体との関係構造の変化である。コミュニティの再編に制度的な影響を与えたのは，地方自治制度の変容であ

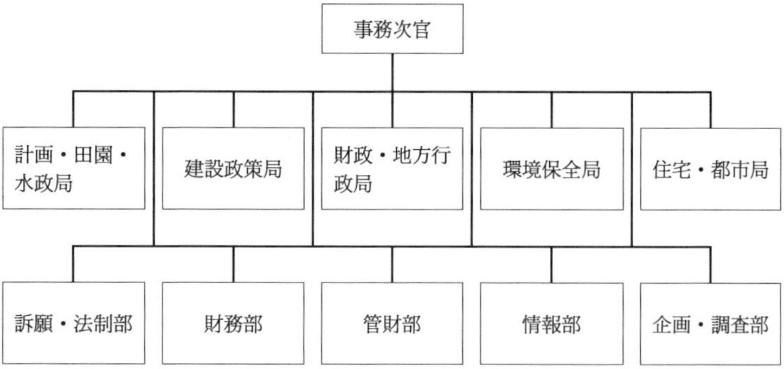

図 3-3　環境省組織図(Cabinet office, *The Civil Service Year Book*, 1993)

る。サッチャー時代の大ロンドン市の廃止(1997年のブレア新労働党政権誕生で1999年に復活)やメトロポリタン地域の廃止(1985～86)は，大都市部の労働党支配地域での反保守党・反中央政府の潮流を断とうとした政治的意図が露骨であった。しかし，それだけにとどまらず，サッチャー主義は，自治体サービスの在り方や供給原理の変更を求めようとした。それは，次のような施策に明確であった。例えば「地方自治体サービスの供給における競争原理の導入」(環境省，1985)，地方政府法の相次ぐ改正(1986，88，92)，同様に住宅法の相次ぐ改正(1986年住宅・計画法，88年住宅法，89年地方政府・住宅法)，これらと連動する88年の地方財政法によるコミュニティ・チャージの導入(1989年スコットランド，90年イングランドおよびウェールズ)，そして国民からの猛反発による廃止(1992年地方財政法)，関連しての計画・補償法(1991)や民営化・エージェンシー化・契約制をうたう政府「市民憲章」発表(1991)などがあげられる。福祉国家原理を支えてきた地方分権制度に根本的な改変を加えようとしてきたのが79年から18年間の保守党政権の政策であったといえよう。そして，それはあまりに露骨で急進的であったが故に国民からの反発を招いたのである[12]。

第4に，コミュニティ再生事業への中央政府(環境省)の関与の増大があげられる。コミュニティ成人教育の役割を考える上で，とりわけ本節で扱う都市再生・再開発事業での環境省がもつ権限は大きなものがある。環境省は，我が国の省庁でいえば，国土，自治，建設，環境(いずれも1992年当時)などを総合したような大きな権限を有している。それは，4大臣2政務次官(環境大臣，自治・インナーシティ大臣，環境・田園大臣，住宅・計画大臣)を擁し，自治体における開発事業全般に関しての国家的行政関与を行使する省である。とりわけ，自治体行財政改革のなかで，次項で述べるような強制的競争入札制度やエージェンシーの導入をはかり，行政基準を規制緩和と民営化の方向に転換させ，特定地区の開発には，自治体権限を排除し，国の直轄事業にしようとした。例えば，6つの基本原則(①基準，②情報開示，③選択と協議，④礼儀と親切，⑤適切な対応，⑥効率)にもとづく行政基準の徹底などは，日本の地方分権・規制緩和による行財政改革と共通する傾向といえる[13)]。

ところで，環境省の政策展開では，エンタープライズゾーン(Enterprise Zone, EZ)の設定，都市開発公社(Urban Development Corporation, UDC)による再開発(regeneration)事業が特徴的である。そこでは，次のような手続きと方法が重視されてきた。①政策決定(policy)と行政執行(administration)の分離，②明確な目標設定と事後評価，③既存のシステムからのオプトアウト(離脱)の組織化，④競争の導入，例えば強制的競争入札制度(Compulsory Competitive Tendering, CCT)，⑤意識改革，がそれである。

このような都市再生計画は，1980年の「地方政府・計画・土地法」を基礎として始められた。すでに触れたように，それはサッチャー政策の一連の急進的・新保守主義的な法律のひとつであった。その当初のねらいは，1つには，労働党に支配された大都市地方自治体にくさびを打ち込み，中央政府の直轄的な民活型都市開発プロジェクトを推進しようとする政治的意図を含み(都市開発公社)，2つには，民間不動産投資を軸とした主要都市の遊休地や荒廃地区を指定地区とし，その活性化をねらうもの(エンタープライズゾーン)であった。周知のように，主要都市の多くが人口の急激な減少(若年・熟練労働者と中産市民層の流出と移民マイノリティの流入)と深刻な失業者増大のもとに，都心部の荒廃と産業空洞化による工業地域の遊休地増大問題を抱えていただけに，保守党政権の期待は大きかったといえる。

表 3-1　設立時期別の都市開発公社(イングランド，ウェールズ)

	UDC	設立時期	都市開発地区の面積(ha)
第1期	ロンドン・ドックランズ	1981	2,150
	マージサイド	1981	350
	(拡張)	1988	(1,500)
第2期	ブラック・カントリー	1987	2,598
	(拡張)	1988	
	カーディフ・ベイ	1987	1,093
	ティースサイド	1987	4,858
	トラフォード・パーク	1987	1,267
	タイン・アンド・ウェア	1987	
第3期	セントラル・マンチェスター	1988	187
	リーズ	1988	540
	シェフィールド	1988	900
	ブリストル	1989	420
第4期	バーミンガム・ハートランド	1992	1,000
	プリマス	1992	—

(イギリス都市拠点事業研究会『イギリスの都市再生戦略』風土社，1997)

ここに，都市開発公社とは，中央政府の設立機関である。自治体に代わって計画にもとづく都市活性化をはかり，特定地区を対象に都市計画作成，土地取得，都市基盤施設などの整備，民間事業者などの開発計画の許可事務を一元的に実施する権限を与えられた計画・事業主体である。指定地域では，法律上の計画当局になり，土地の強制収用権などの幅広い権限をもち，存続期間は10年である。歴史的なモデルはニュータウン公社である(表3-1，表3-2)。

他方，エンタープライズゾーンは，それ以前の2つの提言(フェビアン学派のP.ホールと右派シンクタンクの政策研究センターから出された)をもとに自治体などの開発規制の緩和と迅速化，民間投資に対する減税の特例措置を行ない，地区を指定して期限10年で民間不動産投資による開発を行なおうとする制度である。開発事業における市場原理の導入である。

先述の両者は必ずしも一体のものではなく，また設立時期，指定地域，地

表3-2　廃止された大都市圏のメトロポリタン・カウンティとその中心都市

大都市圏のメトロポリタン・カウンティ	中心都市
タイン・アンド・ウェア	ニューカッスル
マージーサイド	リバプール
グレーター・マンチェスター	マンチェスター
西ヨークシャー	リーズ
南ヨークシャー	シェフィールド
西ミッドランド	バーミンガム

（イギリス都市拠点事業研究会『イギリスの都市再生戦略』風土社，1997）

元との関係において，必ずしも中央政府の意図するものとは一致しないとされる。93年まで，31地区のエンタープライズゾーンの設定，13の都市開発公社が設立されてきた。

ところで，これらの都市開発手法の基本原理が不動産開発事業重点型であったために，地域全体の社会的再生という点では，効果に疑問をもつ人々も少なくない。したがって，そこに職業訓練や就職前カウンセリングなどの就業機会の提供，コミュニティ再生プログラムを試みる都市開発公社もあらわれた。しかし，それらの事業は，都市開発公社とは別の系統に属するとの考えが支配的であることも事実である。

このことから，社会的地域再生事業としては，初期の都市開発手法としてのアーバンプログラムあるいは本節で扱う単一再生予算事業(SRB)や，民活型都市開発公社を引き継いでいる。しかし，同時に社会的側面も重視して「さまよう都市開発公社」とも呼ばれた。こうした性格が故にイングリッシュパートナーシップ(English Partnership, EP)などの表現の方が適切との考えがあって当然である。それらでは，地域の職業訓練企業審議会(TECS)とも共同しての就業機会の開発，仕事おこし，コミュニティ成人教育への取り組みが重要視されてきているからである[14)]。

3　コミュニティ成人教育と大学成人教育発展の課題

これまでの概括にみられるように，1990年代以降，コミュニティ成人教

表3-3　指定時期別のエンタープライズゾーン

	エンタープライズ・ゾーン	設立時期
第1期（第1次指定）	コービィ	1981／6
	スウォンジー・ヴァレー(1)	1981／6
	同(2)	1985／3
	ダドリィ	1981／7
	〔ママ〕	1984／10
	ウェイクフィールド	1981／7
	〔ママ〕	1983／7
	クライドバンク(1，2)	1981／8
	サルフォード／トラフォード	1981／8
	スペック	1981／8
	タインサイド	1981／8
	ベルファスト	1981／10
	ハートルプール	1981／10
	アイル・オブ・ドッグズ	1982／4
第2期（第2次指定）	デリン	1983／7
	ウェリンバラ	1983／7
	ロンドンデリー	1983／9
	インヴァゴードン	1983／10
	アラーデイル	1983／10
	北西ケント(1－5)	1983／10
	同(6，7)	1986／10
	ミドルスブラ	1983／11
	北東ランカシャー	1983／12
	テイサイド	1984／1
	テルフォード	1984／1
	グランフォード	1984／4
	ミルフォード・ヘイヴン	1984／4
	ロザーハム	1983／8
	スカンソープ	1983／9
第3期（第3次指定）	ダーン・ヴァレー	1985
	東ダーラム	1985
	東ミッドランド(1－3)	1985／10
	同(4)	1985／11
	同(5，6)	1995／9
	同(7)	1985／11
	インヴァクライド	1989／3
	サンダーランド(1－3)	1990／4
	ラナークシャ	1993／2

（イギリス都市拠点事業研究会『イギリスの都市再生戦略』風土社，1997）

カッコ内数字は都市拠点の分割地区を示す。

育への関心は大きく前進し，そこに果たす大学成人教育の自己革新への期待も大きい。こうした問題関心において，どのような発展がみられるのか，いくらかの整理を行なっておきたい。

(1)　ケビン・ウォード(K. Ward)の整理

リーズ大学で，NIACEのリプラン事業でのパイオニアワークや，地域のコミュニティ教育に深く関わってきたひとりであるK. ウォードは，1990年代のコミュニティ成人教育の展開にとって主題のひとつは，地域の社会的不利益層に対する社会的排除(social exclusion)圧力を取り除き，そうした人々へ積極的な支援と貢献をすることにあるとする。この場合，大学がどのような役割を果たすのかが問われる。ウォードは，その分析にあたって，3つの「大学―コミュニティ関係モデル」に対する紹介とコメントを明らかにしている(『Committee of Vice Chancellors and Principals 報告書』1994)。3つのモデルとは次を指す。

第1は，経済利益モデル(the economic benefit model)としての大学の地域経済への貢献(大学それ自身が雇用主，土地所有者，投資家，地域商品購買者の役割)。

第2は，コミュニティサービスモデル(the community service model)である。学生たちに地域コミュニティや民間組織支援の奨励(アメリカ型)を行ない，英国では，全国125の学生コミュニティ・アクショングループが高等教育で組織されボランタリー活動を供給してきた。カリキュラムの一部にサービス学習(市民教育)を採用したりするのもこのモデルである。

第3は，コミュニティ・エンパワーメントないし発展モデル(a community empowerment or community development model)である。

ところで，ウォードが指摘するのは，この3つのモデルのうち，第3のモデルの強調である。それは，経済不利益地域のコミュニティ組織への長期的関与の一部として，大学が集団的参加型研究と革新的教育開発事業に取り組むことや，大学の役割の根本的な問い直しを迫る民主的戦略的なパートナーシップ探求の課題が重要であるとの指摘である[15]。

(2)　コミュニティ成人教育の2つの方向

コミュニティ成人教育への大学の関わりの問題として，もうひとつ重要な点は，研究的な分析や内容・方法上での方向性の提示であろう。ここでは近年関心を集めている2つの方向への研究的示唆の要請があるように思われる。

1つは，コンピータンシー・ベースド・アプローチ(競争の導入，経営手法や技術の取得，資格付与システム，業務遂行能力などの評価に取り入れられている)などのコミュニティ教育への影響の問題である。これに大学の研究がどう応えるのか鋭く問われている。

2つ目は，コミュニティ担い手養成訓練問題である。1980～90年代の危機の本質は，産業・経済の国際競争力の衰退によって産業空洞化・失業が進み，労働者階級の下層階級化が促進され，さらに危機が進行するという悪循環にあった。そこで，地域の労働者階級が技術・資格や社会的統制力を獲得していくことにより，地域的発展の回復をはかり，住宅，福祉水準の向上や，そこでの地域的自治の力の拡大をめざす実践の取り組みが求められてきた。例えば，住宅テナント訓練などへのノーザンカレッジでの実践と，理論的貢献と住民の生活や意識変化が事例として知られている。大学成人教育がコミュニティ成人教育にどう積極的に関わるのかが本格的に問われてきている[16)]。

4　リーズ市単一再生予算事業(SRB)とコミュニティ成人教育の役割

大学成人教育のコミュニティ成人教育と地域再生への本格的な研究的・実践的関わりを示すひとつの事例として，ここでは，リーズ市単一再生予算事業を分析の対象とする。

(1)　都市再生・再開発でのリーズ地域の位置

リーズは，旧メトロポリタン地域のひとつであり，人口70万人強を擁する。中北部工業地域のなかでは，マンチェスターやリバプールの深刻な地域衰退に比べ，全体としては商工業のバランスがとれ，都市再生の比較的順調な地域である(経済成長では，366自治体で55位，1991年統計)。しかし，マイノリティ比率や失業率の高いうち捨てられた地域や，経済的再生の地域的不均衡を，ほかの大都市同様に抱える都市でもある。中央政府との関係では，1988年教育法下で唯一オプトアウト校を出さなかった地域であり，政治的には労働党支持住民の多い地域である（下院8名，1997年総選挙では全員労働党議員，ヨーロッパ議会2名も労働党議員）。地区区分としては，33地区（wards）に分かれ，高等教育機関として2大学（リーズ大学，リーズメトロポリタン大学），9継続教育カレッジを有している。ここに都市再生事業としてのリーズの位置づけは，2つの性格をもつ。

第1は，都市開発公社を中心としての再開発事業である。リーズの公社は，第3期に属し，地元の働きかけで設立され，中央政府を利用して開発計画の一部に政府資金を活用するタイプである。ミニ開発公社とも呼ばれる第3期型の特徴をもつリーズの場合，中心市街地と荒廃した地区が指定され，王立兵器博物館と地ビール工場が再開発され，94〜95年には支出5110万ポンドに対し，推定3億1700万ポンドの民間投資を生み出した（1988年設立，95年3月解散）。これは，典型的な不動産投資にもとづく都市開発であり，この公社は社会開発や職業訓練・コミュニティ教育には関心をもたなかった。

第2は，この公社の次に事業展開されてきた単一再生予算事業（SRB）である。この事業は，86年住宅・計画法を基礎として，環境省のシティ・チャレンジ・プログラムでの強制的競争入札制度を活用しながら，リーズ市当局とTECSを中心として，大学も参加しての独自の都市再生計画をつくり上げてきているところに特徴がある。それは，商工業の再生・繁栄としての経済的再生事業という第1の性格に加えて，うち捨てられた地域（コミュニティ優先地域，具体的には4地域，そのうちのひとつを表3-4に示した）の社会的再生を計画し，マイノリティの社会的排除を克服し，地域的連帯をつくり出そうとする第2の性格をもつ事業である[17]。

(2)　地域再生計画とコミュニティ成人教育の役割

この単一再生予算事業のなかで，コミュニティ成人教育が果たそうとしている課題は，地域主体形成のための支援と援助である。そこでは，計画への

表3-4　チャペル・アラートン地区の国勢調査統計(1991)

人口的プロファイル		CA エリア[a]	(%)	リーズ大都市圏	(%)
全居住人口		21,984		680,722	
世帯人口		21,647		672,769	
施設・ホームの住人(スタッフ)		26		757	
施設・ホームの住人(非スタッフ)		311		7,196	
年齢別人口	0～ 4歳	1,867	8.5	46,375	6.8
	5～15歳	3,320	15.1	90,364	13.3
	16～29歳	5,370	24.4	145,360	21.4
	30歳～年金受給年齢	7,972	36.3	270,084	39.7
	年金受給年齢～74歳	2,190	10.0	79,813	11.7
	75～84歳	953	4.3	38,430	5.6
	85歳以上	308	1.4	10,296	1.5
エスニック集団	白人	14,554	66.2	640,997	94.2
	パキスタン	1,070	4.9	9,329	1.4
	インド	1,282	5.8	9,900	1.5
	バングラデシュ	295	1.3	1,759	0.3
	ブラックグループ	3,812	17.3	10,815	1.6
	中国人その他	955	4.3	7,922	1.2
過去12カ月以内の移民		2,371	10.8	63,444	9.4
長期療養中の人々		3,059	13.9	95,636	14.2
75歳以上の長期療養中の人々		741	58.8	27,640	56.7
被扶養対象の子ども		5,552	25.6	146,997	21.8
他の被扶養者		2,093	9.7	62,822	9.3
雇用プロファイル		**CA エリア[a]**	**(%)**	**リーズ大都市圏**	**(%)**
16歳～年金受給年齢までの全ての住人		13,342		415,444	
経済活動者		10,012	75.0	325,773	78.4
被雇用者および自営		7,981	79.7	291,018	89.3
失業者		1,744	17.4	30,577	9.4
政府計画対象(生活保護)		287	2.9	4,178	1.3
16～24歳の全住民		3,149		90,208	
16～24歳の経済活動者		2,140	68.0	64,236	71.2
被雇用者および自営		1,418	66.3	52,255	81.3
失業者		567	26.5	9,620	15.0
政府計画対象(生活保護)		155	7.2	2,361	3.7

住民参加・参画，貧困克服のための教育・訓練プログラムの重視などが位置づけられ，その内容や方法の検討において，大学成人教育部門のスタッフの貢献も大きなものがある。こうした考えの基礎には，21世紀における成人継続教育への方法的意識が検討されていることも留意されよう[18]。

表3-4　（続き）

家族プロファイル	CA エリア[a]	(%)	リーズ大都市圏	(%)
全家族	9,028		281,152	
成人独居	3,204	35.5	82,931	29.5
単親	757	8.4	12,027	4.3
16〜24歳の単親	174		2,543	
1人以上の成人家族(0〜15歳の子なし)	3,214	35.6	122,286	43.5
1人以上の成人家族(0〜15歳の子持ち)	1,843	20.4	63,886	22.7
3人もしくはそれ以上の被扶養師弟	691	7.7	14,081	5.0
年金生活者のみの世帯	1,807	20.0	71,508	25.4
被扶養者のみの世帯	986	10.9	29,529	10.5
長期療養中が少なくとも1人いる世帯	2,482	27.5	71,718	25.5
介護者がいる世帯	3,383	37.5	101,943	36.3
車を利用しない世帯	4,973	55.1	116,235	41.3
住宅プロファイル	**CA エリア[a]**	**(%)**	**リーズ大都市圏**	**(%)**
居住者住宅	9,030		280,845	
持ち家居住者(完全な所有)	1,495	16.6	57,492	20.5
持ち家居住者(抵当権設定)	3,040	33.7	114,810	40.9
居住者全員所有	4,535	50.2	172,302	61.4
公営賃貸居住者	2,564	28.4	76,557	27.3
他の借家人	1,931	21.4	31,986	11.4
セントラルヒーティングなし	3,884	43.0	96,674	34.4
専用風呂，シャワー，室内トイレなし	228	2.5	2,678	1.0
過密居住世帯	313	3.5	5,366	1.9
全居住者	9,352		292,845	
独立住宅	287	3.1	35,617	12.2
	2,794	29.9	111,785	38.2
テラスハウス(棟割長屋)	3,588	38.4	92,223	31.5
改造フラット(アパート)で分け合い居住	2,683	28.7	53,220	18.2

(地方基礎統計　エリアコード：08DAFG)
a：CA エリア：チャペル・アラートン地区

注

1）上杉孝實『地域社会教育の展開』松籟社，1993；I. Martin, Community Education: The Dialectics of Development, *in* R. Fieldhouse et al. (eds.), *A History of Modern British Adult Education*, NIACE, 1996，参照。

2）前掲注1)，上杉文献第5章，参照。

3）K. Ward, Community Regeneration and Social Exclusion: Some Current Issues for Higher Education, *Communities and Their Universities*, Lawrence & Wishart, 1996; M. Yanit, Rooting Learning Community Education and Regeneration, *Adults Learning: National Institute of Adult Continuing Education*, NIACE, 1994.

4）G. Jones and C. Wallace, *Youth, Family and Citizenship*, Open University Press, 1992; W. Fraser, *Learning from Experience: Employment or Incorporation?*, NIACE, 1995; Joy Groombridge and NIACE, *Learning for a Change*, NIACE, 1987; L. Fraser and K. Ward, *Education from Everyday Living*, NIACE, 1988.

5）T. Lovett, *Adult Education: Community Development and the Working Class*, Ward Lock, first published 1975, 2nd edition 1982; T. Lovett, *Community Education and Community Action*, Croom Helm, 1983; T. Lovett, *Working Class Community in N. Ireland*, Ulster People's College, 1987; T. Lovett, Popular Education in Northern Ireland, *in* M. Mayo and J. Thompson (eds.), *Adult Learning: Critical Intelligence and Social Change*, NIACE, 1995；鈴木敏正『平和の地域づくり教育――アルスター・ピープルズカレッジの挑戦』筑波書房，1995；鈴木敏正『学校型教育を超えて――エンパワーメントの不定型教育』北樹出版，1997。

6）R. Taylor and K. Ward, University Adult Education and the Community Perspective: the Leeds 'Pioneer Work' Project, *International Journal of Lifelong Education*, vol. 3 no. 1, 1984, pp. 41–57; R. Taylor, K. Rockhill and R. Fieldhouse, *University Adult Education in England and the USA*, Croom Helm, 1985; R. Taylor and K. Ward, *Adult Education and the Working Class, Education for Missing Millions*, Croom Helm, 1986; R. Taylor and K. Ward, Adult Education with Unemployed People, *in* T. Lovett, *Radical Approaches to Adult Education*, Routledge, 1988, pp. 242–262；拙稿「成人基礎教育・識字教育の革新――英国パイオニアワークの事例を中心に」『日本社会教育学会年報』第35集，東洋館出版社，1991；姉崎洋一ほか「NIACEのリ・プラン事業の成果と課題」『名古屋短期大学紀要』第32号，1994；姉崎洋一ほか「社会的不利益層と生涯学習――80年代英国リ・プラン事業を中心に」『日本社会教育学会年報』第38集，東洋館出版社，1994。

7）拙稿「イギリス成人教育の新しい可能性(その3)――ノーザンカレッジの場合」『愛知県立大学児童教育学科論集』第26号，1993，pp. 3–28；前掲注5)，鈴木『平和の地域づくり教育』，参照。

8）前掲注1)，上杉文献，参照。

9）前掲注5)，鈴木『学校型教育を超えて』，参照。

10）例えば，以下の文献参照。法政大学比較経済研究所『新保守主義の経済社会政策』法政大学出版局，1989；A. Gould, *Capitalist Welfare Systems*, Longman, 1993; D. Boswell and J. Clarke, *Social Policy and Social Welfare*, Open University Press, 1983; J. Westergard, Class in Britain Since 1979: Facts Theories and Ideologies, *Hitotsubashi Journal of Social Studies*, vol. 25 no. 1, 1993; N. Gilbert et al., *Fordism and Flexibility Divisions and Change*, St. Martin's, 1992；小笠原

浩一『新自由主義労使関係の原像――イギリス労使関係政策史』木鐸社，1995。

11) 姉崎洋一ほか「イギリス成人教育の新しい可能性(その7)――90年代の大学成人教育の協働的実験とその課題」『広島平和科学』第19号，1996。

12) 1997年総選挙の結果勝利した新労働党ブレア政権をどう評価するかは，この時点(98年)では，論者に多様なスタンスがみられるが，保守党政権の多くを引き継ぎ大きな落差がないことで多くが一致していた。

13) 島田修一「自治体再編と成人教育のプライバタイゼーション2」『中央大学教育学論集』1997；高寄昇三『現代イギリスの地方自治』勁草書房，1996；君村昌・北村裕明編『現代イギリス地方自治の展開』法律文化社，1993。

14) 中村太和『民営化の政治経済学――日英の理念と現実』日本経済評論社，1996；イギリス都市拠点事業研究会『イギリスの都市再生戦略――都市開発公社とエンタープライズゾーン』風土社，1997。

15) 前掲注3)，K. Ward, Community Regeneration and Social Exclusion.

16) J. Grayson, Training the Community: The Case of Tennant Training (Chapter 16), C. Rose, Seizing the Quality Initiative, Regeneration and the Radical Project (Chapter 17); S. Reynolds, Amman Valley, Enterprise; A Case Study of Adult Education and Community Revival (Chapter 18), *in* M. Mayo and J. Thompson (eds.), *Adult Learning: Critical Intelligence and Social Change*, 1995；富沢賢治・中川雄一郎編『労働者協同組合の新地平』日本経済評論社，1996。

17) P. Keel, *From Section 11 to the Single Regeneration Budget*, 1994; Leeds city council, *The Leeds Initiative: Outline Bid to the Single Regeneration Budget Challenge Fund*, 1996; Removing Barriers-Creating Opportunities, in, *The Leeds Initiative: Bid to the Single Regeneration Budget*, 1995/96.

18) K. Forrester, *New Educational Challenges for the New Times? Adult Learning in the Future*, 1997 (a presentation paper for UNESCO Conference). そこでは，これからの成人継続教育の課題として市民精神の学習，ノンフォーマル教育の重要性，熟練労働者や知識ある個人よりも「学習する市民」という視点，他者とともに学び地域社会とともに生きる社会的自己理解が強調されている。同様に，リーズ大学のこの間の共通関心を示すものとして，R. Taylor, *Accesibility and Institutional Change, Implementing Change From Within Universities and College,* Leeds University, 1995。

第3節　英国における大学成人教育の危機と新しい可能性

近年の英国大学成人教育のいくつかの動向や問題点については，すでに別の機会に触れたことがある[1)]。ここでは，むしろその全体の文脈について特徴的な諸点を指摘し，あわせて課題とされている事柄に論及したい。

1　大学成人教育の意味するものをめぐって――伝統と改革の間で

(1)　大学成人教育の伝統の精神をめぐって

大学成人教育については，英国が一日の長をもつことは，つとに指摘されてきた[2)]。成人教育の中核に，大学人の積極的貢献とその社会的使命感の高さを看取することも，我が国との比較におけるひとつの要点であろう。そのような成人教育における大学の関与の在り方は，その質(academic standard)の確保や「伝統」の積極的継承にあった。しかし，近年英国にも教育改革，大学改革の波が押し寄せ，旧来の伝統的枠組みに大きな修正を迫る動向が相次ぎ，そうしたなかで未来に向けての積極的な見通しづくりに連関して，これまでの大学成人教育の伝統の見直しと再吟味がされてきた。ここでは，まず何が問われているかを明らかにしたい。

その第1は，英国成人教育の伝統とされてきた精神についてである。多く指摘されてきたように英国成人教育の伝統的主流は，リベラル，非職業的，社会目的性などにあった。R. H. トーニーの次のスピーチは，それを象徴するものといえる。「我々の第一義的な使命は……人間的な教育を必要としていて，教育的に差別され，不利な状態にある多くの人々に，彼らの個人的な幸福とともに，彼らが生きている社会をつくり上げるのを援助することにある」(R. H. トーニー，WEA 50周年記念スピーチ)。そこには，ある種の社会的使命が成人教育に携わるものの共通意識にあったことを示している。

しかし，第2にこの「伝統」に批判が寄せられるようになってきたのも事実である。すなわち，1つには，リベラルとは中産階級の個人的教養主義への傾斜であり，かつエリート的であるとの批判，2つには，非職業的とは技術革新の急速な進展，学校歴の上昇，資格付与型職業教育との断絶を意味し，時代遅れであるとの批判であり，3つには，社会目的とはイデオロギー的偏向ではないかとの批判である。

したがって，第3にこれらの批判に応えて，成人教育の革新の課題がとりわけ1970年代以降の大きな課題とされてきた。そこには，さまざまな議論が交わされ，実践の場面でも問題とされてきた。言い換えれば，現代的課題を成人教育がどのように引き取るのかが焦点であった。それは，おおよそ次のように整理されよう。

1つは，リベラルの意味の再吟味である。リベラル性を放棄するのではなく，むしろそれを徹底することでラディカル性にも通じるリベラルの方途の模索である。学習者中心のプログラム編成，自己決定学習の重視，学習の自由の確保がそれに相当しよう。2つには，非職業的とは，学習者の要求にもとづく教育機会の提供であり，労働者主体の職業能力開発やセカンドチャンス学習の推進をはかることにより，ボケーショナル(職業的)とノン・ボケーショナル(非職業的)との「形式的区分」を無意味化することにあった。さらに，社会目的性については，社会的不利益層の学習権保障に重点を置くことにより，コミュニティ成人教育の発展を促し，ひいてはコミュニティの再建そのものに寄与することであった[3)]。

(2)　大学成人教育の「危機」の到来

しかし，前述の努力にもかかわらず，大学成人教育の危機の進展は，近年の教育政策との関連で不可避なものであった。それは，要約すれば，以下の3点にあった。

第1は，1980年代後半，とりわけ88年教育改革法以降の国家的な教育改革が迫る転換である。教育への競争原理と市場原理の導入の徹底，中・高等教育人口の拡大・大衆化への転換，国家的職業資格の整備と成人教育の継続教育への転換，民営化と地方教育当局(LEA)の権限縮小，教育科学省(DES)から教育省へ，さらに教育雇用省(DFEE)への改組などがそれである。

第2は，大学そのものの再編拡大である。競争原理の進展は，旧大学の競争的種別化を生み，ポリテクニクを新大学に組み込み，量的拡大と大学間格差を促進した。それは，財政補助政策の転換によっても促された。すなわち，UGC(University　Grants　Committee：大学補助金委員会)の廃止，UFC(Universities　Funding　Council：大学財政審議会)さらにHEFC(Higher

Education Funding Council：高等教育財政審議会)，FEFC(Further Education Funding Council：継続教育財政審議会)への改組などがそれである。

第3は，大学成人教育そのものの再編である。伝統と実績をもった大学の構外教育部門や成人教育学科が，継続教育学部(学科)や高等教育学科へ再編，もしくは他学部へ統合され，産業・企業の継続専門教育への要請が増大してきたのである。このような一種の外圧にあって，大学成人教育の危機を座視するのか，あるいは大学成人教育の再生の道を探るのかが問われてきたのである[4)]。

2　大学成人教育の改革への歴史的動態――英国大学成人教育の時期区分

英国大学成人教育の懐は深い。そこには，歴史的な発展のダイナミズムがあり，その文脈を抜きに現今の政策は理解できない。迂遠なようだが，まず歴史的動態に触れ，その上で，今日の改革課題を吟味したい。知られるところでは，その歴史は第2次大戦以前の4期と戦後の4期の8期に分けられ，生成・発展・見直し・再編・転換のプロセスを歩んできているといえる。ここでは，その要点に触れておこう[5)]。

第1期は，周知のように19世紀半ば以降の大学拡張運動(古典的大学の開放，ケンブリッジ：1873，オックスフォード：1878，ロンドン：1876)にあり，その歴史的原点は繰り返し論究され，1890年代初期の最盛期に574の構外教育センターがあったことも，その大学拡張への要求の高さとして知られよう。

第2期は，大学拡張運動の過程を通して，その成果として，19世紀末から20世紀前半にかけて新しい都市大学(civic university)を生誕させたことである。以来，英国的民衆大学の色彩をもつこれらの大学は，地域への責任を強く意識してきたといえる。

第3期は，20世紀初頭における労働者教育協会(WEA)成立(1903)以降の大学との協力関係の発展である。1907年の政府のチュートリアルクラスへの直接補助は，大学とWEAとの合同委員会を発展させ，「オックスフォードと労働者階級教育」(1908)に代表される成果を生んだ。リベラル，非職業教育という伝統がつくられ，ラスキンカレッジ(1899)，プレブス・リーグ(1908)の結成とともに，それらに対しての労働大学，全国労働大学評議会などの対抗的運動も生み出されていった。WEA は，大学との正規の接続を求め，WETUC(Workers Education Trades Union Congress：労働者教育組合評議会)(1929)を発足させたことも知られよう。

第 4 期は，戦間期および戦時期においての大学自身の構外教育部の発展があった。1924 年の成人教育規定は，WEA の責任団体としての認定と同時に大学成人教育に対する補助金を認めたが故に，大学成人教育の独自性が強められていった。戦時期には，社会目的性や労働者階級への成人教育よりも個々人のニーズ充足事業が主流となり，当然に参加人員は縮小した。

第 5 期は，1944 年教育法以降の英国成人教育の戦後的形態(WEA などの責任団体，地方教育当局，大学の三者のパートナーシップ)が形成され，大学成人教育の役割の見直しがされた。48 年，大学成人教育評議会(UCAE)は，「もはや構外教育部がコミュニティのどのような機関・部門にも独占的にそのサービスの利用を供するものとみなされるものではない」とし，大学成人教育の相対化がはかられ，短期コース，個人のニーズ対応になっていったが，「構外教育部帝国(extramural empires)」とか「大学の外部世界との off-licence を有している mini-universities」との皮肉も投げかけられた活動[6]は，引き続き精力的になされた。大学の量的拡大については，『ロビンズ報告』(*Robbins Report*, 1963)が大きな画期をなすが，それはまだ 18〜21 歳の若者を対象としたエリート段階をベースにしたものであり，新たな変革が意図されたのである。

第 6 期は，1970 年代の問い直しの時期である。73 年のラッセル報告をはじめとして大学成人教育の問い直しは，その使命の再吟味(大学の質，高度の知的レベルでの成人教育の必要を充たす)を迫り，オックスフォード・ラスキンカレッジでの首相キャラハン(労働党)の「伝統」に関する great devate の提起(1976)は，その象徴でもあった。すでにポリテクニクの創設(1966)，オープンユニバーシティの開学(1969)もあり，大学成人教育の存立が問い直されたのである。

第7期は，1980年代の教育改革の嵐のなかで，大学成人教育は構外教育部および成人継続教育学科との関係の在り方が問われた。88年教育改革法(ベーカー法)を引き金として，大学は大衆化を機軸として量的拡大をねらう政策段階に入った。そこに，すでに述べたような「大学成人教育の危機」が構造的に用意されてきたといえる。

第8期は，1990年代に入ってである。継続高等教育法(1992)の成立，ポリテクニクの大学への昇格，継続教育カレッジのLEA所管からの離脱，「資金援助，マーケティング，単位認定化，モニタリング」(J. L. トンプソン)などのプレッシャーが押し寄せてきた。加えて，EUにおける大学と生涯学習との新しい国際的な文脈，とりわけ高等教育と職業能力開発との連関などが大きな課題として浮上し，産業への大学の貢献，生涯学習のための機関(lifelong learning institutions)としての大学という文脈が前面に押し出され，非伝統的な学生の受け入れやカリキュラムの改革が大きな課題となってきたのである。ここに，サッチャー政権の政策を引き継いだメージャー政権の最後の政策は，次の2点にあった。すなわち，1つは英国における「継続・高等教育」政策の組織化であった。そこには16歳離学年齢後の大量の若年失業者へのYTS(Youth Training Scheme：若者職業訓練計画)などの後追い施策ではなく，経済・労働政策の一環として，継続教育カレッジの拡大やポリテクニクの大学化などにより継続・高等教育人口を拡大し，国家的職業資格の整備をはかることで労働力の質的向上と国際競争力を高める意図があった。2つ目は，生涯学習(lifetime leaning)の理念による教育体系の整備が意図されたことである。『白書』(*Leaning to Compete: Education and Training for 14 to 19 years olds*, 1996)や『諮問報告書』(*Lifetime Learning: A Consultation Document*, 1996)は，こうしたメージャー政権末期の施策を示すものであった。

3　1990年代の大学成人教育改革の課題

(1)　1990年代改革の新たな要因

ところで，以上のような大学成人教育の歴史的動態は，1980年代から90

年代にかけての国家的再編の激しさと構造的要因を浮かび上がらせる。それは，

①生涯学習(lifetime leaning)概念による再編という大学の大衆化政策への軌道修正
②国家的関与の増大による大学の統制と種別的競争的再編
③任期制スタッフの増大と大学の財源獲得の経営意識の増大(パイロット事業，プロジェクト方式，短期的事業の増大，委託研究調査の増大)
④非伝統的学生(成人・社会人学生)への大学の一層の開放とカリキュラム改革(モジュール方式による単位化，遠隔・オープン学習の拡大)
⑤職業能力開発事業との連携の拡大(プロフェッショナルトレーニング，スタッフディベロップメント，労働組合との連携)
⑥地域における社会的不利益層への大学成人教育の役割の新たな探求(コミュニティの再建事業)

などに要約されよう。

これらは，いずれも，大学成人教育に従来にはない挑戦的な課題を突きつけたといえる。しかも，十分な蓄積があるわけではない。これらの新たな課題についての，検討すべき論点のうち，とりわけ多く論議を呼んできたのは次の諸点であった。

第１は，大学成人教育が生涯学習概念をどう押さえるかであった。エリートからマスへ，伝統的学生から非伝統的学生へ，学問的質とともに生涯学習機関としての開放性へ，などの研究・教育の重点の移行が与える影響である。

例えば，１つとして社会人や成人学生の増大は，従来のアカデミックな教授・学習過程の在り方に疑問を投げかけ，学習主体中心の方法の探求を求めた。達成動機の強さ，知的修得の方法における現実関心や体験的アプローチの強さのプラス面をもちながら，系統的学習や新規分野，外国語学習などでの適応の遅れなどのハンディキャップ，異質な思考方法を柔軟に受け止める対話型学習の方法の開発など，生涯学習的大学が新たに開発すべき課題が明らかになり，この点では，他学部よりも成人継続教育学科などは多くの蓄積を有していたといえる。この生涯学習政策が，メージャー政権末期から，後

述するように新たな労働党ブレア政権のなかに，どのように引き継がれていくことになったのかが争点的核心であった[7]。

第2は，大学成人教育と大学そのものとの接続関係である。従来は，大学の正規の講義単位と接続していなくとも，単位制度とは関係のない多くのプログラムが開設されていた。しかし，HEFCは，単位化されたプログラム以外には補助金を支出しない政策を打ち出した。このことは，大学独自の予算の乏しいなかでは，大きな変更であった。結果として，単純な教養普及型，個人ニーズ充足型のプログラムは財政難に陥り，事業プログラムの構造化や重点化の必要が生じてきたのである。ここに，予算も含めて自治体との協同による都市再開発事業との連携を含んだ，コミュニティ成人教育の推進，労働組合との緊密な連携によっての労働者能力開発事業を単位化する試みなどがあらわれてきた[8]。

(2)　大学成人教育の主体とパートナー

1)　構外教育部門の再編と新たな課題

すでに触れたように，1980年代以降，多くの構外教育部門が大学改革の嵐に巻き込まれ，その組織と体制の再編を余儀なくされてきた[9]。いま，仮にその類型化を試みると，次のようなタイプが考えられよう。

①他学部への統合化の方向(例：マンチェスター大学，リバプール大学)
②産業界との連携(例：ウォーリック大学)
③継続教育学部としての統合的事業(構外教育，アカデミック部門，地域・労働問題教育の3部門の構成，例：リーズ大学)
④構外教育と研究部門の並立(例：ノッティンガム大学)
⑤構外教育と継続専門教育の並立(例：ブリストル大学)，などがある。

これらの分立的方向の差異は，92年の継続高等教育法(Further and Higher Education Act)や，HEFC，高等教育の質的確保を管理する委員会(Higher Education Quality Council)などによる補助金支出の誘導，大学の生涯学習理念の具体化の理解，専門職業教育的傾向の強まり，大学間競争と大学の種別化などへの対応の帰結であった[10]。

2）大学成人教育のパートナーの模索

このような大学成人教育のある意味での分立的多様化は，大学の個性的独自性と社会的使命の個性的発揮の問題を投げかけ，UACE（The Universities Association for Continuing Education：継続教育大学協会）などでの論議を生み出してきた。こうしたなかで，今後の大学成人教育のパートナーをどのような対象に設定するのかをめぐっては，自治体，企業，労働組合，国際的連携など多様な選択肢が考えられてきた。そこには，危機のなかから積極的に可能性を探求する努力も生まれてきている。継続高等教育の在り方をめぐるユニソンオープンカレッジの試み，「民主主義の発展のための民衆教育」（popular education for democracy）の戦略の探求などが注目される[11]。

4　おわりに——ブレア政権以降の新たな変化の胎動

最後に，大学成人教育の危機と可能性の拮抗するなかで，次の時代への転換が始まったことを付け加える必要があろう。すなわち，ブレア政権の誕生であった。1997年の総選挙は，79年以来の18年間の保守党政権に終わりを告げ，労働党政権を誕生させた。その政策は，保守党政権と外交・経済などに大きな差をもたないが，他面では，保守党政権の政策からの転換を求める力は，これを機に大きく増大した。ここに，教育政策も再びベクトルを変えて大きな転換を迎えることになったといえる。97年7月に刊行された生涯学習を機軸にした高等教育再編を告げる『デアリング報告』（*Dearing Report: the National Committee of Inquiry into Higher Education*）は，その最初の引き金のひとつであり，ユネスコに復帰し，「第5回世界成人教育会議」（ハンブルク会議，1997年7月）への政府代表とNGO組織の参加[12]を経て，さらに生涯学習政策の本格的な登場を画するための『ケネディ（H. Kennedy）報告』（*Learning Works: Widening Participation in Further Education*，1997年7月）および『フライヤー（R. H. Fryer）報告』（*Learning for the Twenty-first Century—First Report of the National Advisory Group for Continuing Education and Lifelong Learning*，1997年11月）が公刊された。そして，刊行が幾度も遅れ，かつ「白書」から「緑書」に格下げとなったとはいえ，98年2月末に英国初の本格的な生涯学習政策文書(*The Learning Age: Renaissance for a New Britain*)が公刊されたのである[13]。

『デアリング報告』は，『ロビンズ報告』(1963)以来の34年ぶりの大きな転換を意味し，また緑書『学習時代』(*The Learning Age*)は，保守党時代の最後の政策文書“Lifetime Learning”における，資格の向上，労働者職業能力開発および基礎技術における作業遂行能力(competence)の拡大を引き継ぎながらも，英国の21世紀に向けての生涯学習政策の基本戦略文書となるものであった。それは，『ケネディ報告』や『フライヤー報告』の8原則を踏まえ，6つの基本原則を有するものであった。すなわち，①学習に投資し，すべてのものに利益をもたらすこと，②学習に対する障壁を除去すること，③民衆を最初に置くこと，④雇用主，被雇用者，コミュニティがともに責任を分かち合うこと，⑤世界的な基準を達成し収益性があること，⑥成功への鍵としてともに仕事をすることである。そして，産業のための大学，個人学習口座の創設，若者の資格への新しいアプローチ，教育および訓練の新国家目標，職歴向上のための大学の質的変化の必要，などの提案がなされ，98年7月末までの協議文書として，全国的に反応を求めてきたのである[14]。ここでは，その詳細な検討は省くが，大学成人教育の危機と新しい可能性という本節の主題にも大きなインパクトを与えてきていることは明白である。

注

1）拙稿「イギリスにおける高等教育改革と成人・継続教育」『日本の科学者』1989年4月号；姉崎洋一ほか「イギリス成人教育の新しい可能性(その7)——90年代の大学成人教育の協働的実験とその課題」『広島平和科学』第19号，1996；姉崎洋一ほか「イギリス成人教育の新しい可能性(その8)——90年代の大学成人教育の協働的実験とその課題(その2)」『広島平和科学』第20号，1997，参照。

2）例えば，宮坂広作「イギリスにおける大学成人教育の展開」1978，宮坂広作「英国における大学成人教育の革新」1990(宮坂広作著作集5『英国成人教育史の研究Ⅰ』明石書店，1996)参照。

3）R. Tailor et al., *University Adult Education in England and the USA*, Croom Helm, 1985.

4）例えば，江坂正己「英国における「市民教養教育」再検討の動向」『鹿児島女子大学研究紀要』第19巻第2号，1998。

5）R. Fieldhouse, *A History of Modern British Adult Education*, NIACE, 1996, および前掲注1)，姉崎ほか「イギリス成人教育の新しい可能性(その7)」，参照。

6）S. Marriott, *Extramural Empires*, Nottingham Department of Adult Education, 1984.

7）D. Watson and R. Taylor, *Lifelong Learning and The University*, Falmer Press, 1998.

8）前掲注1)，姉崎ほか「イギリス成人教育の新しい可能性(その7)」「同(その8)」，参照。

9）例えば，上杉孝實「成人教育における大学と知識――英国大学構外教育部を中心に」『京都大学教育学部紀要』第35号，1989；川添正人「英国における生涯教育の展開と成人教育の危機」『日本社会教育学会紀要』第27号，1991；奥田泰弘「イギリスにおける教育改革の動向その3――高等教育の改編を中心に考える」『中央大学教育学論集』第37集，1995；伊藤彰男「イギリス成人教育の試み――ウォーリック大学を事例として」『三重大学医療技術短期大学紀要』第4巻，1995。

10）例えば，左口眞朗「継続教育・高等教育改革の現代的課題――イギリスにおける再編と接続を中心に」『現代社会教育の理念と法制』日本社会教育学会，1996。

11）前掲注1)，姉崎ほか「イギリス成人教育の新しい可能性(その7)」，参照。

12）K. Forrester, Think Globally Act Locally, *Keith Forrester Reviews the 1997 UNESCO conference 'Adults Learning'*, 1997.　英国初の生涯学習大臣，キム・ハウエルのスピーチおよび，およそ30人の英国NGOの代表の参加があり，ハンブルク会議は英国代表にそれなりの手応えを与えた。

13）『フライヤー報告』および「緑書」などは，書籍以外にインターネットを通じて入手できる(http://www.lifelonglearning.co.uk/)。なお，その内容についての多様な反応は，*Adults Learning*，1998年2，3，4月号(NIACE)，参照。

14）B. Fryer, *Lifelong Learning in The United Kingdom*, March, 1998 (Presentation Paper for international lifelong learning conference in Taiwan, March, 1998).

＊　本節執筆後の英国大学成人教育の変化については，拙稿「転換期の英国大学と大学成人教育の岐路――リーズ大学を中心に」『北海道大学大学院教育学研究科紀要』第93号，2004，205～265頁，参照。

第４章　学習者主体の職業能力開発と高等教育の協働

この章では，ヨーロッパ，特に英国の生涯学習が単にアイデアや理念のレベルにとどまるのではなく，生きた学びの力になっていくこと，とりわけ職業生活や労働と連関させて，職場学習として考える動きが強まっていることに注目している。このような学びの質を保障する上で，大学や教育学研究者が，深く関わってきていることも特徴である。そして，これまで成人教育は，伝統的にリベラル非職業的教育に傾きがちで，職業訓練・職業能力開発（vocational training, vocational development）と教育（education）を厳しく線を引いて分断しがちであった。この枠組みを壊して，職業能力開発と教育を統合的に考える動きは，同時にその学習のイニシアティブが誰によって担われているかを問い直す。

第１節は，1996 年にオーストリアのシュタイヤで開催された「労働生活における学習と研究」についての国際会議でのヨーロッパ的な文脈を筆者の目で簡潔に整理していている。

第２節は，英国で企業の雇用主と労働者側（組合）との協約を基礎に，中央政府も支援して行なわれた学習者である労働者主体の職業能力開発・職場学習の実際事例を分析紹介したものである。

第３節は，それをさらに個人のレベルに降りていった場合の，本人のライフプランとも重ねて，職場学習が果たしている役割を検証している。狭い企業内職業訓練教育とは異なる原理がそこには看取される。

第1節　生涯学習(成人継続教育)時代の労働生活と学習

はじめに——ユートピアとしての「生涯学習」?

T. モア(Thomas More)の時代の「ユートピア」のひとつは，民衆のすべてにとっての快楽としての学習であった。すなわち，「ほかのすべての労働から免除されて学問だけのために選ばれたような人々，つまり子どものときからすぐれた素質，優秀な才能，学芸的愛好心などが認められていたような人々」だけでなく「民衆の大部分」が，「男も女も一生の間……仕事から解放された時間を勉強に用いて」その「学問と読書研究のおかげで」愚かさから免れ，賢く生きられるようになることであった。それは正しい意味での快楽でもあった。

500年以上も過去の，この先哲の「ユートピア」思想は，同様な意味で1世紀前のW. モリス(William Morris)の「ユートピアだより」(*News from Nowhere*, 1890)にも見いだされる。モリスの芸術と生活・労働との結合の明確な主張は，人々の芸術への生活や労働を通した主体的能動的な参加こそ，人間としての本来的な生き方であることを，我々に想起させる。

> 「人間の労働を楽しくし，休息を実り豊かなものにすることにこそ芸術の真の目的がある」「万人がなすに値する，かつまたおのずからなすに楽しい仕事をもつ。そしてまた，過度の労働や過度の憂慮をもたらさないような条件下にその仕事がなされること——これが正当でありまた必要な事である」(『芸術の目的』1887)

こうしたモリスの主張は，現代においては，J. ラスキンとともに，生活の芸術化の思想あるいは文化経済学の理論の先駆として，再評価されてきている(日本に限らず，こうした経済活動と人間生活の関係の見直しの議論は，生活の質を問い，労働と自由時間の関係を組み直す議論となっている。筆者のささやかな経験においても，過去，幾度か訪れた英国北部イングランド南ヨークシャーにある宿泊型成人教育カレッジのノーザンカレッジで，学長(当時)のB. フライヤーを片腕として支えている副学長のE. エリスから，同様な議論を聞いた。彼の研究室の書架にW.モリス研究の書が多く並んでいるのが印象的であった。念のために付記すれば，ノーザンカレッジは，イングランドのいわば「北のラスキンカレッジ」であり，系統的な研究と調査能力をもつ多くの労働組合活動家や地域福祉改革のリーダーを育成する仕事を，この間，精力的に行なってきたカレッジである)。

翻って，現代の我が国では，生涯学習時代のかけ声が高い。はたしてその中身は何なのか？ 冒頭のT.モアやW.モリスの時代の主張から，何ほどかの時間を経てきているが，人間社会はどれほどに進歩してきたのか？ そう考えてみると，生活・労働に根ざし，芸術的喜びを実感できるような生涯学習時代になっているといえるのだろうか？ おそらく，そうは，いえまい。本物の生涯学習時代になるには，むしろ多くの障壁をもっている社会に我々が生きていることこそ，簡明な事実であり，出発点といえる。

1　生涯学習(成人継続教育)時代の意味するもの

(1)　現代「生涯学習(成人継続教育)」政策――日本の現実

生涯学習の現実をみる上で，最初の手がかりのひとつは，生涯学習理念の国家的表現たる生涯学習政策を分析することである。日本の生涯学習政策が，民衆の生活・労働を励まし芸術的参加と享受の機会を実質的に拡大していくような，教育―学習理念を内在させているかどうか？ 結論を先にいえば，我々の分析判断は，否である。

どうしてであろうか？ ここで，やや誤解を恐れずにいえば，政策のいう生涯学習社会とは，次のことを指すように思われる。

1つには，生涯学習市場における消費者としての国民が，商品としての学習プログラム(機会と内容)を私的に「自由に」購入して，学習の受益者になるという生涯学習(消費)社会観に立っていることである。

2つには，競争原理社会において勝者と敗者がともに痛みを分け合う社会，高齢化時代の福祉を地域住民と家族によって支え合う社会を理想としていることである。その上で，「小さな政府」のもとに「光り輝く日本」をつくるために，生涯自己啓発とボランティア社会奉仕を機軸とした，ソフトな管理社会を理念としていることである。

このような「市場」と「国家」との結合による生涯学習社会は，19世紀以前の夜警国家体制に逆上ったかのような，弱者や不利益層への社会保障思想が欠落することになる。したがって，政策のいう生涯学習議論はいずれも，社会権的な公共性をもつ「学習権」思想も，「学習の自由」の保障の考えも希薄である。

(2)「哲学の貧困」――権利論，国家論なき「生涯学習」議論

この点で気になるのは，近年，「権利論」や「国家」への保障要求などは，時代遅れではないかという声が聞こえてきていることである。それらの主張に耳を傾けてみると，一部には次のような時代認識があるようである。以下の論は，多少論争的にするための整理をしたので実際の議論よりもトーンが高くなっているが，論理的に詰めればそうなるという意味での整理である。

すなわち，かつての「貧しき時代」の「国家論」議論や，憲法などの基本的人権についての「大所高所」からの「大きな物語」が必要なころには，「権利論」や「保障論」あるいは「自由」論も意味をもった。しかし，現代の「豊かな時代」には，それらは一部声の大きい人たちへの既得特権擁護にすぎず，公的財源の無駄である。むしろ必要なのは，「小所低所」での個々人の学習プロセスの「快適」さと「楽しさ」の「質」が大事であって，それが提供できるのであれば，提供者が「公」であれ「民間」であれ，問題ではない。それらは商品として市場で自由に売買されればよい。そのための「情報提供」こそが大事である。熱心な意欲的学習者は，有償でも学習するのであり，学びたくない人に公的財源を使って「啓蒙」するのは，それらの「学びたくない」人々に失礼ではないか，云々。

はたしてそうなのだろうか？「小さな物語」こそが大事という人々の，「豊かな社会」における「生涯学習」という現代社会への診断書(カルテ)は，的を得ているのだろうか？ もはや，「権利としての学習」「権利としての社会生涯学習」などという言葉は，団体交渉の政治用語と化し，教育学用語としては無意味になったのだろうか？

(3)　私たちの求める生涯学習(成人継続教育)の課題

おそらくそうではあるまい。T. モアや W. モリスらの「生涯学習」思想の継承を自覚し，労働と芸術文化と学習とを結合させて考えれば，1947 年教育基本法第 7 条にいう「家庭教育及び勤労の場所その他社会において行われる教育」についての，実践も理論も，いまだ蓄積が弱いというべきである。そこには，「権利論」も「社会保障論」も「国家論」も含めて，これから検討すべき多くの「教育学」上の課題がある。むしろ，それは未開拓の領野といった方が正確でもあろう。以下に，その課題をあげておこう。

第 1 は，国民の教育・文化水準の高まりによって，資本の経済活動を規制する課題である。近年の文化経済学や環境経済学の考えに学べば，資本の非情な経済活動をその根底で人間的なものとして規制する力は，市民運動や労働運動の抑圧的状況もあって，日本においては，まだまだこれからの課題である。未来を考えれば，国民の教育・文化水準の高まりこそが，企業の芸術・文化，環境問題改善などへのフィランソロピィ(philanthropy)やメセナの責務を自覚させ，市民団体などの NPO への支援システムの構築を促し，労働組合での労働者の〈教育―学習〉事業の組織化や学習支援の思想の必要性を喚起させ，ILO のうたう教育有給休暇の実現を迫るからである。残念ながら，現在の日本では，これらにおいて何ひとつ国際的水準を超えるものはない。

第 2 は，国民の基本的人権を保障し発展させる行政改革と，それを解体させる「行政改革」とを，しっかりと見分ける実践と理論の構築の課題である。46 年憲法と 47 年教育基本法理念が，これまで基本的人権としての生涯学習の思想を支え，民衆の〈教育―学習〉要求と運動を励まし，官僚主義や国家的統制の民主化としての行政改革を求めてきたが，80 年代以降の「行政改革」の主潮流は，むしろ権利論を解体し，公共的な保障についての「規制緩和」に性急である。政策の掲げる生涯学習キャンペーンは，国・都道府県主導であり，真の地方分権とは逆行し，しかも，人的財政的な保障よりも，その解体と民間事業化に道を開くことのみ熱心である。

第 3 は，研究方法の立脚点や現実認識の正確さをめぐる課題である。一部の学会潮流には，一方では先述の市場礼賛論が無邪気に語られてきた。市場のもとでの自由な学習者と学習社会論の予定調和的な議論のなかには，不思議なことに，現に存在する社会的不利益層の人々の問題は意識されないか，もしくは「学びたくない人々」の問題として視野に入らないかのようである。

他方では，これまでの「学習権」思想などを政治論議にすぎないとして，そうした政治議論回避という名のもとに，学習過程の内的分析や学習方法議論が，アカデミックな装いのもとに展開されてきた。しかし，「国家論」や「権利論」抜きという立脚点そのものが，結果的に政治的な教育学になっていることは，皮肉な現象といえた。

第4は，日本の生涯学習の理論と実践を国際的な潮流のなかに置いて，客観的に比較対照させる課題である。とかく，外国の実践と理論の受容には，日本の場合バイアスがかかりやすい。そうした，ゆがみや制限的受け入れ，換骨奪胎の歴史は，生涯学習の理論と実践にも繰り返された。そうさせないことが求められている。

2　労働生活と生涯学習――シュタイヤ会議から受け取るもの

1996年，オーストリアのシュタイヤの地で開かれた国際会議「労働生活における学習と研究」[1]の内容は，主として会議のワークショップでのプレゼンテーションを通して，ヨーロッパレベルでの「労働生活における学習と研究」の到達点と課題を，典型事例とともに紹介していた。それは国際会議の「宣言」にも，明確にされている。日本との比較については，性急な結論は差し控える必要があるが，労働市場の流動化や資本の対抗関係における世界的なブロック化の傾向(例えば，EU統合)と，資本の多国籍的展開との共時的併存，また，産業構造の急激な変動とそれに対応する労働力の技術的適応と質的向上の必要性，などは，共通する背景を有しているといってよい。ただし，労使関係における労働側の対抗的勢力としての，したたかな戦略と戦術，それを行使できる労働組合などの潜勢力は，ヨーロッパの方が，日本よりもまだ確実な地歩を確保しているといえる。

ところで，シュタイヤ国際会議では，労働や雇用などにおける労使の対抗関係とともに，労使の経済的変化への対応の一致点の拡大，また，被抑圧者としての労働者の側面だけではなく，学習や研究によって開かれていく民主主義的諸能力の開発，自己決定学習の力量の拡大などに関心が寄せられていた。同時に，そうした力量形成のための実践家と労働組合，企業，市民グループ，研究機関との協力関係(パートナーシップ)や，研究方法のオルタナティブな形態の探求(リサーチサークル，遠隔教育，協同的ネットワークなど)は，会議の研究主題でもあったといえる。

日本的文脈から関心を引いたのは，日本の企業内教育のように，狭く企業収益にのみ学習目的が閉じ込められた職業訓練ではない方法が，どのように可能なのか？ 労働者の職業技術的能力と他方での人間的な教養を軸とした学習との結合を，誰がイニシアティブを発揮して行なっているのか？ 労働者の能力開発教育事業に対して，ヨーロッパ各国の間にどのような一致点と合意点があるのか？ 資本と一部の労働側が着目している業務遂行能力としてのコンピタンス(competence)という概念には，結果としてある種の作業・業務が「できる」ということが含意にあるにせよ，その労働プロセス全体を科学的に理解し「わかる」ということとは，違うのではないか？ そのことを，ヨーロッパの労働者教育と成人継続教育に関わる人々は，どのように理解しているのかといった点である。

これまで，行政所管においても，実際の事業展開においても，〈教育一学習〉主体の構成においても，そして研究上のグループ構成や，所属学会においても，職業教育と社会教育との間には深い溝と分断が横たわる日本的な慣習のなかに身を置いてきたせいか，47年教育基本法第7条の実質的な理解と実践において，どうしても理念的に課題を展開するというような立論しか行なってこなかったような反省にとらわれる。そうした準拠枠の狭さから脱して，労働生活における能力開発と市民生活における生涯学習とを結合して，一体のものとして考える思考方法を，このシュタイヤ会議の各国の参加者から学ぶ必要を，あらためて意識したといえる。

3　今後の課題

これまで，この会議に至るまでの筆者の継続的な研究課題は，おおよそ次のような問題構成をかたちづくってきたのではないかと考える。

1つは，社会の変化を受け止めての生涯学習の在り方の探求である。社会の変化とは，とりあえずここでは，日本を軸に考えると，先進工業諸国に共通する産業構造の転換＝高度技術革新，情報化，高齢化，社会の地球化・国際化のなかでの社会構造・生産労働の変化であり，人々の生活様式や社会生活意識の変化と考えている。そのような外的な変化と人間生活の学習・教育構造の変化の関係を，生涯学習という生成途上の概念で再構成する課題が課せられているのである。それは，当然のことながら，既存のさまざまな教育学上の概念の再構成や新しい関係づけを要請する。例えば，生涯教育，成人継続教育，社会教育，高等教育，定型教育，不定型教育，非定型教育，労働者能力開発，職業技術教育，教養教育，などの再定義という作業をはじめ，学習・教育方法，教育―学習主体のとらえかえし，〈教育―学習〉システムの再編成など，多岐にわたる理論考察が必要となってくる。当面は，その全体構造の一部分ずつを分析・比較・総合することから始めるしかない。

2つ目は，比較研究の方法を深め，よりダイレクトに理論や実践を交流し，議論を普遍化していく課題である。これまで，筆者は日本と英国との比較を機軸としながら，徐々に2国間だけではない国際的レベルでの比較考察に踏み出ようとしてきた2)。問題群的に整理すると，それは以下のことになろう。

①英国の，社会的不利益層の人々に対する成人継続教育の実践や事業組織化の方法，学習主体の発達・自己実現モデルの理解，研究者や研究機関の関わりや協同の在り方について，NIACE（全英成人継続教育協会）のリプラン事業の分析，あるいはリーズ大学のパイオニアワーク・プロジェクトを分析総合する作業から始めた。

②成人継続教育の研究教育実践を主導する，大学・高等教育機関の実践方法や研究組織化の在り方を，宿泊型成人教育カレッジの分析（ラスキンカレッジ，協同組合カレッジ，ノーザンカレッジなど）と，大学成人教

育の分析・総合とによって理解する作業として行なってきた。

③従来のリベラル成人教育と職業能力開発教育とを狭く分断して考えるのではなく，労働者能力開発(employee development learning)事業として，両者を統合する新しい実践の分析・総合の方法を理論検討してきた。また，その考えが，生涯学習を労働生活においても実質化するひとつの道筋であると考えてきた。

これらの問題関心は，いわゆる英国のリベラル成人教育が，現実が提起する問題に対してどのような変革課題を提起し，対応していこうとしているのかを探求することでもあった。そして，それは日本の同様の課題――社会教育・生涯学習の変革の課題――を探求する道筋でもある。

注

1）International Conference on Learning and Research in Working Life の名による国際会議は，1991年，英国・オックスフォード大学ラスキンカレッジでの開催を最初として，その後94年，スウェーデン・ルント，そしてこの時点96年のオーストリア・シュタイヤで第4回を数えた(さらにその後，99年に英国・リーズ大学，2002年にフィンランド・タンペレ大学，05年にオーストラリア・シドニー工科大学で開かれてきた)。

2）筆者の研究調査における比較対象として，2000年代に入ってから，東アジア(特に中国，韓国)を視野に入れている。いずれその成果を明らかにしたい。

第2節　職業能力開発と英国ED(労働者能力開発)プログラムが提起するもの

これまでに，主として1980年代以降の英国の成人・継続教育の事例にみられる，注目すべき動向について検討を加えてきた(リーズ大学のパイオニアワーク，リプラン事業の成果と課題等々)。これらの動向のなかには，英国が直面している固有の問題とともに，我が国などを含めた「先進」資本主義工業諸国と共通する問題が浮き彫りになってきていることを，痛感せざるをえなかった。

このことは別の機会にも触れたが，およそ次のような点であった。

①成人継続教育の公的責任と民営化の相克の問題

②資格取得と即戦力をめざす狭い職業訓練主義と人格形成を軸としてリベラルな成人教育の伝統を生かす職業能力開発との相克

③失業者や移民，エスニックマイノリティ，高齢者，障害者，女性などの不利益層のための優先的生涯学習事業の開発

④高等教育と成人・継続教育との関係構造の在り方

⑤成人教育・生涯学習に関する法の立法や改正の問題，など

ところで，本節は，成人継続教育の上述の5つの傾向とも関連して，80年代以降強調されてきた2つの側面，すなわち，①労働問題，職業教育(industrial and vocational education)，②地域成人教育(community adult education)のうち，前者に光をあてようとするものである。特にED(Employee Development＝労働者能力開発)学習プログラムと呼ばれる，政策と実践に注目しようと考えている。ここには，従来のリベラル成人教育と職業訓練との「言葉」としての区分(vocationalとnon vocational)の不毛な議論を超えて，労働者の生涯学習の問題として，個人の人格的な発達や普遍的な教養の修得と同時に，基礎的応用的な職業技術・技能の取得を統一して把握しようとするプログラムが開発され，実践されてきていることに注目するものである。

しかも，これは企業の利益優先主義の狭い職業訓練ではなく，労働組合や地方当局・大学がイニシアティブを発揮し，生産性と労働力の質的向上の実績の上で，企業，雇用省，教育省に支援されたものとして展開されていることに，我々は関心を抱いたのである。なぜならば，日本型企業社会のなかにあって，労働者の権利としての職業能力開発が，日本的労使関係や労働組合の姿勢もあって狭い企業内教育・訓練のなかに封殺されてきたからである。同時に，47年教育基本法第7条にうたわれた「勤労の場所」の社会教育が，その後の歴史的経緯のなかで文部省から労働省に所管移行されてきたこともあって，研究の蓄積が弱いことなど，日本的な限界があったのである。これらは，今後の比較検討と対象化の上で重要と思われる。

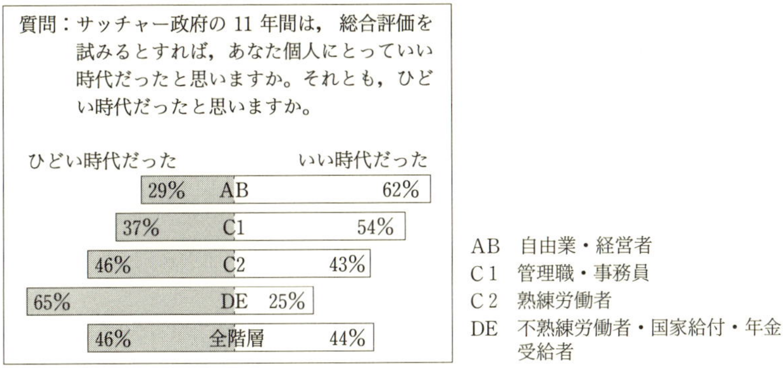

図4-1　サッチャー時代の評価(毛利健三「サッチャー時代の歴史的文脈——製造業の衰退問題」『東大社研講座国際比較1』東京大学出版会，1991，p. 178)

1　ED(労働者能力開発)学習プログラムの意味するもの

(1)　サッチャー時代の問題性

いわゆるサッチャー時代(1979～90)の歴史的性格をどのようにとらえるかは，論者の立場によって評価が分かれる[1)]。英国内においても，サッチャー評価には「2つの国民」が存在する[2)]。評価を別にしても，その特徴の一端は，①徹底した個人主義と自由市場への信奉，②減量経営・雇用縮小と「生産性」向上，③福祉国家の改革＝医療・福祉・教育などの公共的セクターの縮小とプライバタイゼーションの拡大，④労働組合規制と労使関係の「改革」等々，明瞭であった。これらは，メージャー政権によって微妙に修正されながらも，基本的に引き継がれた。しかし，それが故に英国が直面している政治的・経済的・文化的な危機の本質は変わらなかったというべきであろう。

ここで問題にしたいのは，英国の危機の中核に産業部門の労働力の位置づけの低評価，とりわけ，教育・職業訓練の低投資が，長く支配的であったことである。サッチャーの行なった労働部門への介入は，その主眼は労働力への高投資による生産力の増大ではなく，むしろ減量経済による効率性の追求にあった[3)]。それは結局，組合つぶし(サッチャー政権誕生前年1978年組織率54%→91年末37.5%）と失業量産記録更新の（政府公式統計で92年6月現在272万人：9.6%＝82年11月までの失業率定義では，386万人：13%）比類なき「工業文化破壊活動」(industrial vandalism)の蛮行であったとの非難がある。たしかにそれらは，英国経済の回復の決め手にならず，むしろその政権退陣を促したことは確かであった。サッチャー時代の後半に，ようやくこの問題への自覚が始まったといってよい。

(2)　英国の伝統的「教育・職業訓練」観の転換の開始

「近代イギリス文化において産業と通商に与えられる社会的評価の不十分さ」(『英国上院海外貿易調査特別委員会報告』1985，p. 126)[4]は，製造業に高い優先性を与えず，産業資本の担い手の資質や見識に限界を与えたのみならず，労働力の担い手たる労働者階級の教育文化の低投資性の，したがって彼らの低技術・技能の，そしてまた低賃金の根拠でもあった(1992年で，英国労働者の47%，1000万人が欧州評議会の設定する「低賃金水準＝正規雇用労働者の平均賃金の68%，91年で週給193.6ポンド」を下回る「低賃金」であり，かつ平均所得の半分以下の貧困人口は1200万人を数えた。また，このことが，逆に日本，アメリカ，ドイツなど多国籍企業の投資を増加させてきた)。学校教育の二重構造性の伝統は，貧富の「2つの国民」の文化階層差を固定し，成人教育の一部の「教養主義」は，労働者の教育・職業訓練問題に無関心であった。

例えば，そのひとつに次の指摘がある。

> 「イギリス経営者の〈伝統的な〉見方には，〈従業員の教育訓練を投資としてよりも，コストと考える傾向がある〉……概していえば，従業員の教育訓練に対する関心も低かった」「従業員の教育訓練は，投資としてよりも不況期には削減されるべき一般経費の一部とみなされていた」[5]

これらを裏づけるデータや報告書も多い[6]。これらのことは，日本やドイツの企業が，企業利益の観点から，従業員の職業訓練に大いに関心を抱いてきたこととは，対照的でもあった。注目されるべきは，このような「伝統的な」教育・職業訓練の考えに転換を求める変化が，これら他国との国際競争

表4-1　イギリスにおける職業訓練の経験者数[a](推計[b]：1984〜88)

	職業訓練を受けた者[c]	対雇用者比率(%)
1984	180.6万人	9.1
1985	208.8	10.4
1986	217.0	10.8
1987	238.0	11.7
1988[d]	277.6	13.3

(稲上毅『現代英国労働事情――サッチャーイズム・雇用・労使関係』東京大学出版会，1990。資料出所は *Employment Gazette*, DE, 1989, Table 14)

a：統計は『労働力調査』(Labour Force Survey)による。b：「現在の仕事に直接関係あるか否かを問わず，『労働力調査』に先立つ4週間以内に仕事に関係する教育訓練を受けた」と答えたものからの推計。c：男子は16〜64歳，女子は16〜59歳まで。d：暫定推計による。

表4-2　年齢階層別の職業・教育訓練(VET)の経験者比率(単位：%)

	19〜24歳 (n=384)	25〜34 (n=712)	35〜44 (n=759)	45〜54 (n=480)	55〜59 (n=244)	合計 (n=2,579)
1. 過去3年以内に受けた	55	37	30	23	14	33
2. それ以前に受けた	18	37	38	39	36	35
3. 受けた経験がない	27	26	32	38	50	32

資料出所：Rigg. 1989: 45.

※この調査は，雇用省『イギリスの教育訓練』(DE, 1989)を主報告とする調査研究の一環としてPolicy Studies Instituteが1987年6〜8月に実施した。調査の方法はランダム・サンプリングにもとづく個人インタビュー調査であり，上記の比率(%)は加重修正したもの。

※ここでいう職業・教育訓練には，もちろんOn the Job Training (OJT)も含まれる。

や日本企業などの進出(例えば，日本企業からの影響としてのジャパナイゼーションの問題)[7)]に伴って，1980年代の後半に集中してあらわれてきたことである。しかもそこには，国および資本と，労働者側からの，相異なる方向からの対抗的なアプローチがなされてきたのである。

第1に，EU統合と単一労働市場問題を含めて，英国産業の国際的な競争力の弱さの根幹問題のひとつとして，労働力の量と質の問題がようやく本格的な検討課題となり，そのための教育改革と職業訓練改革が急速に着手されてきたことがある。88年教育改革法，92年継続高等教育法やさまざまな審議会報告での強調点は，要約すれば次にあった。

すなわち，競争主義の導入，効率性の強調，全国的水準の引き上げ，地方

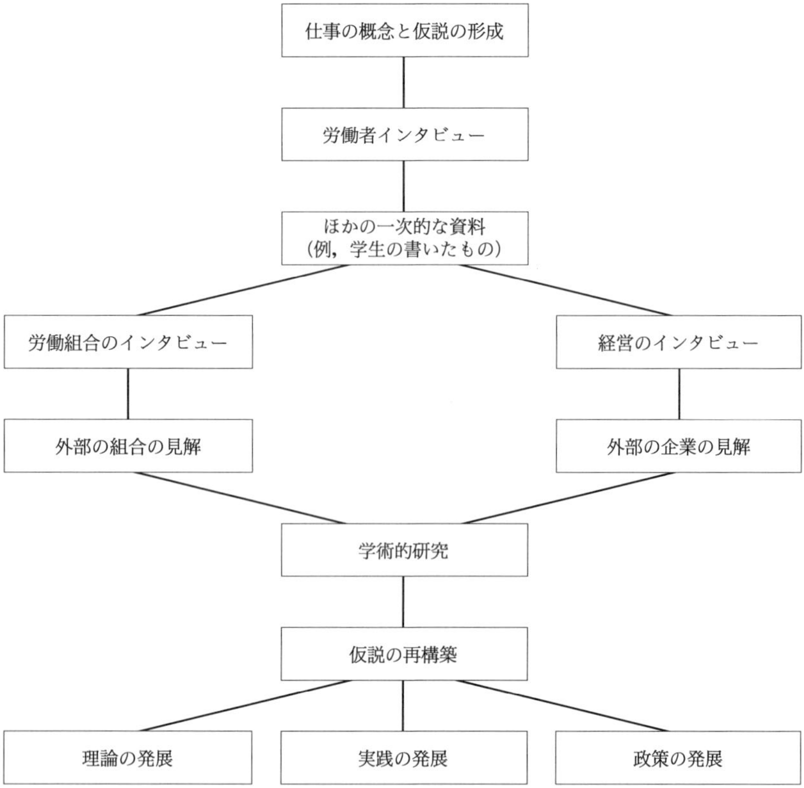

図 4-2　職場学習の考えの構築（リーズの研究プロジェクト資料より筆者が訳出）

教育当局の権限縮小と中央政府の権限拡大，高等教育概念の拡大，中等後教育人口の拡大，私的負担拡大と財政重点主義，社会的不利益層への教育の優先主義の廃止，職業教育とリベラル教育との統合などであった[8]。

と同時に，相次ぐ職業訓練法制の改正や雇用省の多様な機構改革と計画事業の実施，労働運動の規制法の制定があげられる。

主要な立法と政策動向：1964年「産業訓練法」→ 73年「雇用訓練法」・74年“MSC”の成立 → 76年“Great Debate”の提起 → 80年「雇用法」→ 83年「改正雇用法」→ 84年「職業のための訓練（A New Training Initiative: A Programme for Action Cmnd 8455）」→ 84年「労働組合法」→ 88年「雇用法」→ 88年「雇用のための訓練」→ 89年「雇用省白書」『1990年代に向けての雇用』・『訓練と事業』

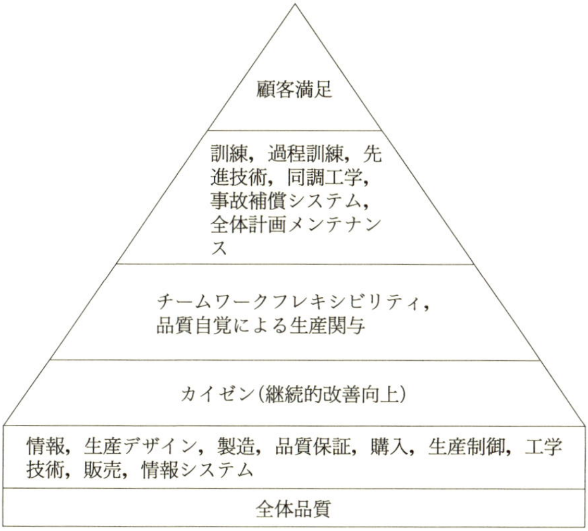

図 4-3　日産方式(出典は図 4-2 と同じ)

→ 90 年「雇用法」

主要な行政部門を列挙すれば，以下のものがある。①MSC(Man Power Services Commision) → Training Commission → Training Agency, ②YTS(Youth Training Scheme)1983, ③PICKUP(Professional Industrial and Commercial Updating), ④FEU(Further Education Unit)＝継続教育部門, ⑤NTF(National Task Force)・TECS(Training Education Councils)＝職業訓練企業審議会, ⑥VET(Vocational Education and Training)＝職業・教育訓練，等々。また，関連して，職業資格の制度改革(CPVE＝職業準備教育証書，NVQ＝国家職業資格など)もこれに加えられる[9)]。

第 2 は，上記に対して労働組合や民間運動の側から，教育と職業訓練に関して「対抗的戦略」を打ち立てることが急務とされたことである。とりわけ，企業内での教育歴の不十分な労働者，職業訓練の機会から遠ざけられてきた労働者にとって，新たな技術革新・ニューテクノロジーに対する不安，絶えざる失業への恐怖は，深刻なものであった。また，労働組合への統制は，アメリカから導入され日本型経営のひとつの戦術とされた「QC サークル」の英国への適用(1978 年ロールスロイス社が最初。79 年イギリス・フォード)や，従業員参画制度(employee involvement)，シングルユニオンなどの導入などによって，従来の労働慣行や労使間交渉システムに異なる方式や原理による変更が持ち込まれ，かつ84〜85年の炭鉱労働組合のストライキの徹底的抑圧などによって，TUC（労働組合評議会）左派の封じ込めもなされてきた[10]。

これらに対して，新たな労働者側からの攻勢的な運動が求められていたのである。教育・職業訓練問題は，この突破口としての「環」の位置を占めていたのである。ここには，学校教育への進学機会の拡充と高等教育機関の開放問題や，単に失業への対策や企業利益のための教育や職業訓練ではない，労働者の能力開発要求が，広く潜在していたことが特徴であった。ED学習プログラムとは，このひとつの実践的方向を示すものといえた。

また，ED学習プログラムのひとつの典型たるイギリス・フォードのEDAP（The Employee Development and Assistance Programme）は，日本企業の職業訓練方式とは異なって，またそれとも対抗的なものとして，労使の熾烈なやりとりのなかでの合意であることや，アメリカの経験を参考にしていることに留意しておくことも，その性格把握上重要である。なぜならば，イギリス・フォードの労働者と労働組合は（TGWU＝運輸一般労組を中心にして），この意味で，この間，労働側のイニシアティブの先頭に位置していたからである。すなわち，彼らは，87年末のフォード経営者の「チーム作業方式や熟練工と不熟練工とのフレキシビリティ導入などの作業慣行の変更を，賃上げとセットで，しかも3カ年協定という形の提案」に対して「猛反対」し，88年2月には「圧倒的な労働者の支持で」「78年以来初めての全国的ストライキ」を行ない，2週間後にはついに，「フォードが3カ年協定の提案を取り下げ，作業慣行の変更は工場レベルの合意なしでは強制されない点を合意」させたのであり，それは「83年の水道労働者のストライキ以来の最も明確な組合側勝利のひとつ」であり，「つねに労使関係のペースセッターであるフォード」との評価を得てきていたからである[11]。

2　ED(労働者能力開発)学習プログラムとは何か

ところで，ED学習プログラムには以上のような英国固有の歴史的・政治的コンテクストが横たわっているとはいえ，労働者の職業能力開発の固有な側面に着目すれば，「成人継続教育」の教育的な価値からの別の視点が必要であろう。

第1は，EDという概念が意味する内容の問題である。生涯にわたって必要とされる学習・訓練・教育を，どのような「言葉」＝概念によって定義づけるのかは，今日成人継続教育のひとつの焦点であろう[12)]。英国においても，従来の「教育」と「訓練」(education and training)，「学習」と「生涯学習」(learning and lifelong learning)に加えて，「労働者能力開発」(ED＝Employee Development)という考え方は，何を新たに提起するのかという論議が存在する。ここでは，その手がかりとして1993年夏，リーズ大学での「学習する労働者たちの能力を発展させること」(developing a learning workforce)国際会議における，主催者側の基調報告となる共同研究「仕事に就いている成人学習者の研究調査プロジェクト」(adult learners at work research project)の提案と考え方(J.ペイン，K.フォレスター，K.ウォード)を検討してみたい[13)]。

報告では，まずEDの性格が整理検討された。すなわち，次の6点である。

①EDは，個人の発達に主要な焦点をあてている。EDプログラムは，職業関連学習(job related learning)を包含しているが，職業専門特殊訓練(job specific training)よりは幅の広いものである。

②EDは，以前には職業専門特殊訓練からは除外されていた労働力の実質的な部門への学習機会や，教育的イニシアティブ(とりわけ過去に正規の教育歴経験の貧しい労働者)を提供する。

③EDは，参加者が利用しうるような学習の選択肢と，学習機会を伴った労働者(従業員)中心の学習方法を提供する。

④EDは，一度限りの機会というよりは，継続的な学習の機会を提供する。

⑤EDは，労働者(被雇用者)を，あるいはその帰属する労働組合を，そし

てプログラムの運用者を包含する。

⑥ED は，仕事をもちながらの学習の権利を励ますものである。

第2に，それでは ED がもつ研究上の課題は何であろうか？ 上記報告は，共同研究プロジェクトの方法意識を次のように述べている。すなわち，

①英国企業や公的部門の ED 学習プログラムの内容を調査する。

②当初は英国における働く場での ED の理由や環境を分析するが，同時に ED 学習プログラムを引き起こしてきた国際的な視点から分析する。

③多様な ED 学習プログラムの性格を探求することが肝要である。

さらに加えて，ED 学習プログラムの発展のための以下の9つの勧告提案* や，全国 ED 代表者機関（National Employee Development Agency, NEDA）の設立** を提唱していることが，注目される[14]。

*9つの勧告提案

①ネットワーキングとパートナーシップは，新しい ED 計画を一般化するには重要な手段である。しかし，長期的には情報や相談や評価の目的をもった全国 ED 代表者機関（NEDA）が，設立されるべきである。

②ED 計画の費用は，すでに確立された優先性に明白に関連づけられるべきであり，賃労働の内部にいる人も外部にいる人も同じ権利資格が与えられるべきである。

③ED 計画は，労働者（従業員）にとっての個人的な成長の機会が最大限になるように打ち立てられるべきである。

④働く場での学習を代表する総合的で透明なシステムを発展させることは，雇用主にとっても，従業員にとっても，政府にとっても共通の関心である。

⑤生涯学習は，働く場で成長し繁栄することができる広い意味での「学習文化」のなかに含まれるコンテクストを提供する。

⑥たいていの中小規模の事業所（SMES）は，ED 計画を発展させるのに外部の援助を必要とするものである。

⑦ED 計画の成功しうる組織のモデルを発展させることが緊急に求められている。

⑧学習にあたっての成人の動機の複雑さを考慮すれば，ED 計画のなかに従業員が利用できるような独立したガイダンスを保障することが肝要である。

⑨提案された全国 ED 代表者機関（NEDA）の主要な役割は，ED を研究調査しモニターすることである。

＊＊NEDA(全国ED代表者機関)設立の提案

〈役割機能〉

①情報や相談業務および評価に焦点づけられた活動を行なうこと。

②ワークベース(workbase)の経験と成功した雇用主のイニシアティブの上に築かれるEDへのパートナーシップアプローチに助言を提供すること。

③働く場での教育的ガイダンスを促進する権限を保障すること。

④適切な評価とモニタリング(監視)の技術に助言を与えること。

⑤ED分野での独立した調査研究に焦点づけた活動を行なうこと。

⑥EDへの継続的な公共政策を発展させること。

〈組織〉

全英成人継続教育協会(NIACE)や，関心を抱いた雇用主，従業員代表，雇用省(訓練事業教育部―TEED)や研究者を包含して，この機関の設立に関しての討議がなされるべきである。

第3に，この分野の研究が「経済と社会」「教育と訓練」「経済的再建，教育と訓練」などの，異なる側面からの学際的なアプローチが可能な理論的かつ実践的な対象であり，政策的には，英国産業連盟(CBI)や労働組合評議会(TUC)，産業協会，職業訓練企業審議会(TECS)，中央政府，自治体などの共通する関心事でもあること，さらにこの分野の先行する事例は，英国やヨーロッパ諸国にはそれまで多くなく，むしろ合衆国に多くの蓄積をみせていることが意識されている。

第4は，EDに関する研究調査の方法やその評価に関する問題である。リーズの共同研究プロジェクトは，①重要人物へのインタビュー，②大規模雇用主事業所への質問紙調査，③民間および公的部門でのケーススタディが意識されていた。

3　ED(労働者能力開発)学習プログラムのもたらしたもの

判明してきたことは，以下のことである[15)]。

①EDのタイプには，理念型としてはa)スーパートレイナーズ(the super trainers：多能訓練者型)型とb)個人の能力発達型(the personal developers)がある。

②スーパートレイナーズ型は，多課題訓練(multi-tasking)，多能技術訓練(multi-skiling)やチームワーク，あらゆるレベルの情報産業に典型的

である。また，通常は，企業は公開学習センターをもち，年次的な評価システムがあり，少なくともひとつの教育機関や援助者とのコンタクトがあり，一部の従業員は，継続高等教育での技術・専門職コースを受講している。これらは通常，労働組合側からの訓練への関与はなく，個人的な発達に強調点が置かれていない。あったとしても，狭い意味の人的資源経営(個人の必要よりも企業の必要からの関わり)が中心である。

③個人の能力発達型は，企業のタイプはスーパートレイナーズ型と大差がないが，対照的なのは，より労働組合関与の傾向があり，一般的な教育訓練予算からED予算を分離していることである。また，これらは労働者の個人的な発達に重点が置かれ，学ぶべき学科目の選択があり，教育を通じての資格志向の要素がある。そしてこの型は，職種専門訓練というよりは，教育を通じてのもう少し幅の広い個人的な発達の機会への方向性を有している。

④ED学習プログラムの広がりの典型的なものは，次節以降で紹介されるイギリス・フォード・EDAPのほかに，多事業所(multi-site)EDとしては，ルーカス(Lucas)のCET(Continuing Education and Training)や，バックスィー・ヒーティング(Baxi Heating)やローバー(Rover)，プジョー(Peugeot Talbot)およびシーアネス・スティール(Sheerness Steel)がある。単一事業所(single-site)としては，ノーリッチ地区のコールマン(Colman)の'Nice Little Learner'は，個人の能力発達型のEDである。また，アメリカ・フォードのlife education planning programは，イギリス・フォードの事例に対して先験的事例といえよう。

リーズ大学の調査では，EDプログラムの拡張実施産業部門は，産業分類1の石炭・ガス・電力，分類2の鉄鋼および化学，分類3の機械，分類4の小売り商業部門であり，外国資本企業の82%，英国資本企業の53%で計画を有している。

⑤EDのコストは，その出所や経路が複雑で計算が面倒であるが，労働者個人への総額としては，50ポンドから200ポンドぐらいである。コスト・プロフィット分析を試みた少数の企業では，ED費用は，全体の教

育訓練予算と比較すればわずかな額であったと指摘している。また，そこから得られる自信，労働への積極的態度は，計量することが困難とはいえ多大なものがある。

⑥EDの評価は，概ね，労働者側から好評である。理論上は，教育や訓練経験は評価判定されるべきであるが，実際は訓練はあまりにもその質や結果よりも量によって判断されがちであった。インタビューした多くの労働者は，正規の訓練コースから抜け出したことがあることを明らかにした。ED計画の幅の広い教育コースに肯定的な反応を示す労働者が，ある種の職種専門訓練を嫌い，否定的な反応を示したりした。EDのコスト(授業料，計画の推進費用，ガイダンスなど)を計算することができても，態度の変化や向上した自信や変化への積極的なアプローチなどは，単純に財政的な言葉で表現するのは困難であり，それは長期的な視点を必要としよう。

⑦EDと労使関係については，リーズ大学調査の中間報告では，EDにより労使関係に前進がみられたと答えたのは，調査票の52%であった。23%は変化なしとし，23%が無記入，2%が無効の回答であった。これは，むしろ意外かつ驚きであると調査者は受け止めた。なぜならば，EDはもともとは，人的資源経営(human resource management)に根ざし，敵対的労使関係の代案になるものとみなされていたからである。このことには2つの誤解がある。1つは，EDがほかの訓練事項と同じく経営的特権と考えられてきたこと，2つには，権利として協約交渉されていないところでは，EDは労働力の分断と，組合代表とは別のバイパスとしての従業員代表のチャンネルを増やすためのものとみなされたことである。いずれも，EDの成長にはダメージとなるものである。EDは，組合の積極的な関与と，ほかの労働者代表を伴って，労働者と雇用主との相互利益となるはずのものだからである。

⑧労働者個人にとってのEDは，その評価は，長期的な観点からなされるべきであるが，参加者自身からの見解を広く検討すべきであろう。次節のフォード・EDAPの成立と発展過程の事例に注目したい。

4　我々の今後の検討課題

EDは，労働者の働く場での権利としての学習・教育(継続教育)保障を，労使関係の協約事項として英国的文脈で実現しようとしているが，その限りではILO，OECDなどの教育有給休暇やリカレント教育とは，別のタイプのものである。また，アメリカの経験を基礎に置き，日本企業との対抗関係などが基礎にあって労使がそれぞれ別の動機を背景にもつとはいえ，共通して教育・職業訓練の重要性を意識しだした点において，EDは，英国1980年代以降の取り組みである。

また，個人的な発達を重視するEDは，労働組合のイニシアティブが強いこと，英国内に増加している日本的企業内職業訓練の否定と，また同時に批判的摂取が意識されていることなどなど，日本との比較研究調査が必要な課題であることも明らかになったといえる[16)]。

注

1）M.サッチャー自身の『サッチャー回顧録』(上下巻，日本経済新聞社，1993，日英米同時刊行)も，彼女独特のバイアスがあるが，逆にそのイデオロギー性が明白である。長期的視点からは，K. Smith, *The British Economic Crisis*, Harmondsworth, 1984; S. P. Savage (ed.), *Public Policy under Thatcher*, Macmillan, 1990。一部異論があるが，森嶋通夫『サッチャー時代のイギリス』岩波書店，1988，参照。

2）例えば，毛利健三「サッチャー時代の歴史的文脈――製造業の衰退問題」『東大社研講座国際比較1』東京大学出版会，1991，参照。

3）前掲注2)文献および，稲上毅『現代英国労働事情――サッチャーイズム・雇用・労使関係』東京大学出版会，1990；長谷川治清ほか編『ニューテクノロジーと企業労働』大月書店，1991，参照。

4）原文では，'The Inadequate Social Esteem Accorded to Industry and Trade in Modern British Culture' (*HLSC, OST, 1 Report*, p. 126, 1985)。前掲注2)文献，p. 272。

5）前掲注3)，稲上文献，p. 106。

6）例えば，MSC and NEDO, *Challenge to Complacency*, 1985; DE, *Training for Employment*, 1988; National Commision on Education, *Learning to Succeed A Radical Look at Education Today and A Strategy for the Future*, 1993.

7）例えば，P. Wickens, *The Road to Nissan: Flexibility, Quality, Teamwork*,

Macmillan, 1987；浅生卯一ほか「トヨタのイギリス進出と日本的労使関係」『日本福祉大学経済論集』第7号，1993；浅生卯一「在英日系自動車企業についての研究――英国日産の場合」『日本福祉大学経済論集』第8号，1994。浅生論文では，フォードからヘッドハンティングされたダイレクターのインタビューがあり，米国方式を基礎としたフォードのマネージメントと，英国日産の方式との対比が興味深い。なお，他分野は，前掲注3)，長谷川ほか文献，参照。

8）例えば，B. Simon, *Education and the Social Order, 1940-1990*, Lawrence & Wishart, 1991; B. Simon and C. Chitty, *SOS Save Our Schools*, Lawrence & Wishart, 1993; B. Simon and C. Chitty, *Education Answers Back*, Lawrence & Wishart, 1993。逆に日本から学ぶべきとの主張に，M. Howarth, Britain's Educational Reform—A Comparison with Japan, *Nissan Institute/Routledge Japanese Studies Series*, 1991など。

9）例えば，J. Hunt and H. Jackson, *Vocational Education and the Adult Unwaged*, Kogan Page, 1992; P. Ainley, *Vocational Education and Training*, Cassell, 1990.

10）M. Adeney and J. Lloyd, *The Miners' Strike, 1984-85*, Routledge, 1986；前掲注1)，『サッチャー回顧録』上巻第13章；R. ハリソン「イギリス労働運動の現状と将来」(大木一訓氏のインタビュー)『賃金と社会保障』1992年10月下巻および12月下巻；森原公敏「イギリス労働運動の現段階」『季刊労働総研クオータリー』1992年秋期号。EC統合を意識したものとして，A. Ferner and R. Hyman (eds.), *Industrial Relations in the New Europe*, Blackwell, 1992.

11）前掲注3)，長谷川ほか文献，pp. 193-194。原著は，*Finantial Times*，1987年12月8日号，p. 10，および88年1月27日号，p. 1，および88年1月28日号，p. 16，および88年2月17日号，p. 8。

12）例えば，C. Titmus, *Widening Fields*, SRHE and NFER-NELSON, 1985; *The International Encyclopedia of Education*, 2nd edition, Pergamon, 1994，の該当項目。E. Gelpi, Scientific and Technological Change and Lifelong Education, *International Journal of Lifelong Education*, vol. 11 no. 4, 1992，参照。

13）この国際会議は，リーズ大学が継続して探求してきた一連の課題の上にもたれた。過去の会議の内容は，K. Forrester and K. Ward (eds.), *Unemployment, Education and Training*, Caddo Gap Press, 1991; K. Forrester and C. Thorne, *Trade Unions and Social Research*, Avebury, 1993。1993年の国際会議については，M. Somerton, Developing a Learning Workforce—Reflections on an International Conference, *Adults Learning*, vol. 5 no. 9, 1994, pp. 240-241，参照。筆者はこの間，1988，91，93年の3回参加している。93年の国際会議(developing a learning workforce)のConference Proceedings(会議後の集約報告書)には，9本の報告がまとめられている。本節は，会議のなかでのさまざまな配布資料や討議にも多くを負っている。

14) J. Payne et al., *Leeds Adult Learners at Work Project: Final Report Summary Version*, 1993, pp. 2-3(国際会議提案報告資料).

15) 同上，pp. 9-10.

16) 労働者の能力発達と開発に関しての日・英・米共同研究の必要を前掲注13)のリーズ大学成人継続教育学科のスタッフ(K. フォレスター氏ら)や，ミシガン大学のカレン・山川氏から提案されてきている。これからの課題である(遅れてではあるが，2000年代に入って，その具体化が始まっている)。

第3節　中高年トータルライフプラン開発――英国の事例から

はじめに――英国の高齢化社会と生涯設計

我が国の65歳以上の老年人口割合が7%に達したのは1970年であり，14%に到達したのは95年。その到達年数は25年と，世界の主要先進国のなかでは最もスピードが早い。いわゆる高齢化社会の危機が近年語られてきたひとつの理由である。しかも，社会福祉の整備が，日本型福祉として家族および地域社会の責任のもとに長く考えられてきたこともあり，急激な家族および地域社会の変貌，あるいは平均寿命の上昇などの変化に対応できない結果ももたらしてきた。いわゆる企業人生の果てに「粗大ゴミ」化する男性，熟年離婚，「寝たきり老人」の他国に比しての多さ，高齢者の自殺率の高さなどが，急速に社会問題化してきた。これらは，退職後の人生たる長いサードエイジに対する，基盤整備の遅れや社会のソフト・ウェアの不備とともに，国民のひとりひとりの人生に対する見通しや構えの計画づくりの機会の欠如，あるいは学習の機会の欠如(所属する企業なり公共事業体での研修機会や実践)があずかっているとも考えられる。

中高年以降の人生設計において，企業人生では十分でなかった地域社会への参加活動へのソフトランディング(軟着地)，あるいは，みずからの自己実現のための活動を見通すための，若年期における在職中からのプログラム開発こそが，このトータルライフプラン研究の意義である。

ところで，上記の日本の問題は，世界の主要国の共通の問題であろうか？

この節では，日本と同じく島国であり，大陸諸国と同じく早くから高齢化社会に直面し，独自の福祉国家体制の整備をはかり一定の成果を上げてきたものの，経済危機のなかで福祉施策の大幅な修正がはかられてきている英国を取り上げ，比較を試みてみたい。

英国の高齢化社会(7%〜14%)の進展は，日本よりはるかに早く出発し，比較的時間をかけて進展してきた。65歳以上人口が7%に達したのは1930年であり，14%に達したのは75年。その間45年を要している。日本が65歳以上人口が7%に達した年(1970)より40年前(1930)にそれを経験し，日本が65歳以上人口が14%に達したその年(1994)より20年前(1975)にそれを経験しているのである。逆にいえば，日本は急速に英国が経験してきた高齢化社会に到達し，さらに，高齢社会(14〜21%)から超高齢社会(21%以上)になろうとしている(2006年，20.8%)。日本と同じく，中高齢者に対する偏見や差別がないとはいえないにしても，日本の高齢者が味わっているような苦しみを英国の中高齢者は味わっているのであろうか？

1　英国のトータルライフプランの問題の所在

(1)　福祉国家政策の急激な変容ともたらされた現実

周知のように，英国はいわゆる「ゆりかごから墓場まで」の福祉国家づくりを戦後の基本的な国家政策としてきた。1942年のベバリッジ報告「社会保険と関連サービス」を出発点として，68年のシーボーム委員会報告「地方政府と社会福祉サービス」に至るまでの道筋は，明瞭に福祉国家政策の発展の道筋であった。しかし，79年に出発したサッチャー政権以降，その流れには修正が加わった。民営化(プライバタイゼーション)による国民保健サービス(NHS)の見直しは，保健社会保障白書『高齢化』(1981)の時代のなかで，「地方自治体サービスの供給における競争原理の導入」(環境省，1985)やグリフィス報告「コミュニティ・ケア――行動方針」(1988)，「1990年国民保健サービスおよびコミュニティ・ケア法」などに徐々にあらわれ，また人頭税(コミュニティ・チャージ，1990年導入，92年の地方財政法で廃止)などの税制改革を伴ってきた。

こうしたなかで，英国民のなかには，戦後の福祉国家施策ではそれほど個別には悩まなくて済んだ老後の生活，社会保障に新たに対応を迫られる人々が多くあらわれ始めたといえる。

(2)　トータルライフプランの担い手と方法——市民の生涯設計と組織・機関（自治体，企業，労働組合）

ここでは「トータルライフプラン」と名づけているが，これはもちろん便宜的な用法であって，英国でそのように呼ばれているわけではない。日本での考えを英国の文脈で言い換えれば，それは市民個々人の生涯の自己設計を，どのように，誰が，いかに援助し，打ち立てていくのかということになろう。その場合，我が国と異なるとすれば，生涯の自己設計に対してのサポートシステムは，地域自治体のコミュニティ・ケアとボランティア団体の活動であり，さらに個別企業を超えての横断型の職業別組合による労働者保護施策ということになろう。さらに，それらを内容的にアドバイスする研究機関の多様な協力があげられよう。

2　英国のトータルライフプランへのアプローチについて

(1)　高齢化社会における個人主義とシティズンシップ

欧米の国々の多くがそうであるように，英国においても公私の区別は明確であり，私的に処理する領域と公的に解決する領域との境界線は，我が国よりははるかに明瞭である。日本型福祉が，家族や地域社会でのケアを前提に組み立てられているため，その機能がうまく働いているときはきめ細かく暖かい福祉といえようが，いったんそれが壊れたりうまく機能しないときの社会福祉制度は，個々人には冷たく立ちあらわれるといわれる。これに対し，個人主義を基調とする英国では，個々人の人生設計や暮らし向きは，基本的に個人の自己決定に属する領域であるが故に，その尊厳を侵さないような配慮や仕組みが福祉の機軸となっている。その上で，必要な社会福祉制度なりサポートシステムがきめ細かく整えられてきた。1970年代，特に「シーボーム委員会報告」(1968)以降の施策に登場した地方自治体の新しい社会サービス局(Department of Social Services, 1971)などによる活動は，シーボーム報告がねらいとした，①サービスの統合化，②資源開発，③専門性の向上，④分権化，⑤地域住民参加などを促進させた。これらを前提にして，地域住民あるいは民間社会福祉団体は，コミュニティ・ディベロップメント(合意によって変化をなしとげようとする過程)やコミュニティ・アクション(対立によって変化をなしとげる)による，福祉改善の動きを活発化させた。

(2)　サードエイジのとらえ方

高齢化の進展は，英国においても老後問題や加齢(エイジング)問題を，社会的検討課題の上位に押し上げてきた。高齢者や年金生活者(ペンショナー)の住宅，保健，社会サービス，医療，教育・文化の問題といった社会問題解決のための課題だけではなく，加齢に伴う心理的・社会的位置づけや相談・カウンセリングのケアに関する問題，あるいは逆に元気な社会的能力のある高齢者の社会参加活動など，ポジティブな加齢(エイジング)問題も論議されるようになってきた。エイジ・コンサーングループなどのボランティア活動も，サードエイジ固有の問題を浮かび上がらせてきた。自治体の継続教育カレッジなどでの高齢者講座や向老期学習あるいは，労働組合などでは早過ぎる退職や失業に伴う中高年期の組合員教育の必要なども増大してきた。

(3)　階層とコミュニティ

ディズレリの命名による「2つの国民」(中上層階層と労働者階級)問題は，現在も英国を特徴づけるひとつの社会問題である。出自の差が，教育歴や文化的差異，生活様式や所属集団の差となるだけでなく，異なる階層間のディスコミュニケーションや分離を生み出し，さらに，今日ではこれに外国人移民やマイノリティ問題，失業問題，産業空洞化も加わって，階層や帰属集団ごとのコミュニティの住み分けとして，深刻な社会的隔絶や軋轢を生じさせている。ここに，前述のコミュニティ・ケアやコミュニティ・ディベロップメント，コミュニティ・アクションが大きな役割を期待されている。統合(インテグレーション)という論理だけではなく，多文化・多民族的共生という論理の創造や，社会的不利益者・弱者のライフコースの積極的な開発と創造が，地域社会での協同事業として意識されてきている。

(4)　企業の従業員(＝労働者)管理の英国的スタイルとその変容

これまで，英国では企業の従業員(＝労働者)管理は，労使間の協約問題として一部にアメリカなどの労務管理が導入されたりはしたが，実質的には労働組合のイニシアティブのもとに置かれてきた。いわゆる「もうひとつの国家」としてのTUC(労働組合評議会)の強さは，伝説的ですらあった。しかし，その労働組合も企業も，従業員(＝労働者)の労働条件や賃金以外の，職業訓練・教育や中高年以降の個人としての人生設計(ライフプラン)の積極的な開発には，きわめて消極的であったといわなければならない。この点は，アメリカやドイツ，日本などの企業，労働組合と大きく異なるところであった。いわゆる投資(インベスト)としてよりも経費(コスト)あるいは従業員個人の問題としてとらえ，その支出の拡大に消極的であったのである。

しかし，その結果は，英国産業の国際的な企業間競争での惨めな敗退であり，失業者の大量創出であった。こうしたことから，従業員(＝労働者)に対する，企業や労働組合からの職業能力開発や教育への関心の増大，従業員(＝労働者)個々人の人生設計や要求への対応策の必要の自覚は，ようやく1980年代以降，全国的な議論として国際的な比較や競争力の文脈で広く意識されるようになってきたのである。

(5)　職業教育・能力開発と従業員(＝労働者)の自己実現 ――自治体，企業，労働組合の関与の在り方

上記の国際的な環境変化に見合う従業員(＝労働者)の職業能力開発や教育の自覚は，従業員(＝労働者)側の主体的な立場からすれば，みずからの自己実現要求の高まりや，置かれた現実からの危機意識に立脚して取り組まれてきた。これに支援を表明する形で，1980年代以降，全国的にEDL(Employee Development Learning＝労働者能力開発学習)の概念が明瞭にされてくるようになった。これには，英国的な文脈での単純な生産性向上の

ためのQC(quality control)などへの批判意識が背後にあり，従業員(＝労働者)のライフプラン開発の努力が全国的な規模で開始されてきたのである。この結果，従来地域社会での従業員(＝労働者)のライフプラン(人生設計)問題は，自治体のコミュニティケア(地域福祉)や住民の自主的な活動に委ねられていたのが，企業や労働組合と接点を有するようになってきたのである。

3　イギリス・フォードの事例

(1)　フォードの従業員研修体系

英国内の産業界の従業員(＝労働者)の教育・職業訓練に対して，それが国際競争に生き残るための必要課題との認識は，1980年代に大きく前進した。多国籍企業の大幅進出(日，米，独など)，引き続く不況と失業者の増加，EC単一市場化，ニューテクノロジーへの対応の必要など，背景事情も切迫していた。

フォードも多国籍企業のひとつではあるが，70年代末から日本企業の進出などに対抗すべく，QC，労働者参加など労働力の質的向上，労使関係改善などに，企業サイドから乗り出していた。とりわけ「日本型経営」にならっての労働組合の「単一交渉団体条項」や中間管理職との組合を通さない「個人契約」化の動きがつくられた。これに対しての，労働組合サイドからの88年の「単一テーブル交渉」(TUC特別検討委員会)提案は，従来の賃金交渉に加えて，退職年金や従業員(＝労働者)の能力開発要求というより長期的なライフプランの提案を含むものであった。その際，特にアメリカ・フォードですでに実施されていたEDTP(Education Development and Training Programme)の成果と可能性が参考とされ，「被雇用者に幅広い個人的・職業能力開発のための教育・訓練，再訓練および能力開発活動を提供すること，また，より健康的なライフスタイルを勧める被雇用者援助サービスを提供すること」を目的としたEDAP(Employee Development and Assitance Programme)が労使間で合意された。この協約は，「パートタイム労働者労働組合とフルタイム労働者労働組合が，経営者側と敵対的ではない関係のなかで活動することを通して労使関係の改善をはかること」や「労働組合の代表と経営側が合同の委員会を通して重要なプログラムの責任を分け合うことによって，企業の組織的な発展への変化を促進すること」が眼目であった。

ここに，企業内教育とは違って，時間外に従業員(＝労働者)が主体的にみずからの選択によって教育―学習訓練の機会を得ることができるプログラムが開発されることになった。

(2)　従業員研修体系の概要

フォードでは，日本企業のように企業内教育を通じて多能工を養成しようとするシステムを，教育・訓練として有していなかった。あるのは，それぞれの職種の教育・訓練機会である(own-job related education and training)。また，組合組織も企業内組合ではなく，職種別の全国組合にそれぞれの職種の従業員が組織されており，給与体系も職務・資格給の形態をとっている。

EDAPは，これに対して「すべての従業員に仕事以外の時間に個人の発達と訓練の機会を提供すること」をねらいとしているが，その提供分野は大きく「教育と訓練」と「健康とライフスタイル」の2つに分かれている。従業員の選ぶ活動分野に制限はなく，フォードは，年間従業員1人あたり40ポンド(総額で180万ポンド)を計上し，EDAP参加率を20%と想定し，1人200ポンドまで援助することを当初の出発点とした。しかし，予想以上の希望があり，その後，賃金合意にもとづき1992／93年で年間1人あたり40ポンドを55.13ポンド，93年11月以降56.49ポンドまで引き上げてきた。その結果，過去5年間で1000万ポンド，年平均200万ポンドが支出されてきた。

(3)　本調査対象「The Employee Development and Assistance Programme，EDAP：従業員能力開発および支援プログラム」の概要

1987年の協約以降，フォードでは，EDAPの内容の概略が88年に合意され，最初にフォードの従業員に教育要求アンケートが行なわれた。89年春の予備調査では，200名の従業員を対象に(回収率80%)，89年夏から秋に

かけては，全従業員を対象に行なわれた。後者では，全英のフォードの従業員に行なわれ，6146名の回答を得た。

回答者の年齢区分は，18歳未満：3名(0.5%)，18～25歳：585名(9.5%)，26～30歳：755名(12.3%)，31～40歳：1716名(27.9%)，41～50歳：1374名(22.4%)，51～60歳：877名(14.3%)，61またはそれ以上65名(1.1%)，無回答771名(12.5%)，計6146名。6146名中女性は401名であった。回答者の72%以上が16歳以下の年齢で学校教育を離れている。

アンケートにみられる教育要求の特徴は，以下のようである。

学習希望科目上位4科目は，コンピュータスキル(755名)，ドイツ語(573名)，自動車整備(435名)，フランス語(397名)であり，ここには将来必要となるであろう技術・技能として，コンピュータスキル(すべての職階，とりわけ熟練工および半熟練工)や自動車整備(とりわけ半熟練工)，さらに新しい可能性への挑戦としてドイツ語やフランス語が意識されている(次頁表4-3)。

「健康とライフスタイル」については，フィットネスプログラムはすべての職種に人気があるが，半熟練工は「健康とライフスタイル」についてまだ関心が薄い，見通しがもてないという特徴がある(次頁表4-4)。

学習時間，学習場所，学習形態については，第1に，学習時間は，半数以上が交代制勤務のためそれに見合ったものを，第2に，学習場所，学習形態については，家庭での学習とグループ学習の組み合わせを希望している。

4　1989～93年のプログラム内容

(1)　EDAPの所管

すでに触れたように，EDAPはフォードと従業員が所属する労働組合(8組合：運輸一般労組，合同機械工組合，事務・技術・監督者組合，都市一般ボイラー工組合，電気工組合ほか3組合)との労働協約にもとづく。具体的には，全国合同プログラム委員会(National Joint Programme Committee, NJPC)が設置され，フォード経営側(10人)，パートタイム労組(12人)，フルタイム労組(12人)で構成される。共同議長は，運輸一般労組(TGWU)，産業財政科学労組(MSF)から各1名およびフォードの人事部長の3名から

表 4-3 第一に学びたい科目——職業階層別

科目	半熟練		熟練		書記・事務職		技術職		監督		管理		無回答	
	数	%	数	%	数	%	数	%	数	%	数	%	数	%
コンピュータスキル	401	16.8	151	19.2	54	12	80	10.2	26	8.3	9	4.5	34	15.2
ドイツ語	126	5.3	92	11.7	62	13.8	161	20.6	67	21.5	47	23.3	18	8
自動車整備	320	13.4	37	4.7	23	5.1	24	3.1	5	1.6	3	1.5	23	10.3
フランス語	140	5.9	59	7.5	46	10.2	70	8.9	37	11.9	30	14.9	15	6.7
大工仕事	182	7.6	35	4.4	19	4.2	35	4.5	11	3.5	5	2.5	16	7.1
写真技術	121	5.1	47	6	25	5.6	36	4.6	13	4.2	7	3.5	7	3.1
スペイン語	96	4	30	3.8	35	7.8	40	5.1	24	7.7	11	5.4	14	6.3
電子工学	126	5.3	56	7.1	4	0.9	10	1.3	7	2.2	0	0	9	4
ビジネス学	49	2.1	31	3.9	14	3.1	50	6.4	12	3.8	8	4	9	4
ビジュアルアート	60	2.5	20	2.5	14	3.1	24	3.1	7	2.2	8	4	7	3.1
レンガ積み	66	2.8	39	5	5	1.1	14	1.8	4	1.3	3	1.5	8	3.6
数　学	76	3.2	13	1.7	8	1.8	4	0.5	5	1.6	1	0.5	9	4
英　語	79	3.3	12	1.5	6	1.3	6	0.8	3	1	0	0	7	3.1

（『従業員能力発達および支援プログラム質問調査 1989』附表 14）

表 4-4 希望する「健康とライフスタイル」の科目

科目	半熟練		熟練		書記・事務職		技術職		監督		管理		無回答	
	数	%	数	%	数	%	数	%	数	%	数	%	数	%
フィットネスプログラム	475	52	161	45.9	145	45.7	217	47.3	93	48.2	4	3.2	38	34.9
喫煙をやめる	121	13.2	27	7.7	28	8.8	19	4.1	20	10.4	10	8	15	13.8
体重監視	88	9.6	21	6	29	9.1	19	4.1	12	6.2	9	7.2	9	8.3
主張訓練	40	4.4	29	8.3	20	6.3	45	9.8	4	2.1	1	0.8	4	3.7
クッキング	50	5.5	22	6.3	21	6.6	31	6.8	5	2.6	2	1.6	10	9.2
ファイナンシャルプランニング	31	3.4	24	6.8	11	3.5	22	4.8	10	5.2	12	9.6	5	4.6
退職準備	38	4.2	8	2.3	14	4.4	26	5.7	13	6.7	4	3.2	4	3.7
第一選択合計	914		351		317		459		193		125		109	

（『従業員能力発達と支援プログラム質問調査 1989』）

なっている。

このNJPCは，次の5点を所管している。①プログラムの目標を設定すること，②全国，地域レベルでのプログラムの共同運営のためのプログラム実施要綱(ガイドライン)を用意すること，③定期的にプログラムの位置づけを検討し，プログラムのねらいの進展度をモニター(監視)すること，④プログラム実施要綱に付け加える，あるいはその例外となる地域的プログラムを検討し承認すること，⑤プログラムの周知やPRに関わるテーマや方法を発展させること，である。

なお，プログラムの実施にあたっては，NJPCから地域教育アドバイザー(LEA)が，それぞれ全国事業所の複数エリア担当として財政援助されて配置されている(1993年は18人)。地域教育アドバイザーは成人教育の経歴をもつ人で，イーストロンドン大学によって委託募集される。彼らは，労使に中立的な立場で従業員の継続教育や成長についての意識や要求を育てることが期待されている。彼らは，従業員のニーズを評価して，事業所の内外に適切な訓練講座を用意し，また地域カレッジとの提携をはかる役割がある。

(2)　EDAPの実施要綱

EDAPの実施ガイドラインとしては，①幅広い学習内容を保障すること，②学習者本位・中心(student-oriented, student-centred)であること，③経営者，パートタイム労組，フルタイム労組の3者共同の組織運営，④自治的・分権的運営(de-centralized management base)，⑤自主的かつ労使交渉による合意を源泉とする(voluntary, negociated, joint collective agreement)，⑥自主的事業として公費要求をしていない(no claim upon public funding)，⑦継続・高等教育へのアクセスを拡大する原則，⑧総合的な広報活動(comprehensive publicity campaign)を原則としている。

(3)　EDAPの内容と形態

1)　EDAPの内容

EDAPのプログラム内容は，12のカテゴリーからなる科目群によって構成されている。またその応募状況は次のとおりである。I：教育／学歴資格(1334人，6.2%)，II：語学(2930人，13.2%)，III：実業学習／情報技術(2930人，13.2%)，IV：音楽／パフォーマンス(504人，2.4%)，V：美術／手工芸(734人，3.5%)，VI：工芸技術／建築(2346人，11.0%)，VII：応急手当(2453人，11.4%)，VIII：個人の能力開発(313人，1.5%)，IX：健康・エアロビクス(3869人，18.0%)，X：健康・ダイエット減量(2237人，10.5%)，XI：レジャー／スポーツ(3747人，17.5%)，XII：そのほか(174人，0.8%)

＊1991～92年，実数および比率%で示す。なお，数字に原資料上誤りがあり，合計数が2万1399人にならない。

まだ，ライフプランとしての展開度は十分とはいえないが，参加者の主体的な選択による受講の増大は，注目すべきである。

また，学位コースなどに挑戦する従業員もみられ，1991／92年で240人(0.6%)が，リバプール高等教育インスティテュート，イーストアングリア大学，オープンユニバーシティなどと提携して学んでいる。

2)　EDAPの形態

1991／92年の活動場所は，事業所内コース(43%)，事業所外コース(57%)となっている。事業所内の研修施設としては，教室，コンピュータルーム，健康施設などが設置されている。

プログラムの実施は，NJPCの采配のもとに，地域教育アドバイザーや労組役員，アシスタントなどによって担われ，毎年その評価のもとに更新されてきている。

5　EDAPの今後の課題

(1)　個人の生涯発達とEDAPの役割

従業員(＝労働者)個々人の生涯発達なり人生設計(ライフプラン)にEDAPが寄与できることは，そうした問題の自覚を提供したり，アクセスすべき方向を示唆づけることにあろう。企業外での個人の生き方の問題を，単純に，私的な問題として片づけずに，どのようにより人間的なものとして充実させるのかについて，学習や討議の場，あるいは対話の場をつくっていくこと。これは，狭い企業収益のための職業訓練・教育や，労働組合の活動家養成のための教育・宣伝の場でもない，長期的な，しかも教育的な内容が用意される必要を提起している。

「あなたは，学校教育に失敗しましたか？ 資格のために別の学校に行きたいですか？ 新しい技能を学習したいですか？ もっと健康に暮らしたくありませんか？ 生活の外側にもっと触れてみたくありませんか？ これらの質問のどれかにあなたの答がイエスなら，フォードのEDAPは，必ずや何かをあなたにもたらすでしょう」

このようなEDAPのポスターの呼びかけにひかれたり，別な要因で参加した，以下の4人の事例は，個人の生涯発達とEDAPの関わりの一端を示唆しよう（*Conference Proceedings, Developing a Learning Workforce, An International Conference, University of Leeds*, no. 12-14, 1993, pp. 1-107，より抜粋）。

ケース1　マークの場合

マークは，21歳，会計課で働いている。彼は，EDAPのポスターをほんの一瞬視ただけなので，もし「語学」という言葉がなかったら眼を止めなかっただろう。たぶん，このことが片言のスペイン語——彼と彼のガールフレンドが計画していたスペインでの休暇で彼の車が壊れてしまったときに必要最低限の会話力——を学ぶ機会であった。彼は，いかにしたらこの新しい語学技能がさらに外国に仕事にいくことにつながるかを夢見始めた。だから，彼は，空欄Aの質問1(　)にマル印をつけ，そして質問2aのスペイン語にマークした。そして，マークは，質問に答えている間に考えた。同様に自分自身で車の直し方を学べるかもしれないと。そこで車の修繕維持の2にマークして質問2aに答えた。

ケース2　ブライアンの場合

ブライアンは，フラット（アパート）に彼の弟と共同で生活し始めた。

これは，自分の家を離れて住み始めた最初の経験であった。そして，彼が料理できる唯一のものは，ベークドビーンズ(煮豆料理)であった。ブライアンは，ビーンズ(豆)は，気にはならなかった――彼は最近，次第に肉を口にしなくなったし，そのことが健康維持に良く感じられると確信していた――が，毎日特別にビーンズが欲しいわけでもなかった。ブライアンは，1人でやっていくことにこだわっていたので，もしも肉をまったく口にしないのなら，もっと多様なバランスのとれた食事をつくれるように料理の仕方を本当に学びたかった。彼は，空欄Bの質問1にマル印をつけて，質問3の1の「ベジタリアン(菜食)料理」にマークした。

ケース3　ボブの場合

ボブは，52歳，既婚で2人の子どもがいる。彼は，溶接工としてフォードで15年働いている。ボブは，EDAPのポスターを仕事をしているとき眼にした。しかし，それらはあまり彼の興味をひくものではなかった。しばらくして，親しい仕事仲間が倒れて，中度の心臓病であると診断された。ボブはショックを受けた。そして，彼は彼自身の健康をもっと身近に考え始めたのである。彼は，適切なものを食べていただろうか？ 十分な運動をしていたであろうか？ 自問した後に彼は1つのコースを選択することにした。彼は，すでに受講登録している会社の同僚2人から有用な情報とアドバイスを手に入れられると考えた。だから，ボブは空欄Bの質問1にマル印をつけ，質問3に答えて1の「フィットネス・プログラム」をマークした。

ケース4　ジョーンの場合

ジョーンは，質問を与えられたとき，まさに彼女が何をしたいのかを知っていた。彼女は，フォードで6年働いている。彼女は，いま昇進を望んでいた。とりわけ，彼女の夫がひどい事故のあと仕事に就けずにいて，したがってあまり収入が入らなくなっていたからである。

不幸なことに，監督への昇進へは，ジョーンはもっと高い数学的知識が必要であった。彼女は，これまで，学習クラスを選択しようと試みたが，いつもそれらは彼女にとって都合の悪い時間であった。いまは，彼女自身の時間を選べる機会であるようにみえたし，彼女の夫を看病できる人をアレンジできるように思えた。それだけでなく，彼女が家から遠く離れる必要のない，まさにぴったりなものであった。彼女は，好ましい時間帯の土曜日午前にマークし，質問6「学習場所」に，「事業所外(カレッジの近くにある)」をマークした。

これらの4つのケースは，まだ学びの質としては初歩的なものだが，従来の職業訓練・教育とは異なり，学習者の主体的な要求・関心事から出発して，やがてみずからの生活の見直しにつながる発展的な契機を内在させていることに注目したい。

(2)　企業と労働組合の協約の継続

EDAPは，けっして単純な労使協調主義の所産でも，労働組合と企業との打算的な妥協の産物でもない。経営者側と労働組合代表との建設的な合意(労働力の質的向上と従業員の意欲の喚起)にもとづくものである。このことは，フォードに限定されずに，EDAPの方式がほかの企業に，転移＝導入可能な〈教育—学習〉システムといえる。その普遍性をもつためには，

①労働組合内部のコミュニケーション，意思決定，実行力などの民主主義的な水準。

②企業の人事担当者や経営のトップが，みずからのイニシアティブを絶対視しない柔軟性をもてるかどうか？

③EDAPのような事業にたいする公的な援助システムの整備が必要。

④EDAPのような事業は，中長期的な見通しと適切な教育的な評価が必要不可欠。

これらが，今後の協約の発展の鍵であろう。

(3)　国，自治体，研究者の協力の継続

現在，フォードにみられたようなEDAPの方式の教育・訓練システムは，より一般的にはEDL(Employee Development Learning)プログラムと呼ばれている。類似したものに，ルーカスのCET(Continuing Education and Training)，バクスィー・ヒーティングのBSP(Basic Skills Programme)など，いくつかのものが知られている。

ED学習プログラムの一般的な規定として，次のような仮説的な提起が知られている。

①ED学習プログラムは，個人の発達に主要な焦点が置かれ，職業関連学習を含むが，いわゆる職業専門訓練(job specific training)よりは，もっと幅が広い内容である。

②ED学習プログラムは，以前には職業専門訓練からは除外されていた労働力の部門(とりわけ過去に正規の教育歴の乏しい貧しい労働者)に学習の機会や教育的なイニシアティブを提供する。

③ED学習プログラムは，労働者中心の学習方法を提供する。

④ED学習プログラムは，一度限りのプログラムというよりも継続的な学習の機会を提供する。

⑤ED学習プログラムは，労働者と帰属する労働組合とプログラムの運用者(企業と専門家)を含んで成立する。

⑥ED学習プログラムは，仕事をもちながらの学習の権利を励ますものである。

これらの内容が発展させられるための研究機関や改善課題の討議の場の開設なども提案されており，ライフプラン(全生涯にわたるという意味で「トータル」を日本の研究は前に冠しているが)の発展のためには，地域成人教育(community adult education)との連結や地域福祉(community care, community development)との連携が重要となってくるに違いない。それらは，今後の検討課題である。

注

本節は，個々の引用を略したが，主として次の研究を基礎としている。

Conference Proceedings, Developing a Learning Workforce, An International Conference, University of Leeds, no. 12-14, 1993, pp. 1-107，参照。

姉崎洋一ほか「イギリス成人教育の新しい可能性(その5)――EDプログラムの提起するもの」『広島平和科学』第17号，1995

The Employee Development And Assistance Programme (Agreement Between Ford And Its Trade Unions)

Questionnaire Survey 1989; Final Report For Hourly Paid And Salaried Employees (issued by The Trade Union Research Unit, 1990)

第5章　大学と社会とのパートナーシップ構築のための現代的課題

この章では，大学(高等教育)がその本来のもてる資源を単にキャンパス内の研究・教育，管理運営に閉ざすのではなく，社会貢献や生涯学習(継続教育)の視点から，再度とらえかえすことの重要性と現実の実態，あるいは歴史的な思惟様式について検証し，さらには，英国と日本での実践事例について分析紹介している。

第1節は，大学の社会貢献という考えや実践が，比較的新しい生成途上のアイデアであることを，大学の歴史のなかに整理している。英米系の大学は，比較的早い段階から社会貢献をミッションのひとつとして考えてきたが，ドイツやその影響を強く受けた我が国の戦前期の大学は，そうした志向性が脆弱であった。そして，近年の社会貢献は，地域社会に向けてよりも産業・企業に向かいがちであることも特徴である。そうした理論的な課題を整理している。

第2節は，この章の分析事例の舞台のひとつである英国の，近年の高等教育改革の動向とその課題について，簡略な分析紹介を行なっている。

第3節は，英国にその数は必ずしも多くはないが，独自な社会貢献とミッションを有してきたレジデンシャルカレッジ(宿泊型成人教育カレッジ＝高等教育機関)について，そのひとつの典型事例であるノーザンカレッジの1990年代前半時点での総括を示している。そこには，このカレッジのユニークな性格と実際の貢献を知ることができよう。

第4節は，同じくノーザンカレッジについて，第3節で分析した時点からおよそ10年を経ての，新たな現代的課題——社会的排除へのオルタナティブの模索――に取り組んでいる実践を分析紹介するものである。

第５節は，筆者が現在生活の拠点としている北海道の事例を分析している。特にオホーツク地域の調査をもとに，過疎地域での困難な条件のなかで，大学(高等教育)を発展させるには何が必要か，どのような知恵や構想力が求められているのかを論究している。そこには，大学を維持できずに撤退する事例と逆にそこで踏みとどまり新たな発展を模索している事例の対照的な姿がある。

第１節　大学と地域社会のパートナーシップ構築は可能か？
――生涯学習・地域再生と大学の社会的貢献活動

はじめに――大学の理念・使命とは何か

大学改革の激動期にあって，大学の社会的使命をいかに構想し位置づけるのかは，最重要な原理的・実際的な焦点のひとつである。言い換えれば，現代における大学の理念をいかに設定するのかが，各大学に鋭く求められているといえる。例えば，いま仮に大学の理念に関する主要な論調を紹介すれば，以下のようになろう。

①いわゆる英米型の教養教育(リベラルアーツ教育，中産市民たるジェントルマン養成)の現代的継承の課題と方向1)

②ドイツ・フンボルト大学型の，基礎研究重視および社会に距離を置く「大学の孤独と自由」の現代的モデルを再確認する方向2)

③さらには大学院での専門教育と学士課程での教養教育を，区別と関連の相においてとらえ，カリキュラム再構成をはかる動き3)

④職業資格取得に焦点をあてたコミュニティカレッジや，高度職業人・専門職養成を意図した専門職大学院などに共通するキャリア開発やキャリアデザインの志向4)

⑤さらには地域住民への生涯学習や研究教育貢献，地域づくり計画を視野に置いた開かれた地域密着型大学づくりの方向5)

⑥大学の知的財産や卓越した研究創成機能を鍵とした，産業界に対しての貢献を軸とした産官学連携の動き[6)]

⑦国・地方公共団体立から国立大学(公立大学)法人への転換と，財政面における外部資金や国の競争的資金の獲得への競争的生き残り方策の動き[7)]

⑧従来の学校法人立の私立大学に加えて，いわゆる営利型大学と呼ばれる企業経営による大学づくり(教育特区における株式会社立大学)[8)]

⑨国公立大学法人化と営利型大学の動きに刺激されての学校法人・私立大学の積極的な攻めの経営戦略の動き[9)]

⑩ヨーロッパにおけるボローニャ憲章，プラハコミュニケなどの統合的な高等教育圏の生成による学位や単位制度，資格の共通化の動き[10)]

⑪ユネスコでの，先進国，中進国，開発途上国を問わない普遍的な新しい高等教育モデルを提起する高等教育宣言(1998)の動向[11)] など

そして，現今の特徴は，これら複雑で錯綜した動きが一挙に噴出してきていることである。このように，大学再編をめぐっての将来方向＝「大学の理念」には，まことに多岐に分かれる思想，実践，政策があり，大学の内外にはそれぞれの理念を実現しようとするさまざまな思惑(アクターの動き)が働き，また結果としてその方向は，上記に分類された個別的単一の形をとるとは限らないといえる。考えてみれば，ここに問われているのは，大学人の大学の再構築「哲学」の水準といえる[12)]。

ここでは，上記のなかで主として⑤に焦点をあて，それがほかの機能とも連関しながら，今日どのような課題を突きつけているかを検証したい。

なお，本節は，英国リーズ大学と北海道大学との国際シンポジウム(2004年9月)での報告を基礎としている。

1　戦後初期の大学理念に欠落していたもの

(1)　大学理念をめぐって

大学の機能を分類するにあたって，最初に第2次大戦後の教育改革期に焦点をあててみよう。何となれば，この第2の教育改革期といわれる時期に，

戦前の高等教育への批判的総括と戦後の高等教育の制度設計に関しての，それなりのまとまった議論がなされ，その後の高等教育制度の基本的な枠組みが設定されたからである。ここでは，その全体を論じるわけではなく，目的規定に焦点をあてたい。

例えば，『米国第1次教育使節団報告書』(1946)の次の文言は，そのひとつの典型的な考えを示す。

「大学はあらゆる近代教育制度の王冠たるものである。自由なる社会においては，それは同等の関心をもって3つの大なる職能を果たすのである」「第1に，大学は無上の財宝として知的自由の伝統を護り，思想の自由を鼓舞し，探求の方法を完全にし，知識の進歩を促進し，科学と学識を培養し，真理愛を育成し，そして窮まりなき開化の一源泉として社会に奉仕する」「第2に，大学は才能ある青年男女をしてあらゆる時代と国民との最善の思想と最美の理想とを熟知せしめることによって，彼らに家庭と社会生活との改善作業における指導者の地位，産業と政治との，より有力にしてより情愛ある操作におけるそれ，諸国民間理解と善意との促進におけるそれ，につく準備をさせる」「第3に，大学は，社会の変化しゆき出現しきたる諸要請を常に敏感に察知しつつ，選ばれた青年男女を新旧両様の職業における技術的熟達のために訓練する」
(伊ヶ崎暁生・吉原公一郎『戦後教育の原典——米国第1次教育使節団報告書』現代史出版会，1975)

これを，歴史家であり戦後一橋大学学長を務めた上原専禄は，我が国の戦前の特権的な大学への反省を込めて，①知的探求の職能，②社会人育成，③職業人訓練の「3種の別箇の職能」について，使節団が3職能を「大学は同等の関心をもって果たす」としているのは「大学なるものがいかに緊張感をもって意識せられているかを，暗示している」と指摘した[13)]。

よく知られるように，『米国第1次教育使節団報告書』に流れる大学の3つの「職能」理念は，アメリカ型の「大学」のひとつの歴史的概念であり，スタンダードを示すものであった。特に，③の職業人訓練は，ヨーロッパの大学の伝統にはないアメリカ型の考えをあらわしている。念のためにいえば，使節団報告書は，ストレートに戦後教育改革を縛ったわけではない。米国教育使節団に対して協力するために設けられた日本側教育家委員会，さらにその発展的改組としての教育制度刷新委員会の議論には少なからぬ影響を与えたが，戦後改革期の大学改革においては，さらに多くの議論を必要とした。すなわち，戦前来の大学が抱えた帝大型と専門学校型の二元システムの矛盾，あるいは戦後の新制大学の発足をめぐっての各学問領域や前身校の社会的地位の差などをめぐって，より複雑な力学が働いたからである[14)]。

(2)　大学理念の社会的性格をめぐる歴史的諸相

いま，日本の大学の歴史的発達に関しての時期区分は，第2次大戦前には，3区分されるのが通説である。ここでも一応それに従えば，

①帝大創出期　1886～1990年

②大学令と高等教育拡充期　1918～21年

③戦時体制期　1930年代～1945年

があげられよう。

その内容に関しての細部の検討は，ここでは行なわない。誤解を恐れずにいえば，その場合，日本の大学・高等教育は以下の歴史的特徴を伴っていた。

①日本の大学の構造変革は，文部行政の枠を超えて国家改造期に行なわれてきた。

②大学の自治，学問の自由は，大学構内の「自由」にとどまってきた。

③総じて日本の大学は，一部の例外を除いて，地域社会への社会的貢献と民衆への関わりは，一貫して希薄であった。

すなわち，日本の大学の民衆的基盤性は，著しく脆弱であったといえる。このことは戦後の学校教育法の大学規定にも一部引き継がれたといえる。戦前の帝国大学令と戦後の学校教育法上の「大学」の目的規定の差異が，帝国大学令における国家への貢献と学問的頂点性に関する規定の強調点を除けば，それほど多くないからである。無論，天皇制と深く結合した大日本帝国憲法には教育に関する規定はなく，臣民たる民衆に対しては教育勅語が支配し，大学にはきわめて脆弱な学問の自由と大学の自治が制限的に許容されたとはい

表 5-1

新制大学	戦前の帝国大学
「大学は学術の中心として，広く知識を授けるとともに，深く専門の学芸を教授研究し，知的，道徳的及び応用的能力を展開させることを目的とする」(学校教育法第52条，1947)	「帝国大学ハ国家ノ須要ニ応スル学術技芸ヲ教授シ及其蘊奥ヲ攷究スルヲ以テ目的トス」(帝国大学令第1条，勅令第3号，1886)

え，それもやがて無力化したことは，歴史の苦い教訓といえよう[15)](表5-1参照)。

しかしながら，このような，国家主義的な戦前的大学理念に対して，憲法・教育基本法，学校教育法，社会教育法などにつながる新たな国民教育の一環としての新制大学理念が，研究と教育を軸として，学問の自由，大学の自治を尊重しての大学の目的規定(学校教育法第52条)を明記したことは，そのこと自身は大きな歴史的前進であった。

(3)　新制大学の目的規定に欠落した理念とは？

ところで本節の当面の関心に従っていえば，上記使節団報告書や，新制大学の目的規定にも欠落視点があることを問題にしなければならない。それは，上記の大学の3つの職能以外に，もう1つの大学の職能が，歴史のなかで問われてきたことに注目するからである。それは，大学と社会とのパートナーシップ構築と大学の社会貢献の視点である。

そのひとつの歴史的系譜は，英米の大学拡張運動(university extension movement)に範をもちながら，我が国にもこれまで伏流として存在してきた広義の「大学拡張運動」的職能である。例えば，戦前期の私立大学の構外教育や，学生のセツルメント運動，1920年代の自由大学運動などのカウンター・ユニバーシティ運動などである。それは，エリート養成機関として機能していた大学に，新しい学びの主体を迎え入れる役割を担った。

もうひとつの歴史的系譜は，大学の社会貢献，社会還元の職能である。それはコミュニティが求める課題への研究・教育的パートナーシップの結びつきであったり，産業界への技術的・知的貢献であったりしてきた(次頁図5-1参照)。

要するに，これらを整理すると，第1に構内学生の教育，第2に専門学術

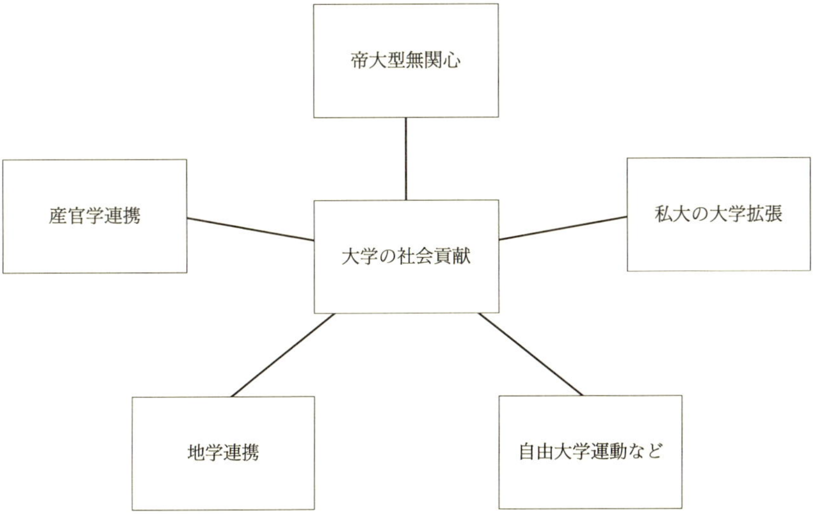

図 5-1　日本における大学の社会貢献モデル

の研究，が従来の大学の主要な機能とすれば，3つ目は，社会的奉仕(社会貢献)の機能といえる。別言すれば，学生教育，専門研究に加えて，それは大学の「第3の職能」(the third role，the third arm，第3の使命)としての「社会的奉仕」(social service)を指す(次頁図5-2参照)。

しかし，このような自覚は，戦前の場合，私立大学や民衆の運動においてもごくわずかな事例にとどまり，「帝国大学」や「官立大学」(国立大学)においては，きわめて微弱であった。当然のことながら，大学および大学人が地域社会における社会的不利益層への「社会的奉仕」，あるいは，学問知の民衆知への転換を関心事とすることは希有なことであった[16)]。

(4)　戦後における大学の社会貢献の歴史的系譜

日本の大学の戦後の歴史的展開は，これも評価はいくぶんかは分かれようが，およその通説は，以下の4期に分かれる。

①戦後教育改革と新制大学，1946〜49年

②大学紛争と中教審71年答申・新構想大学，1970年代

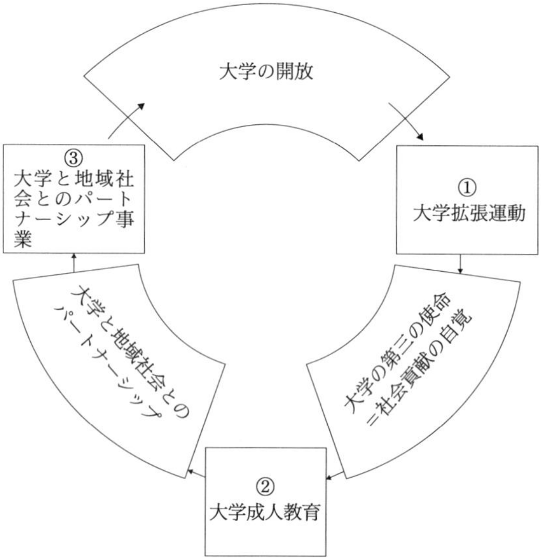

図 5-2　英国における大学の社会貢献の歴史的系譜

③臨教審と大学審時代，1980〜90 年代

④大学の「構造改革」期，1990 年代〜21 世紀

これらの流れのなかで，大学の社会貢献のことが次第に浮上してきたのは，②以降であった。ここでも，細部について触れることはしないが，過去四半世紀の展開では，おおよそ以下のような特徴がうかがえたといえる。

第 1 は，高等教育政策においては，開かれた大学の目的が，もっぱら産官学連携，すなわち産業界に開かれた大学，国策に必要な研究開発，国際的競争に開かれた大学などとしてとらえられ，地域社会との連携については，ほとんど重視されてこなかったことである。

第 2 は，またその場合，大学経営，競争的資金獲得のために「産官学連携」が語られがちなことである。

第 3 は，したがって，このような一貫した流れに対して，はたしてそれでよいのか？ 地域社会への責任，応答責任は，大学にはないのか？ そのような，大学の社会貢献をめぐる在り方についての論争主題がようやく生成し始

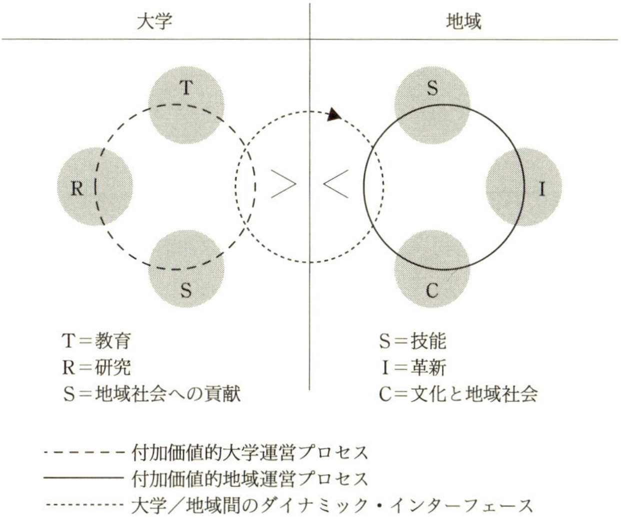

図5-3　大学／地域付加価値メカニズム(Goddard and Chatterton, *Regional Development Agencies and the Knowledge Economy*, 1999)

めてきたことである。

2　大学はいかなる価値資源をもって社会貢献活動を行なうか

(1)　大学地域付加価値メカニズム

それでは，産官学連携などとは別の，大学と地域社会とのパートナーシップ構築には，どのような意義があり，どのようなメカニズムが働くのであろうか？ 今日，大学が社会への貢献・サービスを行なうという場合，多様な視角から整理が試みられている。

例えば，J. B. ゴダードとP. チャタートン(1999)は，それを大学／地域付加価値メカニズムの構造で説明している。すなわち，大学における，教育(T)，研究(R)，地域社会への貢献(S)の各機能の連関による付加価値的大学運営プロセスと，地域における技能(S)，革新(I)，文化と社会(C)の連関による付加価値的地域運営プロセスが，相互にインターフェースで接して，その間に環流現象や転移が行なわれるという仮説である(図5-3参照)。

この場合，大学によって，R，T，Sの比重が大きく異なる。Sがほとんど意識されない大学やその対極にある場合もある。地域においても，大学との接点をほとんどもたないか，築けない地域社会もあろう。したがって，このインターフェースは，きわめて可変的であり，実践的な様相をもつ。そうであるが故に，これらの議論の焦点は，いわゆる大学という教育・研究を核としたacademic communityが外部社会のnon academic communityにどのようなインターフェースを構築し，どのような社会貢献・サービスを行なうのかということに集約される。

(2)　大学のジレンマ――ソーシャルニーズとアカデミックニーズとの応答責任

振り返ってみれば，戦後においても，1960年代末葉の大学紛争時代以前の象牙の塔的大学は，外部社会との関係については，大学の自治や学問の自由の擁護のために，意識的に距離を置く場合が多かった。それは，単に国家や産業界との間に距離を置くというだけではなく，地域社会に生起しているさまざまな問題を解決するために大学と協働したい，あるいは支援してほしいという民衆の声にも距離を置く場合が多かった。大学は前衛ではなく後衛であり，孤独と自由のもとに置かれるべきとの考えが少なくなかったからである。

このような大学人の慣習的思考に対して，比較的早い段階で問題にしていたのは，勝田守一やその学的友人でもあった渡辺義晴などであった。勝田は，次のような見解を残している[17)]。

すなわち，「新制大学が社会的要求に奉仕する任務をみずから引き受けなければならなかったのは，社会の特権的な一部ではない……農民，労働者，そしてすべての勤労国民の生活の安定と幸福のために，そしてその基底となる平和の確保のために，大学の研究と教育が奉仕しなければならないということを意味する」。そのように「歴史的・具体的に新制大学の在り方と役割をとらえるならば，ソーシャルニーズとアカデミックニーズは，つねに矛盾対立するものとしてとらえることが正しくないということも明らか」である。

渡辺義晴も，地方国立大学が果たすべき役割を，大学の学問的社会的責務

表5-2　大学の担い手と利害関係者

	大学の担い手	利害関係者
プラトン　アカデミア	哲人	貴族，市民
12世紀の大学	学生ギルド，教授団	教会，王侯
中世の大学	ガウン(大学人)	タウン(世俗権力)
18～19世紀の大学	教授，学生	国家，教会
20～21世紀の大学1	教職員，学生，大学経営理事(ガバナー)	資本，国家，法人
20～21世紀の大学2	教職員，学生，大学経営理事(ガバナー)	地域社会，民衆

の水準において深くとらえかえし，大学の研究的倫理と社会的責任を2つながら明確に指摘していた[18)]。

考えてみれば，古代アカデミア，あるいは中世大学の段階では，大学の地域社会貢献，あるいは民衆への研究教育的貢献ということは，まったく問題にはならなかった。ようやく，19世紀半ば以降の大学拡張運動でその部分的な課題が浮かび上がり，20世紀以降の段階で初めて「社会の特権的な一部ではない」人々への，大学の応答責任が問われるようになってきたのである。上記の表5-2は，そうした歴史的発展の一端を示すものである。

(3)　大学と社会との関係構築の在り方をめぐって

1960年代末から70年代前半のいわゆる「大学紛争」期に，大学は激しくその社会的責任性を問われた。大学の社会への姿勢，研究責任と教育責任の明確な見解が求められ，議論は百出した。しかし，「紛争」が一部学生の暴力などの拡大によって冷静な対話が困難となり，他方では「大学の運営に関する臨時措置法(大管法)」が制定され，権力的な「解決」が誘導されて各大学の個別の解決努力が求められた結果，「紛争」は沈静化させられた。しかし残念ながら，この期に問われた問題は解決されないまま，次の時代を必要とした[19)]。

代わって登場したのは，80年代以降の「開かれた大学」「新構想大学」政策の展開(筑波大学の創設)であった。筑波大学に続く新構想大学は，しばらくはあらわれなかったが，やがて80年代以降には，臨教審とその後の大学

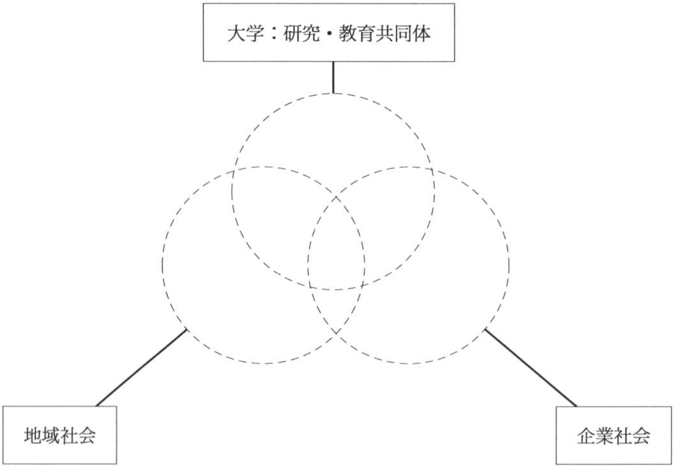

図 5-4　大学・地域社会・企業社会の相関図

審の政策による，大学の性格の書き換えの動向が本格化することになったことは，多くの大学人の同時代史的実感であろう。良くも悪くも，もはや大学が外部社会と遮断して孤高を保って存立することを許さなくなってきたといえる。とりわけ，90年代以降，現在に至る国家的な構造改革において，大学改革は重要な改革の焦点のひとつとなってきた。

大学をいかに改革するか？ 図5-4の概念図にみるように，大学という研究・教育共同体は，いまや大学内部への視点だけではなく，企業社会と地域社会への複眼的な視座をもつことが求められてきている。

その場合，大学がいま求められているのは，4つの貢献である。すなわち，①産業界への大学の貢献，②地域社会への大学の貢献，③学問研究への大学の研究・学術貢献，④学生(学部・大学院)教育への大学の貢献，である。これらを遂行するために，この間，多くの大学では，さまざまな機構改革や実験的な試行錯誤と模索を経て，以下のような社会との接点部局や部門，実践的なプロジェクトを創設してきた。それを整理すると，大学と社会とのインターフェースの構築といえる。それは，次頁の表5-3に整理されよう。

とりわけ，大学経営の観点，外部資金や競争的資金獲得との関係，文科省

表5-3　大学と社会とのインターフェース

対象社会	大学のインターフェース設立
産業界	知財センター，TLO，プロフェッショナルスクール，企業連携コンソーシアム，寄附金講座，受託研究，包括協定
地域社会	リエゾンオフィス，共同研究センター，生涯学習センター(エクステンションセンター)，地域開発研究所，公開講座，自治体とのパートナーシップ
先端学術研究	創成研究機構，付置研究所，COE研究プロジェクト，特定先端科学研究プロジェクト
学生教育	高等教育研究センター，キャリアセンター，インターンシップ，ボランティアサポートセンター，教員のFD(Faculty Development)活動，職員のSD(Stuff Development)活動

が進める21世紀COEや特色ある大学GPとの関係で，これらのインターフェース創設ラッシュの動きは，きわだったものがある。また，このことは国際間の同時代的競争的傾向としても特筆される[20)]。

(4)　大学の社会貢献の形態と効用

次に，近年の大学の社会貢献事例の内容については，多様な展開があるが，主要なものには，次のような分類が可能であろう。

①大学の研究・教育の「知識転移」(knowledge transfer)ないし技術移転
②ベンチャービジネスの孵化支援
③社会問題への解決方向の示唆
④教育・文化・情報への市民のリテラシー能力形成，市民教育への寄与
⑤地域的課題(保健，医療，福祉，教育，産業など)への大学資源の提供
⑥地域に貢献する人材育成
⑦地域発展への政策提言

などが考えられる。

ここに，①～⑦は必ずしも整合的ではなく，対立・拮抗があるのも特徴である。この場合，大学と社会との関係を考える上で，注意すべき課題が浮上している。

ひとつには，専門「知」と生活「知」との対立矛盾である。別言すれば，「知の支配」(エピステモクラシー)と「知の解放」(ナレッジ・リベレーショ

表 5-4　知の解放と占有の対抗

	担い手	志向性
知の支配	企業家・専門家・知識人・技術者	占有・所有，財産，特許，商品化(→専門知)
知の解放	市民，アマチュア，生活者・民衆	共有，開放，公共化(→生活知)

ン)の葛藤である。現代社会では，企業・専門家・知識人は，「知」の占有・財産・特許・商品化へ大きく方向づけられており，市民・アマチュア・生活人の「知」の共有，開放，民衆的公共化への希求と，ときには厳しい対立をもつ。近年の産官学連携や，知的財産化の動向は，研究や学問が本来もつ，公開性と相容れない傾向も増大させている。表 5-4 はその対抗的関係を示すものである。

この場合，次の都留重人や E. サイードの警告が想起されよう。例えば，都留重人はコンパクトに歴史の教訓を示している。それは，要約すれば現代科学が内在させる非人間性の問題である。現代科学は，①戦争のための科学，②企業利潤につながる科学，への誘惑を内在させていることを都留は指摘している。

また，それが故に，これを転換するためには「人間の顔をした技術」(E. F. シューマッハー)，「労働の人間化」(J. ラスキン)，「生活の芸術化」(W. モリス)が不可欠であると述べている[21]。

都留とは別の視点から，現代科学の専門主義の危険性を指摘しているのは，E. サイードである。彼は，専門主義への 4 つの圧力，すなわち①専門分化，②政治的適正，③権力や権威からの財政的誘惑，④市場内部での「優秀性」への褒賞の誘惑をあげ，アマチュア的精神の重要性を指摘している[22]。

このことは，日本の市民的研究者をめざした高木仁三郎などの活動や，科学と社会との関係について市民の科学的リテラシーの充実を求めた，科学の野蛮性に対する池内了の警告などと同様に，大学が引き受けるべき倫理問題を提起しているといえよう[23]。

表5-5　大学のミッションに関する言説

	目的・使命	地域性	民衆性
土田杏村　1921	中央集権の打破，自由な学問，「自由大学」の創造	地方での学問の自由，自由に大学教育を受ける機会の創出	自由大学の学習主体は，地方一般の民衆
三枝博音　1948	鎌倉アカデミアの共同性，公開性，民衆性，学的共同		鎌倉アカデミアの民衆性
上原専禄　1946	新たなる国民創造のための大学，真理探究，人文的教養，一般教育の重視		実学とアカデミズムある新経済人の育成(一橋大学の改革)
J. G. オルテガ　1930	教養の伝達，専門職教育，科学教育と若い科学者の育成科学は大学の魂	ヨーロッパ文化によるヨーロッパの統合	大学の構成は学生を起点としなければならない。知識や教授者から出発してはならない。
H. シェルスキー　1963	学問的知識の理念を体現している社会制度＝フンボルト的理念。研究，教授，団体自治，社会的実践，孤独と自由	現実的世界市民主義。大学は大都市よりも小都市に設置されるべき(フィヒテ)	大学の孤独と自由
M. トロウ　1963	マス型からユニバーサル型へ，多様化，信頼，卓越性，説明責任，新しい広い経験の提供	境界区分の消滅，大学と社会のボーダーレス化	万人のための教育保障，学内合意の困難と学外者の支配

出所）土田杏村，三枝博音については，多くの著作が遺され，またそれぞれについての研究も多い。ここでは信濃自由大学趣意書，鎌倉アカデミア(鎌倉大学とも称した)入学案内の文言から直接的な表現を採用した。上原専禄については，同著作集から採った。G. オルテガは『大学の使命』(井上正訳，玉川大学出版部，1996，原著は1930)，H. シェルスキーは『大学の孤独と自由』(田中昭徳ほか訳，未来社，1970，原著は1963)，M. トロウは，『高学歴社会の大学』(天野郁夫・喜多村和之訳，東京大学出版会，1976)；『高度情報社会の大学』(喜多村和之訳，玉川大学出版部，2000，原著は2000)，参照。

3　大学と地域社会のパートナーシップ構築は可能か

(1)　大学と地域と民衆の関係性――ミッション：何のための大学か

大学が引き受けるべき理念，倫理は，別の言い方をすれば，大学のミッションの検討を迫るといえよう。上の表5-5は，大学のミッションに関して，言及している主だった論者の言説を，目的・使命，地域性，民衆性の3項目で分類したものである。

個別に詳しくは言及できないが，地域の好学の青年に開かれた，学びの場としての上田自由大学(運動)の発足に関わった土田杏村を除けば，地域性への言及はほとんどない。三枝博音の場合も，鎌倉アカデミア創設に際して，ある種の修辞的表現以外には鎌倉に特別の言及はない。上原専禄も国立市に特段の位置づけは求めていない。J. G. オルテガはヨーロッパを圏域に想定し，H. シェルスキーは小都市での研究上の孤独と自由を確保できればよいとし，M. トロウはむしろ，地域性の消滅の上に生起するボーダーレス化を未来予測としている。要するに，それらの論の基本にあるのは，大学の普遍性(universe)へのこだわりであって，地域性ではない。

(2)　大学と社会のパートナーシップの理論・実践問題

次に，大学と社会(地域社会，企業社会)とのパートナーシップ構築に関する理論的，実践的な問題に触れておきたい。

第1の論点は，大学内部での抵抗の強さである。大学の地域性認識の上に立つ地域貢献は(1)でも触れたが，これまでの大学論の弱い環であり，歴史的に新しい課題のひとつである。場合によっては，大学の地域性の強調は，従来の大学の理念であった普遍性や世界市民性と緊張関係を強くもつといえる。例えば，地域性の重視は，大学の普遍性や世界市民性を損なうとか，大学が単にローカルな水準に転落するだけであるといった論難は，けっして過去のものではない。むしろ，研究の国際的な水準を意識するリサーチ型の大学では，構成員の大半がそのような思考回路をもっているといってよい。したがって，そのような確信に満ちた偏見や信念に対し，大学の地域性認識と大学の地域貢献が果たす役割について，どのような積極的な提案を行なうのか？ 説得力のある実践や成果がいかに示されるかが問われるといえる。

第2の論点は，では同じ外部社会であっても企業社会の場合はどうかである。この場合，企業社会への貢献に関しては，大学人には二極化した反応がみられる。

1つには，旧来の大学の学問の自由の保持や基礎科学の重視を考える大学人にとっては，企業社会の大学への介入は大学の自殺行為と考える場合が多い。それは，ある意味で正常な反応であるが，大学が公費の比率を削減されていく場合には，外部資金への道を閉ざしていくものとみられる傾向が強くなっている。

それに対して2つ目には，企業社会との関係構築なしには，研究開発もプロジェクトも進まないと考える人々にとっては，地域社会への関心は希薄であっても，企業社会への貢献は第一義的に重視される傾向がある。しかし，その場合，どのような関係性を築くのかについての，大学のモラルが問われるといえる。それは，大学憲章的宣言であったり，ガイドライン的規範づくりであったりするが，ルールなき大学の企業貢献を，公的な場で声高にいう大学人はさすがに少ないといえる。

第3の論点は，大学の社会との関係構築を必然のものとして承認した場合，どのような問題が発生するか，そしてそれをどのように，大学の新たな自治，自律性に加えていくかである。同時に，従来の大学の自治や自律性は，内部構成員の参画と相互の信頼関係のもとに構築されてきたが，大学が社会（地域社会や企業社会）との新たなパートナーシップを構築していくとなると，内部構成員のみに対しての説明責任だけでは，大学の自治や自律性は担保されない。すなわち，積極的な立論が，この問題には求められているのである。その問題群を上げれば，おおよそ，以下のことが考えられよう。

大学の社会参加の方策
大学の統治・経営の在り方
大学の自治・自律の明確な存在根拠
大学の社会への応答責任・説明責任
大学の社会的使命・責任の明示
大学の研究・教育の公共性・公益性

これらに対して，いかなるビジョンと計画を示すことができるのか？ 具体的な内容の開陳は，国立大学の場合，中期計画，中期目標に示されてきているはずであった[24)]。

しかしそこには，事務局を通した文科省の誘導とともに，計画・目標達成時点での重層的な評価が待ち受けていることもあり，制限された枠組みのなかでの「個性」の競い合いと説明責任にとどまらざるをえない構造を有する

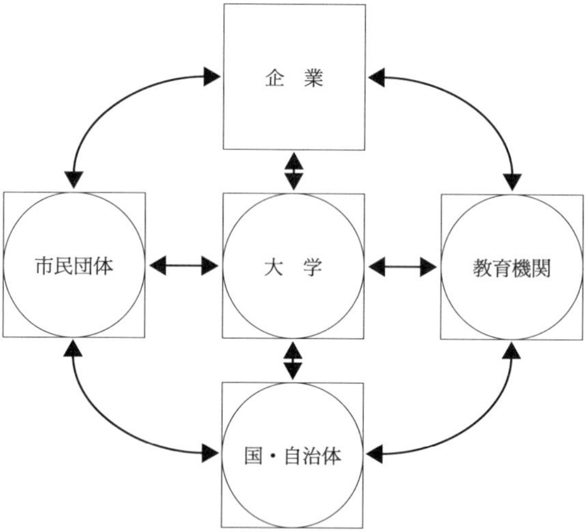

図 5-5　大学と社会の相関図

ものであった。

(3)　大学と社会とのパートナーシップ構築の形態と相互関係

大学と社会とのパートナーシップは，日本の場合，以下のような関係において具現される。すなわち，大学と①政府機関(中央，地方)，②市民団体，③企業，④教育諸機関に分節化される。この関係の強さ，緊密さ，対等性，相互互酬性は，各大学の性格によって大きく異なる。

概念図(図 5-5)は，その基本的な関係構造を示すものである。

上記の関係構造は，大学の歴史的社会的な位置づけ，学問的性格，地政学的な構造，卒業生の果たしている役割や人材供給構造，男女比などによって，大きく規定されるものといえる。

(4)　大学類型による活動優先順位の差異構造

次に，大学の社会との関係構築についての，具体的な事例をみてみよう。次の表 5-6 は，英国における「高等教育機関における活動の優先順位」が，

表5-6　高等教育機関における活動の優先順位（上位3項目，網掛けは注目すべき項目）

	全体平均（%）	順位	古い大学（%）	新しい大学（%）	高等教育カレッジ（%）
地域の教育機会の充実	51.4	1	29.5	82.9	57.1
卒業生の地域への定着	15.2	8	11.5	22.9	14.3
技術移転	42.8	3	60.7	45.7	14.3
中小企業支援	24.6	6	8.2	40.0	35.7
地域への投資誘致	7.2	12	13.1	0.0	4.8
産業界との共同研究	44.2	2	73.8	17.1	23.8
地域経済の戦略的分析	0.7	13	1.6	0.0	0.0
当該地域以外からの学生の呼び寄せ	12.3	9	13.1	8.6	14.3
地域発展への支援	9.4	11	1.6	2.9	26.2
地域とのパートナーシップの重視	21.7	7	19.7	20.0	26.2
経営についての研修	11.6	10	11.5	5.7	16.7
地域の人材養成ニーズへの対応	26.8	5	11.5	37.1	40.5
全国的な人材養成のニーズへの対応	29.7	4	39.3	17.1	26.2

（HEFCE, "Higher education-business interaction survey", 榎本剛『英国の教育』自治体国際化協会，2002，p. 133。）

古い大学，新しい大学，高等教育カレッジの3者によって，いかに異なるかに関しての HEFCE（イングランド高等教育財政審議会）の調査結果である。

英国においては，①古い大学，②新しい大学，③高等教育カレッジの3類型において，地域あるいは産業界との関係に対する優先性は，異なっている（190頁の表5-7-1，表5-7-2参照）。

古い大学は，技術移転，地域への投資誘致，産業界との共同研究，全国的な人材養成のニーズへの対応が上位項目であるのに対し，新しい大学は，地域の教育機会の充実，卒業生の地域への定着，中小企業支援が上位3項目であり，高等教育カレッジにおいては，地域発展への支援，地域とのパートナーシップの重視，地域の人材養成ニーズへの対応が上位3項目である。また，産学連携に対しては，古い大学が積極的である。

このことは，日本の場合にも旧帝大系を古い大学，地方大学を新しい大学，短大・高専などを高等教育カレッジとみなして類型化するならば，（同種の調査がなされていないが，筆者の研究グループの調査などの感触では）ほぼ

表 5-7-1　学内のスタッフへの産業界との連携に対するインセンティブ付与の状況(%)

説明	1	2	3	4	5	計
	障害が強く残っている。学内の気風が学内活動に重点を置いており，教育・研究の範囲も限定的。		ある程度のインセンティブは実施されているが，障害も残っている(例：インセンティブ付与の方針はあるものの学内で浸透していない)。		すべてのスタッフに対して，各レベルで産業界との連携を積極的に奨励。インセンティブも明確。	
古い大学	0	11.5	37.7	37.7	13.1	100
新しい大学	0	13.9	61.1	19.4	5.6	100
高等教育カレッジ	2.4	28.6	52.4	14.3	2.4	100

(HEFCE, "Higher education-business interaction survey")

表 5-7-2　産業界を支援するための学内における計画の作成と実施状況(%)

説明	1	2	3	4	5	計
	ビジネス支援のための計画は作成していない。個別の対応。		ビジネス支援のための計画を作成しているが，実施は部分的又は特定分野での実施にとどまる。		学内全体としてのビジネス支援計画を作成。ほとんどすべての部署に適用。目標設定やその管理も実施。	
古い大学	1.7	16.7	41.7	31.7	8.3	100
新しい大学	2.7	16.2	32.4	45.9	2.7	100
高等教育カレッジ	14.0	25.6	37.2	18.6	4.7	100

(HEFCE, "Higher education-business interaction survey")

同様な結果が推察される。

これらを，大学の社会的役割に応じた適切な住み分けであると考えるのか，産業界への共同研究や，技術移転が大学の財政条件やスタッフの充実度の差異から古い大学に集中するのは不公平であるとか，地域社会への貢献という観点からみると，威信ある古い大学は，きわめて消極的で保守的であるとして批判されるべきか，あるいは地域社会とのパートナーシップは，高等教育カレッジのような実学的で実践的な教育機関の中心的な機能であると考えるのか，などは立場によって見解が異なるであろう。どの大学も条件が同じで

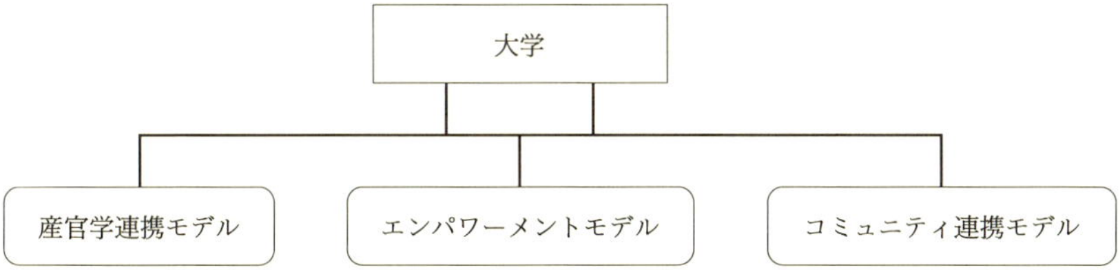

図5-6　大学と社会とのパートナーシップ構築における3類型

あれば，このような差異は生じないであろうから，大学間の置かれた不均衡な状態の上での住み分けであることは，明瞭である。これをどのように変えるのか，あるいは維持するのか，または，バランスのとれた第3の道をとるのか，それは議論されるべき課題である。

(5)　パートナーシップ類型
――コミュニティ連携モデル，エンパワーメントモデル，産官学連携モデル

この点で，大学と社会とのパートナーシップ構築において，次のような3類型が一定程度有益な視点を与えると思われる(図5-6)。

ここで，各モデルを概括すれば以下のようになろう[25)]。

①コミュニティ連携モデル：大学と地域との協働を基礎に地域発展計画，人材育成，問題解決への方向づけを行なう。

②エンパワーメントモデル：大学と地域・社会との連携の強化によって大学それ自身の研究・教育・社会貢献力量を高めていく。

③産官学連携モデル：大学が産業大学として外部資金を得ながら，起業，先端研究，技術開発などを通して企業や政府機関に貢献する。

現状では，上記の3モデルは(4)で述べたような大学の種別的類型化のなかで，一定程度役割分業を果たさざるをえない側面も否定しえないが，とはいえ，伝統的研究大学が産官学連携モデルのみを唯一の選択肢とするとか，地域密着型の高等教育カレッジ(短大，高専など)が，コミュニティ連携モデル以外に選択肢がないということにはならない。とりわけ，教育学のような実践的人間科学の領域は，研究的大学においても，それ以外の大学において

も，そのもてる資源の活用において，エンパワーメントモデルや，コミュニティ連携モデルの追求可能性や，その発展方向を開発デザインする役割を担うことが可能である。

また，そのような視点は，産官学連携モデルに対して，すでに言及したように「人間の顔をした技術」「労働の人間化」「生活の芸術化」の視点から，研究の社会的還元の在り方，技術開発の目的性について問題提起することが可能であり，同時にアマチュア精神をもつ市民と専門家・研究者を結びつける役割を担うと考えられる。大学が，社会とパートナーシップを結ぶ取り組みを持続することによって得られる成果は，そのパートナーシップ構築の直接的な目的だけではなく，以下の副産物をもつことも，この際見落とされてはならない。

①教育・文化・学術効果

大学がその地域にあること自体，地域社会への教育・文化・学術効果が直接的間接的に期待される。問題は，大学がそのことにどれほどに自覚的であるかである。

②直接・間接経済効果

学生，教員，職員などの生活に伴う経済効果は当然ながら，研究・教育費，管理運営費などによって，大学は地域社会に大きな経済的影響力をもつ。このことは多くの事例が示している。

③地域的協働の組織化役割

大学がコーディネート役を果たすことで，地域のさまざまな資源，人の組織化を促す。それまで触れ合うことのなかった人々の交流組織化に，大きな役割を果たしている。

④地域づくり，地域発展効果への研究支援

大学は，地域に生起する，内発的ないし外発的な発展計画・動きに対して，それを研究的な視点で支援したり，監査したり，助言したり，警鐘を発したりする役割を担っている。

⑤大学それ自体が社会資本・共通財産であり，人材育成の泉

長くその地にあって活動を続ける大学は，その地域社会における文化

財であり，社会資本であり，共通財産である。また，永続的に人材育成を担っていく役割をもつ。

⑥グローバリゼーションと地域主義（グローカル）を高次に媒介する役割

経済，社会，文化のグローバリゼーションは，一層加速している。ややもすると，そのことで地域の個性は失われ，中心と周縁の構造が生起しやすい。そのときに，大学は普遍性と地域性の両側面から問題を整理し，その統一的なグローカルな視点を提起する。

(6)　今後の研究課題

最後に，今後の大学と地域連携の研究課題を以下に再確認しておきたい。

①社会的不利益層への発達学習支援の方策の探求

貧困，失業，障害，マイノリティなどの不利益が要因となって，学習機会や支援ネットワークへのアクセスが困難な人々への，多様な方策の解明，その自立支援の研究の推進が必要である。

②教育的支援の内容と質の研究

さまざまな時空間を活用しての柔軟な支援の方策，ITの利用・活用によるeラーニングなどの支援方策，専門職の力量形成のための多様な学習・研修機会の創設などの研究推進が求められる。

③労働と生活の場の学習の組織化と支援

成人の日常的な労働や生活の場での学びの組織と支援，学習の教育学的意味づけの探求が課題となる。

④大学・学問の在り方の探求

グローバリゼーション下の大学改革期にあって，大学内外の学習者に対し，どのような研究・教育的貢献が可能なのかについて，大学の研究システムや大学人の自由な研究保障を含めて，オルタナティブな道の探求が必要である。

⑤社会と大学のあるべき関係の探求

教育学を核とした研究において，大学が社会にどのように貢献できるかについて，多様な発達学習支援ネットワーク構築が必要である。

注

1）例えば，S. ロスブラット著，吉田文・杉谷祐美子訳『教養教育の系譜』玉川大学出版部，1999。

2）H. シェルスキー著，田中昭徳ほか訳『大学の孤独と自由』未来社，1970；H. G. ガダマーほか著，赤刎弘也訳『大学の理念』玉川大学出版部，1993。

3）有本章編『大学のカリキュラム改革』玉川大学出版部，2003；大学教育学会編『あたらしい教養教育をめざして』東信堂，2004。

4）例えば，笹川孝一編『生涯学習社会とキャリアデザイン』法政大学出版局，2004。

5）北海道大学大学院教育学研究科教育計画講座高等教育研究グループ「北海道の地域密着型大学・短大の事例分析」『高等継続教育研究』第1号，2002，および第2号，2003，参照。

6）例えば，原山優子編『産学連携』東洋経済新報社，2003。

7）天野郁夫『大学改革』東京大学出版会，2004；有本章編『大学改革の現在』東信堂，2003；岩崎稔・小沢弘明編『激震！ 国立大学』未来社，1999；東大職組ほか編『国立大学はどうなる』花伝社，2003；都立大教職組ほか編『都立大学はどうなる』花伝社，2004。

8）例えば，丸山文宏『私立大学の財務と進学者』東信堂，1999；潮木守一『世界の大学危機』(中公新書)中央公論新社，2004。

9）清成忠男『大淘汰時代の大学自立活性化戦略』東洋経済新聞社，2003；孫福弘ほか『未来を創る大学』慶應義塾出版会，2004；奥島孝康『早稲田大学新世紀への挑戦』東洋経済新聞社，2001；中村清『大学変革――哲学と実践，立命館のダイナミズム』日経事業出版社，2001。

10）文部科学省編『2001諸外国の教育の動き』(教育調査129集)大蔵省印刷局，2002。

11）東京高等教育研究所ほか『大学改革論の国際的展開』青木書店，2002。

12）例えば，蓮見重彦ほか『大学の倫理』東京大学出版会，2003。

13）上原専禄「大学の職能」1947，『上原専禄著作集』第5巻，評論社，1992，pp. 21-23。

14）例えば，羽田貴史『戦後大学改革』玉川大学出版部，1999；土持ゲーリー法一『新制大学の誕生』玉川大学出版部，1996；土持ゲーリー法一『米国教育使節団の研究』玉川大学出版部，1991；T. J. ペンペル著，橋本鉱市訳『日本の高等教育政策』玉川大学出版部，2004。

15）例えば，家永三郎『大学の自由の歴史』塙書房，1962；伊ヶ崎暁生『学問の自由と大学の自治』三省堂，2001；寺崎昌男『日本における大学自治制度の成立』評論社，1979；向坂逸郎編『嵐のなかの百年――学問弾圧小史』勁草書房，1952。

16）例えば，田中征男『大学拡張運動の歴史的研究』野間教育研究所・講談社，1978；社会教育推進全国協議会編『社会教育・生涯学習ハンドブック』(第7版)エイデル研究所，2005，大学・高等教育の姉崎解説参照。

17）勝田守一「大学の管理運営に関する意見と考察」1963，『勝田守一著作集』第5

巻，国土社，1972，p. 87。
18）渡辺義晴『大学の探求』(三一新書)三一書房，1960；同『大学・教育・倫理の探求』法規文化出版，1975。
19）例えば，拙稿「大学紛争」『北大 125 年史』通説編，第二編，第一章，25-134 頁，北海道大学，2003。
20）例えば，江藤継嗣「大学における知的財産問題」『経済』2004 年 10 月号。
21）都留重人『科学と社会』(岩波ブックレット)岩波書店，2004。
22）E. W. サイード著，大橋洋一訳『知識人とは何か』平凡社，1998。
23）高木仁三郎『市民科学者として生きる』岩波書店，1981；高木仁三郎『市民の科学をめざして』(朝日選書)朝日新聞社，1999；池内了『ヤバンな科学』晶文社，2004。
24）国立大学法人の中期計画・中期目標は，文部科学省の HP から 2003 年 9 月の素案参照。http://www.mext.go.jp/a_menu/koutou/houjin/03101701.htm
25）前掲 5)，『高等継続教育研究』第 2 号所収文献の第 1 章の拙稿「大学と地域社会とのパートナーシップ構築の現実と課題」を参照されたい。

第 2 節　英国高等教育の現実と課題

は じ め に

この節では，21 世紀初頭の英国高等教育の現状とその特質について概観し，そこから何が課題とされているかを論究する。

1　英国高等教育の現状

英国高等教育白書『高等教育の将来』(*The Future of Higher Education*, 2003)によれば，英国政府は『デアリング報告』(1997)の枠組みにもとづいて，2010 年までに青年層(18〜30 歳)の 50％に高等教育を保障するという計画を立てている。特に，‘widening participation’ と呼ばれる在学率の拡大方策によって，2 年程度の「職業型応用準学位」(foundation degree)の普及，成人学生の拡大，進学率の低い地域の底上げを強調している。同時に，授業料の引き上げ(最高 3000 ポンド)計画を表明し，ヨーロッパのなかでは，きわだって高等教育の私的負担の高い国家政策を引き続きとることを明らかにした。もっとも，これについては英国的な現実的改良策として，授業料の後払い制，低所得家庭(年収1万ポンド以下)の就学困難学生奨学金，貸与奨学金の返済開始年収の引き上げなども同時に導入するとしている。このほかに特立された柱は，高等教育財政の改善，教授学習活動の質的向上，研究環境の整備，産学連携の整備である。

これらの改革の方向には，ニューレイバーによる第3の道を標榜し，国際的競争力を高めようとするブレア政権の国家構想が前提となっている。すなわち，知識基盤経済における優位を保つには，国民全体の教育・訓練水準の向上，大学の教育力の向上が不可欠であり，国際的な比較において研究力の相対的な地位の低下への危機感から研究環境の重点的整備が必要との考えが横たわっている。

そこで，上記『高等教育白書』の目標に対して，具体的に英国の高等教育の現状がどのような水準，段階にあるのかを，最初に検証しておこう。

(1)　高等教育の量的動態

量的動態を知るには，HEFCE 編『英国における高等教育』[1) が簡便である。同書によれば，英国(UK)全体では200万人以上の学生が高等教育機関に在学し，そのうち87.3%が英国出身，EUからは4.2%，それ以外の地域からは8.5%が在籍している。また，2005年の同書では，英国全体では169の大学および高等教育カレッジが存立し，内訳は，イングランドで132(大学91，高等教育＝HEカレッジ41)，北アイルランドで4(大学2，HEカレッジ2)，スコットランド20(大学14，HEカレッジ6)，ウェールズ13(大学9，HEカレッジ4)である。

1988年教育改革法，92年継続高等教育法などの「教育改革」により，英国における高等教育の量的拡大(機関数，学生数)は，この間ドラスティックに進展した。しかし，それは同時に高等教育機関間の種別化と多様化を伴うものでもあった。

まず，大学についていえば，各大学は，自己統治と独立性を保持し，またそれぞれに歴史的背景を異にする(オックスフォードは12世紀，ケンブリッジは 13 世紀，スコットランドのセント・アンドリュース，グラスゴー，アバディーンは 15 世紀から出発し，都市大学(civic university)およびウェールズの大学カレッジは 19 世紀および 20 世紀初め，さらに 1950 年代および 60 年代当時の新大学，そして 92 年継続高等教育法以降の新大学)。当然に，そのミッションや役割，規模(4500 人以下のアバーティ・ダンディ大学から 3 万 2000 人以上のリーズ大学やマンチェスター大学まで)も多様である。さらに追加すれば，大学院やカレッジの連合体であるロンドン大学は 12 万 4000 人，オープンユニバーシティは 15 万 8000 人もの学生を擁している。同時に，それらは，学部や部局の数などによって多様な姿をもっている。しかも，近年の教育改革によって，各大学は，その自立的な発展をはかるには，財政確保が不可欠の要件となってきた。ここに，研究と教育の競争的な評価によって，ランキングが明瞭な形を伴ってあらわれてきたといえる[2)]。

一方，高等教育カレッジも，大学同様，規模，使命，専門分野，歴史において各カレッジごとに異なる。設立が 150 年前にさかのぼることができるカレッジや教会カレッジとして出発したものもある。なかには，大学との連携によって，学位取得が可能なカレッジもあり，4000 人以上が大学学位を取得している。学生定員サイズも 460 人くらい(ダーティントン美術カレッジ)から 1 万 3700 人を数える(カンタベリー・クライスト・チャーチカレッジ)ものもある。平均はおよそ，3500 人くらいのサイズである。

専門分野は，通常いくつかの領域をカバーしている。例えば，アートとデザイン，ダンスと演劇，農業と看護学などであり，教員養成カレッジは高等教育事業の主要な部門である。教員養成部門は，北アイルランド，スコットランド，ウェールズでは高等教育助成委員会により設立され，イングランドでは教員養成エージェンシーによって設立されている。

(2)　スタッフ

英国の高等教育機関は，約 9 万 6000 人のフルタイムおよび約 3 万 8000 人のパートタイムのアカデミックスタッフを雇用している。すべての職種のスタッフを推計すれば，約 30 万人という数字が推定され，アカデミックスタッフは教育のみならず研究にも従事している。彼らの多くは，博士号もしくは専門職的資格を有している。給与基準は，大学およびカレッジ雇用者協議会（UCEA）と高等教育の教職員を代表する10の組合との間で，2001年6月に設立された高等教育スタッフのための交渉委員会（JNCHES）を通じて交渉される。

(3)　ガバナンス

高等教育機関は法的な独立性を有し，その統治部門は，効率的な経営とその将来，発展計画に責任を有している。

2　近年の英国高等教育改革——2004年高等教育法の意味するもの

周知のように，1988年教育改革法に象徴される，サッチャー型教育改革は，初等中等教育のみならず，教育システム全体の構造改革をねらうものであった。このことは，成人継続教育および高等継続教育にも大きな影響を及ぼした[3)]。

さらに，これを改訂した2004年高等教育法は，二重の目的を有するものであった。ひとつは，国民の高等教育機関へのアクセスをより拡大すること，もうひとつは世界経済において競争的な位置を保つために高等教育機関を強化することであった。同法の骨格は『デアリング報告』が前提をつくり，内容は2003年白書『高等教育の将来』から採用されたものであった。

同法に横たわる政策的な意思としては，授業料・学費の性格について，高等教育は公共物（財）か否かという点では，イングランドはもはや公共物とは考えないという選択肢を採用したということである。この点で，スコットランドは依然として無償措置を採用しているだけに，英国全体としての政策的合意がはかられているわけではない。

また，授業料をどこまで上げるかは各大学間の裁量に委ねられ，①学生の経済格差による進学阻害の除去という課題，②学生，産業界，大学教職員組合，大学経営機関などステークホルダーの利害調整問題，③大学種別による収入構造の差異があり，このことによって授業料値上げにも，各大学は異なった対応をみせる。すなわち，教育中心の大学では，学生増(授業料依存，経費の 80%)による収入増加策，教育＋研究型の大学では，研究資金＋学生増の施策，さらに研究中心の大学では，学生数は抑制(授業料は経費の10〜15%の比率)的であり，むしろ研究資金の確保に関心が高い。この意味で，後述するように教育中心型の大学に与える影響は大きい。④さらに授業料問題は教育ビジネスの問題でもある。国内学生，EU 学生には，授業料値上げは影響が無論大きいが，それ以上にそのほかの国の留学生は，さらに高額な授業料を求められることになる。したがって高等教育がひとつのビジネスとして位置づけられていく傾向を，加速させるものと考えられる。

なお，2004 年高等教育法の具体的な項目は，以下の点にあった。

①可変的で多様な授業料の導入：2006 年から各大学機関は少なくとも 2010 年までに 3000 ポンドまで授業料を引き上げることが可能となった。学生は，ローンを借りた場合，その返済は，収入が年に 1 万 5000 ポンドに達するまでは，免除される。

②公正アクセス庁の創設：いかなる機関も望むならば現在の 1125 ポンド以上に授業料を引き上げるアクセスプランをもつことが承認された。

③下層階級の学生の奨学金を提供する機関の創設

④低所得家庭出身の学生を援助するために，上限 2700 ポンドの生活維持補助金の再導入

⑤新規の英国(この場合はイングランド)全体での芸術・人文学分野の研究審議会の創設

⑥学業判断事項に関連するものではない学生の苦情を審査する独立機関の選任[4)]

当然のことながら，授業料の増額による大学の収入増への期待と，そのことによる教育の機会均等原理を後退させ，学生の就学上の格差や不利益が生じることへの危惧というジレンマに，各大学は立たされることになった。

例えば，歴史的伝統と資産があり，比較的富裕層の学生を受け入れてきた大学は，研究資金などでの収入も大きく，授業料値上げに鷹揚であり，経済的に貧しくても優秀な学生には，奨学金や学費免除などの特例を考慮してい

る。とはいえ，これらの大学に進学できるのは国民のごく限られた階層であることは揺るぎのない事実である。

他方，もっぱら教育に重点を置く新大学では，学生の授業料による収入のウエイトが高く，しかも比較的貧困層の学生を受け入れてきたことから，授業料値上げと機会均等方策とのジレンマは深刻なものといえる。

3　近年の英国高等教育の焦点的課題

(1)　大学のリーダーシップ，ガバナンス研究

英国の大学改革のなかで，従来のアカデミックな知的共同体の統治が，比較的均質な政府の大学財政支援策によって保たれてきたのに対して，研究，教育に対する競争的評価とそれと連関した重点的経費配分によって，そうした統治方式の有効性が縮小されてきた。代わって強化されているのは，経営責任性という政策である。この点で，オックスブリッジなどを除き，ロンドン大学や都市大学でにわかに注目されてきているのは，副・副学長(pro vice chancellor)の役割である。そしてそこには，副・副学長が企業における経営取締役(chief executive officer)なのか，それとも研究者(academic researcher)なのかという，基本的な問いが横たわっている。その意味で，大学の統治(ガバナンス)研究は，焦眉の課題である[5)]。

(2)　大学種別による統治システムの差異

英国の大学は，創設の歴史事情，大学の性格などによって統治システムも異なる。以下に，その概略を記しておこう。

1)　オックスフォード，ケンブリッジ，ダーラム大学

これらの大学はカレッジ制をとっている。この場合，カレッジ・フェローは学部学生の教育に責任を負っている。対して，リサーチ・フェローは，主として研究所ないし大学院で研究に責任を有している。この場合の収入は，学生からの授業料，歴史的に蓄積された各大学の資産(カレッジ間の資産格差は存在する)，そして政府および外部社会からの資金である(研究資金の比率が圧倒的に高い)。大学の統治機構は，各カレッジで選出された評議員の

合議であるが，資金的な潤沢さもあり，その政策過程は各カレッジのアカデミックな基準や内容によって内在的に決められていく。外部社会からの圧力に対しては，独立性を強く保持している。

2)　ロンドン大学

ロンドン大学は，きわめて雑多な部局の連合体である。複数の大学院，研究所，学部，教員養成機関などの集合体がロンドン大学である。意思決定のメカニズムは，したがって各部局の自治性を基本として，その上で全体の行財政決定がなされる。ガバナンスのカオスというのが実態であり，複雑にならざるをえない。

3)　主要な都市大学(リバプール，バーミンガム，リーズ，マンチェスター，シェフィールド大学などのいわゆる赤レンガ大学)

これらの大学は，各大学によって歴史，規模，性格が異なるが，統治機構としては(設立時の勅許状の関係からチャンセラーは王室関係者がなる場合が多い)，実質的な総長の副学長と副・副学長(数名)のトップマネージメントが重視されてきているが，統治機構としては，各部局からの代表の評議員(senate)からなる評議会と，外部からのメンバーを含む大学審議会(the council)の二重の統治システムをもっている。前者は主として教学事項，後者は財政事項を担当するが，両者の意向を全体として統括するのは副学長である。なお，オックスブリッジとロンドン，それに主要な都市大学によって，ラッセルグループというある種の上層大学間連合(一種のプレッシャーグループ)がつくられ，政府などへの要望をとりまとめたり，大学の共通の意思決定を行なっている。

4)　新大学(ポリテクニクの改組昇格したもの)

新大学はまだ歴史が浅く，統治システムもポリテクニク時代を引き継いでいるケースも少なくない。その大きな特徴は，大学の意思決定における役員会が，自治体，企業などの外部委員，大学内メンバーなどによって構成され，その比率が，学内メンバーと学外メンバーがおよそ半々のケースなどである。他方，新たな統治機構を開発している場合もある。例えば，副学長が統括する役員会(executive)と統治委員会(board of governors)が経営に責任をもち，大学の教学事項は研究教育委員会(academic board)が管轄している大学もある。

なお，個別大学の研究教育・管理運営については，日英高等教育に関する協力プログラムによる，日英大学スタディ・ビジット報告書なども参考となる[6)]。

(3)　大学評価の基準，方法，公正性

英国では，1992年の継続高等教育法によって大学の量的拡大がはかられた結果，大学水準についての適格性，また研究と教育についての適切な評価をもとにした大学の質保証(quality assurance)の政策的重視がはかられてきた。研究評価については，知識基盤経済の進展とその担い手をつくり出し，研究開発創造性において，英国の世界的な位置づけを向上させるというグローバル国家としての戦略が一方にあり，他方では，教育評価についてはEU圏のボローニャプロセス(単位互換，共通評価基準，カリキュラム開発，国際競争力，雇用機会の拡大)をにらみながらの国際的に共通な水準での大学評価の研究を促進させるねらいがあったといえる。

この場合，評価機関は対象によって異なる。

1)　教育評価

教育評価については，例えばイングランドでは，高等教育水準審査機関(Quality Assurance Agency for Higher Education，QAAHE)の創設によって，HEFCE(イングランド高等教育財政審議会)を通じて，新たな教育補助金配分の方法の提起を行ない，さらに教授・学習の質の向上をはかることがめざされてきた。この場合，教育補助金に関する教育評価は，機関別評価，分野別評価などに大別され，その評価項目は，主に学生数，専攻分野，修学類型，学位レベル，その機関の特質など分類され，評価結果に基づき教育補助金が算定配分されてきた。このような教育評価を高めるために，各機関は教職員の職能開発に力を入れることになった。さらにこの点では，高等教育教職員職能開発機関(HESDA)，高等教育学習・教授開発機関(ILTHE)，高等教育教授・学習支援ネットワーク(LTSN)を統合して，高

等教育アカデミー(AALT)を創設させた。

2)　研究評価

研究評価については，英国では二重制度が存在する。研究評価(Research Assessment Exercise，RAE)と研究審議会(Research Council，RC)の評価であり，研究補助金はこの2つのシステムを通じて各大学に分配される。ただしRAEについては，各分野ごとに研究者が登録資格を得て，その上で評価を受け，資金獲得がなされる。この点で，大学間格差が激しく，登録率が9割を超える大学と，逆にスタッフのRAE登録資格が半数に満たない大学などに分かれる。また，その評価も成果指標(論文の引用回数や出版点数，学位取得率など)を基礎としており，自然科学系の一定の分野はともかく人文社会，芸術分野などによってはなじみにくい評価ともいわれてきた。他方，RCは，研究機関ごとの評価を前提としており，比較的均質性が高い評価といわれてきた。

もっともこのような，研究評価(RAE，RC)と研究補助金財源の結合は，研究における競争を促進させ，論文などの量的な生産性を拡大させた。しかし，競争的な財源にも落とし穴があり，評価指標の開発が不均等に進んだ結果，ある種の不平等や評価における過誤をもたらしたといわれる。また，成果主義型ファンディングの「功罪」における，成果が十分に得られない大学と常に高い評価を得られる大学との固定化が進行した。当然ながら，歴史的に古く威信のある大学と新大学との歴然たる格差は，一層開く危険性も指摘されている。

同時に，すでに指摘したように，自然科学分野は成果指標的補助金(indicator funding)に親和的であり，人文・社会科学分野は専門的同僚評価(peer review)になじみやすいといわれる。また，この場合，専門分野外ないし非専門家(部門外研究者，官僚，政治家)には成果指標型評価は簡明であり，専門的同僚評価はそのような人々に分かりにくいとされてきた。企業の多くは，このようなRAE評価として外部に公表されるランキングデータをもとに研究資金提供や産学連携をはかる場合が多く，この点でも研究財政的な格差は拡大再生産されるものとされた。2004年高等教育法では，RAEの研究評価開発の新規尺度の項目として芸術・人文学分野を掲げているが，ある意味では当然といえる[7)]。

(4)　大学スタッフの身分，契約関係

英国の大学教職員の身分保障は，大学種別，職階，大学ごとの慣習，そして雇用者側と労働組合との労使交渉・労使協約によって大きく異なる。

1)　テニュアの廃止と契約任期制

いわゆるアカデミックスタッフのテニュア(終身在職権)については，1992年継続高等教育法以来，新規採用については実質的に廃止にしている場合が増加している。なお，すでに保有している場合は，他大学に移動しない限り保証される。また，テニュア制度を維持している場合でも，テニュア付きポストでない限りは，職階にかかわらず，その身分が保障されない。この間の現実動態は，「威信大学」(例えば，オックスフォードやケンブリッジ)はテニュア保証の有無にかかわらず良い条件を求めて研究者の流動化が進展しており，むしろ新大学では，テニュア教授は，その権利を保持して動かないケースが多いといわれる。ここには，競争的な評価のなかで，新大学のアカデミックスタッフの場合，教育に重点を置く場合が多く，契約任期制への切り替えや他の同等水準の大学への移動が，必ずしも条件の改善にならない場合があることを示している。

同時に，一部のスター教員を別にして，大学教員の賃金の相対的低下やストレスの増大があり，契約任期制に対してはそれが優位に働くと考える教員と，むしろ研究教育に悪条件になると考える場合があり，評価が二分される動きがあることも示している。

さらに，近年の大学改革は多くの場合，部局の再編，場合によっては部局間あるいは大学間の統廃合になる場合も少なくなく，そうした際に再雇用されるかどうかは，本人の研究教育評価や再編された新部局とのマッチングの問題があり，失業を余儀なくされる場合も増えている。こうしたこともあり，教職員団体としての大学教員組合もまた全国的な再編を迎えており，全国大学・高等教育機関雇用者協会と全国大学ユニオンとの交渉は，制度問題とし

てのテニュア問題と並行して，身分，処遇，賃金，労働契約の全国的な基準づくりを進めている。

2)　大学職員の場合

大学職員の場合も，その専門職性，労働内容，組合の加入の有無などによって，複雑な労使協約を結んでいる。この場合，アメリカのように専門職大学院の問題として大学職員を位置づける動向は，必ずしも主流ではない。ただし，オープンユニバーシティやパートタイム学生として大学院に学び学位を取得した場合，昇進がある程度保証される場合が多く，この点は進んでいる。なお，現業部門などのスタッフについては，英国でも下請け，嘱託，人材派遣会社へのアウトソーシングが大きな問題となってきている[8)]。

(5)　大学の社会貢献，大学文化の変化

英国において，大学の地域社会貢献，あるいは産学連携としての外部社会への貢献は，どのような文脈に立っているのかについて，少し触れておこう。周知のように，英国では大学の地域社会貢献は，歴史的な蓄積と伝統を有し，大学成人教育などの事業展開も大きな成果を有してきた。この点は，フランスやドイツのヨーロッパ大陸型の大学とは異なる伝統を有している。しかし，近年では，国際的な大学改革動向，大学の競争的資金獲得，大学評価の流れのなかで，そうした部門の合理化再編がドラスティックに進展している。このことについては，別に触れたことがある[9)]。

これに対して，大学の企業，ないし産業界への貢献は，これまで英国では弱い部門のひとつであった。そこで，国家政策として強められているのは，後者の重視化の潮流である。この意味で，大学の第3の機能としての社会貢献事業は，その歴史的文脈を大きく転換させている。とりわけ，知識転移(knowledge transfer)としての，大学の役割において，英国が不得手としてきた応用的，科学技術的な領域への展開は，英国が得意としてきた基礎的純粋科学的な領域に加えて最重要課題とされてきている。ただし，この点では，アメリカやドイツ，日本などと比べて産業界の研究的投資が少ないとの批判が政府サイドからも指摘されている。むしろ，この間意外な結果とされたのは，『ランバート報告』(*Lambert Report*, 2004)によって，意外にも大学人の多くは，基礎科学と学問の自由の重視が支配的というよりは，アントレプレナリアル(企業家的)と報告されたことである。

とはいえ，大学人のなかには，近年の産業界への大学の貢献の重視方略や複数の大学の連合によるコンソーシアム形成による，企業からの大型受託研究の活性化に対して，そのあまりにも偏った動きについては批判意識も少なくなく，地域社会への貢献を強調するOECDレポート[10)]の影響などもあり，行き過ぎた産学連携の動きを規制し，地域住民との協働，大学成人教育の再強化の動きもみられないではない[11)]。また，大学文化の変容について，そのランキング文化への傾斜については，威信大学の高みからの大学の品位と風格の喪失という批判もあるが，それ以上に大学全体としての共同的文化性，連帯性，大学人のモラルからの批判は，重要な視点といえる[12)]。

注

1）HEFCE, *Higher Education in the United Kingdom*, HEFCE, 2005.

2）*The Times Good University Guide*, 2007.　毎年版がでる。そこには'Top Universities League Table'が掲載され，ランキングが毎年公表され，一般市民や受験生に少なからぬ影響を与える。なお，研究評価(RAE)においても同様の順位が公開される。

3）拙稿「イギリスにおける高等教育改革と成人・継続教育」『日本の科学者』1989年4月号；B. サイモン，堀尾輝久編『現代の教育改革』エイデル研究所，1987。

4）前掲注1)，p. 17。

5）D. Warner and D. Palfreyman, *The State of UK Higher Education*, Open University Press, 2001; R. Barnett, *Realizing the University*, Open University Press, 2000.

6）日英高等教育に関する協力プログラム『高等教育におけるリーダーシップとガバナンス』(英国大学に対する訪問調査報告書)2005；B. R. Clark, *Creating Entrepreneurial Universities*, PERGAMON, 1998.

7）K. フォレスター氏のリーズ大学でのヒアリング(2005年11月25日)，およびD. スミス氏およびJ. アダムス氏のヒアリング(2005年11月25日)，およびR. テイラー氏のヒアリングから。

8）前掲注7)，K. フォレスター氏およびR. テイラー氏のヒアリングから。

9）拙稿「イギリスにおける大学成人教育の危機と新しい可能性」『日本社会教育学会年報』第42集，1998，および拙稿「転換期の英国大学と大学成人教育の岐路」

『北海道大学大学院教育学研究科紀要』第93号，2004。
10）OECD編，相原総一郎他訳『地域社会に貢献する大学』玉川大学出版部，2005。
11）R. Taylor et al., *For a Radical Higher Education*, Open University Press, 2002.
12）J. Arthur and K. E. Bohlin, *Citizenship and Higher Education*, Routledge Falmer, 2005，およびM. ズーカスのヒアリング（2005年11月25日）。

＊本節の叙述のいくらかは，2005年11月の科学研究費調査にもとづいている。具体的には，以下のヒアリングを行なったものである。

a．リーズ大学でのヒアリング（2005年11月25日）

D. スミス氏（David Smith）　教育学部，高等教育統括リサーチ・フェロー

J. アダムス氏（Jonathan Adams）　現在，リーズ大学のスピンアウト企業であるエビデンス（Evidence Ltd.）社の代表

M. ウィルソン氏（Mike Wilson）　教育学部，高等教育管理経営部門のスタッフ

M. ズーカス氏（Miriam Zukas）　教育学部，生涯学習ユニット部長，教授

K. フォレスター氏（Keith Forrester）　教育学部，生涯学習ユニット，労働教育部門，上級講師

b．日英高等教育協力プログラム京都フォーラム（2006年2月2日）

D. ワトソン氏（David Watson）　ロンドン大学教育研究所

c．ロンドン近郊でのヒアリング

T. クラーク氏（Tony Clark）　英国前高等教育局長

d．ケンブリッジ大学でのヒアリング

R. テイラー氏（Richard Taylor）　ケンブリッジ大学継続教育学部長，教授

＊＊平成17〜19年度基盤研究B「大学法制の構造的変容の比較法的，法制史的，立法過程的および解釈論的研究」（研究代表，細井克彦）

第3節　英国レジデンシャルカレッジの実験

——ノーザンカレッジの場合

はじめに

本節は，いわゆるサッチャー主義のもとでなされた「教育改革」のうち，成人継続教育および高等教育への「改革」とそれへの当事者側の対応に，分析を加えようとするものである。

なかでも，レジデンシャルカレッジ（Residential College：宿泊型成人教

育カレッジ，以下 RC）の対応に焦点をあて，その現代的な性格をもつ事例のひとつとして，ノーザンカレッジを中心に，その動向の一端を第1次的に紹介するものである[1]。

1　レジデンシャルカレッジの英国成人継続教育のなかでの位置づけ——その過去と現在

英国成人教育事業の供給主体は，伝統的にはいわゆる「国（DES：教育科学省）」および「LEA（地方教育当局）」「責任団体（代表的には WEA：労働者教育協会）」「大学成人教育（代表的には，EMD：構外教育部）」さらに「私的セクター（民間事業）」の5者から構成されてきた。

このうち，RC（特に，長期宿泊型）は，WEA あるいは LEA と大学成人教育との強い連携のもとで，英国的な民衆大学の可能性を蓄積してきたといえる。とりわけ，伝統的に大学のエリート的色彩が強く，象牙の塔を誇示してきた一方の知的権威主義に対して，RC は，その多様な個性的事業をそれぞれのカレッジの教育目的に示しながらも，民衆の高等教育要求に直接的に責任を負う，自由な民衆大学の役割を確実に果たしてきたといえよう[2]。

RC（ここでは特に長期宿泊型）の歴史的展開は，その意味で英国成人教育の民衆的基盤とその実際的教養の内容，知的主体形成の可能性を示唆しているといえる。例えば，以下の RC が知られている（（　）内は設立年）。

ラスキン（1899），ウッドブロック（1903），フィルクロフト（1909），協同組合カレッジ（1919），ヒルクロフト（1920），プレーター（前身は，カソリック・ワークス・カレッジ，1921），コーレッグ・ハーレック（1927），ニューバトル・アーベイ（1937），アーバン・テオロジー（不詳），ノーザンカレッジ（1978）[3]。

ところで，この RC にも現在大きな転換が押し寄せていることは，すでに別の機会に触れた[4]。

DES による政策の転換は，RC を LEA から切り離し，継続高等教育（further and higher education）の枠組みに位置づけようとしている（1992 年には，新たな法が成立）が，それへの各 RC の対応は，それぞれの教育事業の目的と歴史的性格をあらためて問い直す契機となってきている。

本節は，その論議の前提となるRCの教育的役割に，ノーザンカレッジの事例分析をもとに，アプローチしようとするものである。

2　ノーザンカレッジの歴史的性格とその特徴

(1)　ノーザンカレッジの基本的特徴

①ノーザンカレッジは，1978年に南ヨークシャーの4つのLEA(バーンズリー，ドンカスター，ロザーハム，シェフィールド)によって設立された。これを端的に特徴づければ，歴史的には最も新しいRCであり，現代英国の社会的諸矛盾の地域的な解決のための主体形成の役割にこの14年余りの活動のなかで積極果敢に取り組んできたカレッジである。

②その設立には『ラッセル報告』(1973)の勧告が影響し，イングランド中北部において「北のラスキンカレッジ」と称される労働者教育とリベラル成人教育の伝統を受け継ぐ，現代的な成人継続教育の可能性を探求しているカレッジである。

③既存のRCと比べて唯一地域自治体のLEAに支えられたカレッジであり，また地域基盤としては，かつての典型的な炭鉱地帯であり，近年は最も失業率の高い地域のひとつたる，バーンズリーの近郊に位置して存立しているカレッジである。

④ノーザンカレッジは労働運動カレッジであるというのは単なるラベルづけにすぎず，むしろリベラル成人教育の伝統に根ざし，コミュニティ教育の観点から，ひとりひとりの学生に地域や労働組合での活動の根拠づけや，学習への深い動機づけを与えることに教育目的を置いてきた。

⑤アカデミックな水準においては，スタッフの優秀性とともに，大学(シェフィールド大学，リーズ大学など)やポリテクニクおよびWEAとの協力関係が大きな役割を果たしてきた。また，地域のさまざまなボランタリーなグループや，労働組合の支援体制がこれを実践的な観点から支えてきた。

⑥提供しているコースには長期(1ないし2年)および，短期(週末コース

や１日コース）のコースがあり，このほかにさまざまな研究調査活動が展開されている。

⑦RC として，その教育環境としては，カレッジ本館（小高い丘に立つ 18 世紀初頭の建築物であるスタインバラホール，後にトーマス・ウェントワース卿により購入改築され，ウェントワースカッスル＝ウェントワース城と名づけられ，その古典的な建築物と周囲の広大で良く手入れされた庭とともにノーザンカレッジの管理下に置かれている）および寄宿舎や奨学金制度の充実がはかられてきた。

⑧在学生は圧倒的に近辺の地域（ワーキングクラス・コミュニティ）からの応募者が多く，地域のボランタリーなさまざまな活動家，労働組合の活動家，失業者，女性，アジア，アフリカからの移民少数民族の登録が多いことが，ひとつの特徴となっている。また，カレッジを終えてから大学やポリテクニクへ進学したり，地域で継続的な活動を続ける中心的な担い手となっているケースが多い。

⑨ノーザンカレッジについては，その教育活動の積極性と地域自治体との連携の強さが故に，中央政府からの補助金の削減や財政誘導（専門的・職業訓練的なコース開設の圧力）の攻撃が強められている。したがって，逆にその教育目標の吟味が大きな議論となっている。

⑩ノーザンカレッジのこれまでとこれからについては，アカデミック部門での顧問となっている R. ハリソン（ウォーリック大学名誉教授）やプリンシパル（学長，1992 年当時）の B. フライヤーの理論的な貢献が大きい。

以上が，ノーザンカレッジの基本的特徴としてまずあげられよう。以下に，それらにも若干言及しながら，ノーザンカレッジの教育事業の特徴と構造把握に努めたい。

(2)　ノーザンカレッジの設立経緯とその固有性

1）『ラッセル報告』とノーザンカレッジ

1973 年保守党内閣に対して提出された成人教育調査委員会報告は，『ラッセル報告』と称され，その労働党政権時代に設立された（1969）沿革もあって，

(政策への財政的裏づけや理論的徹底に不十分さをもちながらも)社会的に不利益な立場にある人々への教育や，LEA の役割の重視などを強調した点に特徴があった。

『ラッセル報告』では，RC は，セカンドチャンス教育の主要な窓口とみなされ，その教育的効果性が注目されていた(それらは，一般に①分離性，②集中性と継続性，③地域支援，とみなされていた)。この『ラッセル報告』は，その後の英国成人教育に大きな影響を与えたが，RC においても，それまでにあったひとつの構想に具体性を与える契機ともなったのである。すなわち，『ラッセル報告』は，RC の人々への知的能力と人格の向上の教育的効果を認め，そのことによって地域への重要な貢献を果たしていることを指摘した上で，「イングランドの北半分にひとつの継続カレッジの設立が考慮されるべきである」ことを「勧告」したのである。それは，その当時すべての RC は，イングランド南部にあったからでもあった。

ここに，64 年初頭に M. B. ブラウン(シェフィールド大学構外教育部)と B. ウィン(ダービーシャー炭鉱組合書記長)がすでに討議していた構想「地方に住む個人の学習を容易にし，労働組合と労働運動の地域的な拠点として機能する〈北のラスキン(Ruskin of the North)〉の設立」が，具体的な歩みを始めることになったのである。75 年までに，設立運営委員会が教育目的，および行政の構造の概要を準備し，そこでは，主要目的はセカンドチャンス教育を提供することとされた。ノーザンカレッジの特色は，こうした社会的な不利益な人々および地域で活動する人々に，長期および短期の実際的な学習・研究コースを開設することであった[5)]。

この地方の選出国会議員による，DES 援助への教育科学大臣に対する要請と運動的圧力，勅任視学官の会議の開催，教育ジャーナルへの案内，労働組合，成人教育家，地域活動家，さまざまなボランタリー活動家たちの支持を受けて，77 年 9 月までには，ノーザンカレッジは DES の認知を受け，向こう 1 年間でのスタッフの任命，学生の募集が開始されたのである。

さらに，運営管理においては，4 自治体 LEA が管理会社(joint company)を設立し，それが管理運営することでノーザンカレッジは維持されることになった。

結果的には，先の4つの地域とWEA，シェフィールドポリテクニクと労働組合の支援のもとに，ノーザンカレッジは設立されたのである。78年10月には，長期コースに32人，短期コースに10人，6人のスタッフメンバーでそれは産声を上げたのである。闘いの第1ステージは，勝利したのである。

2)　設立思想と設立母体の構造

これまでのところノーザンカレッジは，広く定義づければ，労働組合と同様にコミュニティグループも包含した南ヨークシャーの労働運動と緊密な協力関係を保ってきた。しかし，そこでは教育を提供することによって運動のスタッフを養成するカレッジ(staff college)をめざしてきたといえる。

ところで，こうした傾向は政治的なコンテクストにおいては，中央政府の財政的補助の削減や低評価を促してきた。それは，特に労働党勢力の強い内ロンドン教育当局(ILEA；サッチャー時代に1988年教育改革法によって廃止された)と南ヨークシャーの4メトポリタン地域の教育当局に顕著であった。したがって皮肉なことに，これらの地域では，かえって成人教育における伝統的な主要学習科目たる「料理」「木工作業」などのパターンではない学習，とりわけ地域コミュニティの重要問題を取り上げる新しいタイプの学習を発展させるきっかけを得たことになったのである。

3　14年の歩み(1978～92)とカレッジの役割

(1)　地域LEAに支えられてきた14年

1978年の設立以来，ノーザンカレッジはその教育責任を地域への貢献に焦点づけてきた。このことは，地域LEAに支えられたノーザンカレッジ活動の特徴でもある。例えば，4自治体によっての連合管理会社(joint company)の経営努力は，アカデミックスタッフが経営問題に直接振り回されることなく，相対的に独自な教育活動に従事することを可能にさせてきた。

さらに加えて，地域LEAの具体的な支援がある。例えば，バーンズリーLEAが，建物を所有しているが，それは賃貸料を無償としてきた。また，予算・決算の財政収支においても，年間約151万ポンド(151万2136ポンド，

1991／92)のうち，半分は直接事業そのほかからの収益であるが(72万6888ポンド)，DESからの補助は7万4000ポンドにすぎず，したがって地域4自治体からの財政補助は78万5248ポンドと，残り半分を上回って常にカレッジを支えてきたのである。

カレッジ側もこうした支援に応えて，後に詳述するように学生の教育のみならずダーンバレープロジェクト(Dearn Valley Project)のような地域に根ざした失業者のための地域再建の計画に積極的に関わってきたのである[6)]。

これに対して，政府のいわゆる白書(*Education and Training for the 21st Century*, 1991)とDESのレビュー(*DES Review of the Long-Term Residential Colleges*, 1991)は，カレッジをLEAから引き離そうとする意図が明瞭であった。その上で，RCの継続職業高等教育機関化，ないしは大学などへのアクセスコース化を政策的に誘導し，また他方ではRCのコスト高のキャンペーンをはかり，長期コースの縮小・短縮化をねらってきた。それらは，端的にはLEAからFEC(Further Education Council)への，RCの統轄権限の移管意図に明白にあらわれてきている。この点では，ノーザンカレッジの場合は，その矛盾が最も鮮明にあらわれてきた事例といえる。しかし，カレッジ側の態度も明確である。

先のDESの2つの文書に対する「返書」は，総論において政府文書がRCの成果や特別な役割，特別な責任に触れていることを歓迎するとともに，社会における教育と訓練の機会を拡大するとの政府決定や，不必要な教育資格と訓練資格の区別や，共通の契約を設けることを同様に歓迎し，さらにDESとRCとの合同作業委員会(joint working party)が設立されたことを歓迎するとした上で，しかしその目的の狭さ，学生への財政的支援への冷淡さ，資格認定と有効性の矮小化，FEC移管へのタイムテーブル設定の拙速性と情報の偏り，地方自治体との連携への否定的対応のそれぞれにおいて2つの文書の問題性を指摘し，とりわけFECへのLEAからの移管には，明確に危惧と反対を表明してきた[7)]。すなわち，

①カレッジのLEAとの関係におけるカレッジの所有と管理のユニークな方式をまったく考慮に入れずに，その関係に終止符を打とうとする提案

を遺憾とすること。

②もしも完全に提案のようにFECに移管がされるのなら，カレッジの財政の中核を占めるLEAからの財政支援に代わる財源が必要であり，少なくともカレッジの特別な教育責任とその活動に見合う適切な財政支援を認識した確かなシステムが必要なこと。

③もしもカレッジが完全にFECに移管されるとすれば，教育的機会の優先順位に無資格で深刻な社会的な不利益にある人々への寄宿制教育による提供が何よりも重きが置かれる必要があること。この点で，地域自治体の必要とする不利益な地域の成人教育事業への政府の財政資金の提供と，それが標準支出予測評価を反映したものであること。

④さらに，もしもFECへの移管がなされるとすれば，バーンズリー当局にカレッジの建物・庭などの財産保全が保障され，移管費用の保障，カレッジの運営に関する十分な資本が必要なこと。

が表明されてきた。

このような危機にありながら，カレッジは引き続きLEAに支えられた教育事業を展開することを基本方針としている。後述するように，このことは，ノーザンカレッジの教育的価値の根幹に関わる問題であり，それを欠いては存立根拠を失うほどの問題だからである。

(2)　労 働 組 合

ノーザンカレッジの新しい試みの何ほどかの前提をなすのは，それが南ヨークシャーに位置していることであろう。この学習環境(learning situation)は，カレッジをして正規の資格付与，あるいはアカデミックな高等教育への予備コース，ないしは移行のための教育にのみ陥っていくことを極力回避させてきたといえる。一般的には，カレッジの事業の中核のひとつは労働者教育の推進であり，ノーザンカレッジの過去の長期コースの主要な3つの部門の筆頭には，それが明白に示されてきた。すなわち次の3つである。

①労働組合および労働問題研究

②社会問題およびコミュニティ研究

表5-8　出身労働組合

	人数	労働組合
1984/85	1	公務員労働組合 USDAW
1983/84	1	ブラッドフォード MBC
	2	リーズ CC 運輸
1982/83		継続教育訓練雇用なし
1981/82	1	NCB，ウーリー炭鉱
	1	看護士組合
1980/81	1	公務員労働組合 G&MWU
	1	シェフィールド市コミュニティサービス
	1	NCB
1979/80		炭鉱労働組合 NUM 支部長
	3	NCB
	1	ATB
	1	GMWU 安全組合
	1	英国鉄道

③リベラルおよびゲートウェイ研究

これらのコースには，この地域の主要な労働組合(炭鉱労組，運輸一般労組，地域公務労組 etc.)とともに，シェフィールド年金生活者行動グループ，ブライトサイド協同組合，単親者協会，ロザーハム生活記録会議，などが積極的に加わってきたといえる。

とりわけ，こうした地域コミュニティ行動グループと労働組合運動との生きた交流と討議は，ノーザンカレッジの労働組合教育のひとつの方法意識といえる。

ただし，長期的な経済不況と失業の長期化は，サッチャー時代の労働組合敵視ないしは軽視政策と連動していて，労働組合員数の減少，労働組合運動の変質を招いてきており，例えば，ノーザンカレッジを人的・物的に支えてきた炭鉱労組などにもその影響は大きいものがある[8)]。

(3) 大　　学

ノーザンカレッジの出発時には，シェフィールド大学や同ポリテクニク，および当該地域 WEA の研究者の協力関係が，大きく貢献した。従来の象牙の塔(ivory tower)としての大学への批判的な意識や，大学成人教育の地域への責任意識が，そこでは重要な位置を有していたのである。近年では，地域成人教育センターやTUC(労働組合評議会)地域センターとのネットワークを含む，大学(シェフィールド大学，リーズ大学など)とノーザンカレッジとの協力・協同事業も多く行なわれてきている。

4　ノーザンカレッジの教育——学習事業の特色とその教育的価値

(1)　主要教育事業の特色

1)　学生の入学応募資格

入学志願にあたっては，当初は1000～2000語のエッセイを求めたが，それ以外には何らの正規資格を必要としなかった。ただし，そこでは新しい教育のスタートをきるための，リアルな事実と動機が求められたのである。

現在では，可能な場合，長期コースを志望する人にはインタビューがなされ，カレッジを見学したり，スタッフや学生と話し合う機会が与えられている。また，過去にさまざまなコミュニティワークや労働組合，WEA，大学構外教育の経験があり，現在，正規の学習やそれらの知識やその種の活動の力量を伸ばしたい学生には，特別の考慮がなされている。志願者の大半は25歳以上であり，年齢制限はない。また，女性の志願者への保育施設や託児施設，さらに長期コースへの積極的受け入れ，あるいはエスニックマイノリティ出身者への配慮がなされてきた。奨学金もDESから給付される。

ただし，RCが一定のコストを必要とするのは明白であり，財政的な障壁はRCで学ぶ学生の共通の問題であろう[9)]。

2)　1978～87年長期コース(1年ないし2年)

1年修了者にはカレッジ修了資格証明が，2年修了者にはディプロマが授与される。

①労働組合および労働問題研究(trade union and industrial studies)

B. フライヤーは「このコースの目的は，学生が社会的，政治的，経済的な思考のより広範な文脈において経験を展開することができるようにすることのみならず，そのような方法において，かれら自身の経験を厳密な知的批判の対象にできるようにさせること」だとしている[10)]。

ただし，このコースは，白人・男性というパターンをなかなか崩せず，

表5-9「労働組合および労働問題研究」修了者の進路

	第1学年			第2学年			
	新学生	男	女	ノーザンカレッジ第2年	高等教育	継続教育訓練雇用	非雇用ボランタリーワーク
1978/79	16	14	2	15	1		
1979/80	14	13	1	14	7	7	1
1980/81	15	11	4	14	7	3	4
1981/82	11	11	0	11	9	2	3
1982/83	14	11	3	14	7		4
1983/84	12	10	2	9	11	3	3
1984/85	13	11	2	13	6	1	1
総計(人)	95	81	14	90	48	16	16
全体(%)	100	85	15	95	60	20	20

女性およびブラックの比率は低く，また修了者は高等教育へ進む比率が高いのが特徴である(表5-9)。

②社会問題およびコミュニティ研究(social and community studies)

ここでは，地域コミュニティの現状を反映して多様な学生が参加してきている。ここでの特色ある実践研究は2年時のプロジェクトワークである。1983／84年度には，バーンズリー社会サービス課と協力してバーンズリーのケンダリー地区の社会福祉手当の調査を，84／85年には，炭鉱地帯でのその年の争議の影響がグリムソープ村でのコミュニティ生活に生じさせたインパクトを調査した。地域の人々はインタビューを受け，質問紙が回され，35分のビデオフィルムが調査にもとづき作成された。その年の年次報告には，「この実践は，周りのコミュニティの人々の要求や経験に対してもつカレッジの重要性を示した」としている。しかしながら，このコースの修了者には，フルタイムの雇用に就けたものはごくわずかであることが特徴である[11)](表5-10)。

③リベラルおよびゲートウェイ研究(liberal and gateway studies)

このコースは最も伝統的なリベラル成人教育に近いコースであり，専門的な資格や大学やポリテクニクあるいは他の高等教育機関において学位やそれらの分野の研究を志そうとしている学生に適合するようにカリキュラムが考えられている。この点では，フレッシュホライゾンコース

表5-10　ノーザンカレッジの学生の進路

	第1学年			第2学年			
	新学生	男	女	ノーザンカレッジ第2年	高等教育	継続教育訓練雇用	非雇用ボランタリーワーク
1978/79	8	4	4	7	1		
1979/80	10	6	4	8	5	1	1
1980/81	11	7	4	11	5		4
1981/82	11	6	5	10	10		
1982/83	10	5	5	10	5	1	3
1983/84	11	5	6	10	5	1	4
1984/85	8	4	4	8	7	1	2
総計(人)	69	37	32	64/69	38/64	4/64	15/64
全体(%)	100	54	46	93	57	6	23

表5-11　ほかの宿泊型カレッジ(RC)における学位レベル(%)

コース後の学習・教育	フィルクロフト	フレッシュホライゾン 男	フレッシュホライゾン 女	ヒルクロフト
デグリー学位レベル	46	60	74	44
準学位レベル	23	36	9	19
総　計	69	96	83	63

などと構想が近いといえる(表5-11)。

(2)　コースの種類と特徴

1)　長期コース

①1988／89年度

コース名は3つ(労働組合および労働問題研究，社会問題およびコミュニティ研究，リベラルおよびゲートウェイ研究)。これらには，2年間の義務的共通コース(compulsory studies)とオプションが用意されている(本節末「資料1」参照)。

②1991／92年度

前述3つのコースに加えて，女性学(women's studies，1年コース)が追加された。さらにオプショナルスタディーズとして10の研究がリストアップされている(本節末「資料2」参照)。また，これらの長期コースへの応募を援助する特別な政策をノーザンカレッジは表明している。

2)　短期コース

このコースは過去に40%近く拡大を遂げ，いまやカレッジの総事業の半分を占めるに至っている。受講者の多くは近隣の南ヨークシャー全域，リーズ，ブラッドフォード，ダービーシャーの住民であり，そのほかにTUCや個別の労働組合員は，英国全域から参加してきている。

コースの内容は多岐にわたるが，教育編成方針としては3つの基本的立場がとられてきた。第1は，グループ，個人，組織の参加者の特別な要求に適合させること。第2は，家庭や職場から長期間離れずに集中的な期間に学習ができるようにすること。期間は1日ないし2日から週5日まで，あるいは週末コース，あるいは学期ごと，あるいは1年の一定の期間，までの幅がある。第3は，スタッフとともに考えを交換したり相談・討議をしたりして，組織ないし個人の教育的必要に応えることである。また，この点では多くの外部の諸機関とカレッジとの合同事業が開設されてきている。

分野としては，長期コースと同様に基本的には3つのコースが開設されてきた。

①労働組合短期コース

②社会およびコミュニティ研究短期コース

③リベラル研究短期コース

である[12)]。

5　ノーザンカレッジが挑戦し提起しているもの

(1)　学生の主体形成の困難な闘いとその可能性

RC(宿泊型カレッジ)たるノーザンカレッジは，寄宿制が故の優位な教育的独自性とその半面の困難さを抱えてきた。例えば，入学案内のパンフレット(1989)では，カレッジの独自性が次のように解説されている。

「学習というものは，大人に成長した時点で終了するものではない。世の中の人々について，暮らしについて，仕事について，コミュニティについて学ぶことは，永続的な事柄であり，たとえ大人になり，年老いても終了するものではない。それは，我々が教育と名づける正規の学習についても同様にいえることである。たいていの人々にとっては，従来は教育というものは，離学年齢時に終わってしまうものであった。しかし，学校というものが40年から45年の長きに及ぶであろう労働生活に対して若者に準備できることには限界があることは明らかである。同様に，技術革新の変化に対して保持される，労働技術の有用性にも限界があることは明白である。人々は，身につけた教育や技術・技能に期待するものと大きく異なるものを，実際の生活でしばしば経験するものである。人生のある時点で好ましく良いと思われたものも，いつまでも十分であるわけにはいかず，したがって理解を深め地域の生活に貢献しようとすれば，個人としてそれまでに身につけたものを発展させる必要を感じるのは当然であろう。

これが，フルタイムもしくはパートタイムの学習に戻ってくる成人の数の増大の理由であり，ノーザンカレッジの存立する理由である。すなわち，彼らの必要をまかない，セカンドチャンスと成人のための継続教育を提供しているのである」[13)]

ノーザンカレッジは，学生の定員130人をおよそ半数ずつ長期コースと短期コースに分かちながらも，寄宿制の独自性を両者に共通なものとして次のように強調している。

「……学習コミュニティ(カレッジ)での生活と仕事は，たとえそれが数回であっても，家庭環境では起こりえないような学習をし，本を読み，討議をし，ある種の集中した努力に身を捧げることで，成人学生に刺激を与えるものである。異なる出身背景，民族的な違いをもつ学生は，学友やスタッフとの触れ合いを通して，その認識や経験を広げるチャンスをもつことになるのである」

しかし，その成長と変化の過程は，必ずしもすべて順調とはいえないことも，カレッジは指摘している。すなわち，

「フルタイムの学習は，ときに期待したものとは異なるであろう。魔法のような解決があるわけではない。学習に適応していくことは，報われることがあると同時に，つらいものである。とりわけ，2年間の期間

の間には，実際的・個人的な困難というものがある。家族をもつ学生が味わう家族から離れ過ごすつらさは，同様に親や子どもにも感じられるものである。しばしば犠牲が伴ったり，二重生活の苦しさがあったりするのである。しかも，カレッジ終了後により良い仕事があるという保障はない。仕事があるかないかは，多分に労働力市場に依存しているからである。もちろんすべての学生が輝ける思い出をもってカレッジを修了するわけではないにせよ，ここへやってきたすべての学生が結果として多くのことを学び，体験したことは確かである」[14)]

以上，やや長く引用したが，学生のなかには，この長く困難だがしかし充実した学習生活を印象深く述懐している事例をいくつかみることができよう。

例えば，シェフィールドの病院で業務士(ポーター)をしていた学生は，「私は，最初のうちは，フルタイムの学習はひどく難しいことが分かりました……」「しかし，次第に論文(エッセイ)を書く技術を発達させました。それは，つらい作業であったけれども，たいへん楽しいものでもありました」と感想を述べ，また2人の子どもをもつ母親は，「私はディプロマ論文をやり遂げたときに，ノーザンカレッジの2年間が，実に価値あるものであったことを痛感しました」「私はいまやもし私がやろうとすれば成功しうまくいくということを確信しているので，自信をもってポリテクニクに進学することができます」といいきっている[15)]。

こうした過去の学習経験の不足や学習への多くの障壁を有しながら，それらを克服して新しい主体的力量の獲得の成功に導く教育的働きかけには，分析すべき多く問題があるであろう。またそのことは，ほかのRCや労働者成人教育の成功している事例との共通の課題をもつものといえる。以下，そのことの若干の問題に言及しよう。

(2)　ノーザンカレッジの提起しているレジデンシャルカレッジの教育的価値とそのオルタナティブな方向性

ノーザンカレッジのプリンシパル(学長，1992年当時)のB. フライヤーは，現在RCに向けられている批判・攻撃に対して，「RCは依然として有効か？」と題した論文において，その教育的価値に言及している。この論文は，その意味で多くの問題提起をしている点で注目される[16)]。

すなわち，B.フライヤーは，これまで受容され承認されてきたRCの教育的価値に疑問や攻撃が加えられているときだけに，その価値を再度確認し，さらに工夫・改善の必要を認識することが大切とした上で，一体何が問われているのか整理することから始めている。それは，要約すれば，以下のことになろう。

1)　レジデンシャルカレッジへの疑問と批判・攻撃

RCへの疑問とは，すなわち，次の3点である。

第1に，成人のための，特に長期のRCは，もはや必要でもなく，適合的でもない。かつては十分に価値ある役割を果たしたが，いまやほかの教育事業が起きてきた環境のなかでは，何ほどかその役割は消滅した。

第2に，この変化には社会構造における，ほかの変化も貢献している。利用者の構成の変化は，RCの初期の役割機能が弱められていることを意味している。

第3に，とりわけ，近年の高等教育へのアクセスの発展は，RCの有用性を低下させた。

この上で，RC不要の攻撃の議論には，次の11点があるとB.フライヤーは分類している。

1番目は，「コスト高」の攻撃である。すなわち，小規模のカレッジでの建物の維持，学生の生活コスト，スタッフの人件費，いずれもレジデンシャル成人教育の費用の高額化をもたらしているとするものである。

2番目は，「アクセス・コースの増大は，もはやRCの伝統的な役割にとって代わっている」とする議論である。

3番目は，レジデンシャル成人教育の「隔絶・分離性」への否定面の強調の議論である。すなわち，職場，家族，家庭生活，コミュニティとのつながりからの隔絶や犠牲が強すぎるという批判である。

4番目は，「人為的，人工的環境」との批判である。すなわち，多くのRCは田舎に位置し，周囲とは離れた環境に切り離されて位置しているという批判である。

5番目は,「学生への心理的プレッシャーが高い」との批判である。すなわち,少人数での相互コンタクトは,プライバシーや個人の独立性への圧力やストレスとなるというものである。

6番目は,「エリーティズム」との攻撃である。少人数教育は,特権的なエリートを生み出すという批判である。

7番目は,「エスニックマイノリティ重視は,真の要求にマスクをかける」との批判である。すなわち,エスニックマイノリティに事業を焦点づけることは,英国社会の多くの成人についての要求に蓋をすることになる。国際比較において,英国の成人は教育的資格や訓練を欠いているので,もっとこれらの人々の教育に焦点を注ぐべきとの批判である。

8番目は,「依存的文化」を生み出しているとの批判である。すなわち,隔絶,集団的生活体験,スタッフとの濃密な関わり…… etc. は,過保護学生(spoon feed students)を生み,カレッジを出るとしばしば周囲環境との適合困難をもたらすとの批判である。

9番目は,「にせもの」との攻撃である。すなわち,実際はレジデンシャルではないではないかという攻撃である。スタッフ,学生に外から通っている事例があるとの攻撃である。

10番目は,学生の「要求や必要」に応えていないとの攻撃である。すなわち,RCがあまりに禁欲的ではないかという攻撃である。

11番目は,「アナクロニズム」との攻撃である。すなわち,RCは1970年代に1つ,80年代にもう1つ開学したのみで,それ自体が時代遅れの証拠という主張である。

以上みられるように,これらの批判・攻撃の主張のなかには,考慮すべき論点もないわけではない。しかし,相互に矛盾する主張や単なる言い掛かりにすぎないものも少なくない。また,我が国の80年代にみられた社会教育不要論と重ねてみるとき,共通の論点があることにも注目されよう[17)]。

2)　レジデンシャルカレッジの教育的価値と発展的課題の探求

B. フライヤーはこれら11の主張のすべてに反駁を加えているが,むしろそれ以上に，それらの反駁にとどまらず，RCの今後の発展課題に言及していることがより注目される[18)]。

すなわちそれらの論点を要約すれば，次の13の論点であろう。

1番目には，RCを支える「支援的地域学習環境」(supportive learning community)をいかにつくり出していくのかである。ノーザンカレッジの周辺自治体，労働組合，大学，ボランタリー・コミュニティグループの協力関係はその重要性を示していよう。

2番目には，過去の学習経験における不利益な立場にある人々(とりわけ労働者階級，女性，エスニックマイノリティ，失業者，高齢者など)に対してのRCの寄宿制のもつ「集中的」学習環境の教育的役割の重要性である。時間と空間の集中した学習環境はRCの優位性である。

3番目には，RCの生活全体を通しての社会的・文化的「剥奪」に打ち勝つこと(overcoming deprivation)の重要性である。それは，修了時における知的・人格的自信の獲得，自己尊厳の確立などに明白になってきている。

4番目には，RCの学生相互，スタッフとの交流を通しての「集団的な発達」(group development)の飛躍的前進である。それを，B. フライヤーは「協同の精神」(espri de corps)の深まりと指摘している。

5番目には，RCのもつ教育的機能としての「社会的技能」(social skills)の醸成である。それは，人格形成，個人的発達，成熟などと深く連関しているといえる。

6番目には，RCの生活と学習全体を通しての「共同文化」(common culture)の創造の課題である。かつての労働者階級地域(working class community)に育まれた共同文化の再生の担い手づくりがRCには期待されているのである。

7番目には，RC教育の目的における「リベラル成人教育との結びつき」(links with liberal adult education)の課題である。ここには，R. H. トーニー以来の伝統たる個人的栄達や技術獲得それ自体の追求が目的ではない，英国的リベラル成人教育の民衆的ラディカリズムやリベラトリー(自由)精神が追求されているのである。このことは，近年のRCにおけるアクセス・

コースの偏重，短期コース化への批判意識でもある。

8番目は，RCにおける「市民精神と解放」(citizenship and emancipation)精神の課題である。とりわけ，学生たちがW.モリスにみられたような自己表現(self expression)の自由な能力を獲得していくことが求められているのである。

9番目は，RCがほかからの批判を受け入れ，それに参加する課題である。批判・攻撃というものは，すべて正確ではないにしても，そこに何らかの真実のかけらがあることは銘記すべきなのである。

10番目には，RCの伝統的な事例における重要性には，現代のそれよりも強力なものがあることに注目すべきことである。その意味で過去におけるRCをめぐる論争には留意すべきものがある。

11番目には，RCは，現代社会が教育・訓練へのより広い機会の提供を求め，そうした機会が成人の全生活を通して必要である社会であることを銘記すべきことである。

12番目には，RCとのパートナーシップを求める相手を広く自覚することが求められている。WEAや継続地域教育事業機関，大学やほかの高等教育機関などとの連携である。

13番目には，RCがこれらの事業を行なうことを求める人々が確実にいることを確信し，それらが高い公共性をもつが故に，公費でまかなわれること，けっして安上がりにはできないことを再確認することである。

以上のようなB.フライヤーに代表される課題意識に通底するのは，労働者教育の現代的課題に挑戦しながら，英国成人教育の批判的革新をはかることである。その道は，いまのところ障害多く，いばらに満ちてはいるが，これまでのRCの実践は，確実に一歩一歩道を拓いてきているといえよう。少なくともノーザンカレッジのこれまでの14年間の歴史は，その生きた緊張をはらんだ証明である。

資料1　長期コースカリキュラム(1988／89)

(1)　リベラルおよびゲートウェイ研究

必修研究

1年次

研究技術方法および調査方法

量的分析方法

精選された文学および思考：17～18世紀の文芸全盛期から18世紀末から19世紀にかけてのロマン主義

政治思想および啓発思想

経済学入門

経済および社会史：I

近代文学およびその社会的コンテクスト

メディア研究入門

移民およびマイノリティ研究

2年次

経済および社会史：II

近代政治思想

経済学および近代世界

アメリカ研究

文学および帝国主義

英国におけるマスメディア

実践的批評

ドラマ・言語・文化入門

マイノリティ集団研究

グループプロジェクト：どのように人々は話しているか

統計的方法

階級・コミュニティ・職業

選択科目(グループAからは2コース，グループBからは1コース選択)

グループA

開発研究

社会心理学

創造的な論文の書き方

個人および社会：社会学入門

グループB

テクノロジーと社会

上級コンピュータ研究
(すべてのコースが利用可能)

(2)　社会問題およびコミュニティ研究

必修研究
1年次
英国政治制度
社会史
個人および社会
経済学
政治社会学および政治組織
福祉国家の経済学
調査方法
女性と社会
量的調査方法A
量的調査方法B
コンピュータ研究
2年次
ブラックスタディーズ
計画経済学
政治理論：I
階級，コミュニティおよび職業(AとB，1-2学期間)
福祉国家および社会
グループプロジェクト
量的調査方法C
社会学および逸脱研究
労働と社会
比較社会政策
英国におけるマスメディア

選択科目(2コースを必ず選択，1つはグループA，もう1つはグループBから)
グループA
開発研究
社会心理学
創造的な論文の書き方
コミュニケーションと組織
ワークショップ
文化，社会，およびメディア

政治理論：II

グループB

テクノロジーと社会

上級コンピュータ研究

(3)　労働組合および労働問題研究

必修研究

1年次

経済学

労働史

統計学

労働組合，労働と社会：I

英国におけるマスメディア

大不況期の労働

政治制度

女性と社会

調査方法

2年次

政治思想：I

国際経済学

労働組合，労働および社会：II

企業情報および会計

雇用の公平および法

計画経済学

労働組合および政治行動

民主主義および英国の労働運動

1930年代の歴史的映画

労働組合および経済

階級，コミュニティおよび職業(AとB)

選択科目(2コースを必ず選択，1つはグループA，もう1つはグループBから)

グループA

開発研究

社会心理学

創造的な論文の書き方

社会学入門

コミュニケーションのワークショップ

政治思想：II

文化，社会，およびメディア
グループＢ
テクノロジーと社会
上級コンピュータ研究

資料２　女性学・１年コース(1990／91)

(1)　コースのねらい

この新しい１年コースは，英国およびヨーロッパの広い文脈における女性の現代的な状況の理解を学生に提供するようにデザインされ，かつ女性学が現存する諸学問，例えば，歴史学，社会学，社会政策および文化理論に貢献している内容を学生に紹介するようにデザインされている。同様に，このコースは，変化しつつある仕事および労働における性的区分の性質への新しいテクノロジーのインパクトについて学生の自覚を発達させるよう意図されている。コースユニットは，研究技術，調査方法，女性，テクノロジーと社会，社会政策，女性と家族，文学における女性，労働における女性，仕事およびジェンダー区分，政治における女性，女性とマスメディア，フェミニズムにおける論争，コンピュータ学入門である。

(2)　オプショナルスタディーズ

上記コースの必修ユニットに加えて，すべての学生は，２つの選択科目を各年次の利用可能なリストから選ばなければならない。現在のリストは，以下のものを含む。

開発研究
社会心理学
創造的な論文の書き方
社会学入門
上級コンピュータ研究
コミュニケーションワークショップ
政治思想
文化，社会およびメディア
テクノロジーと社会
環境研究

*ノーザンカレッジにおける女性学の学生，スタッフ数
長期コース学生　６人
短期コース学生　６人
スタッフ　　１人
地方自治体からの授業料払い　７人

注

1）ノーザンカレッジには，(執筆当時)筆者は都合2回(1988年9月，91年7月)訪問し，副学長のE. エリス氏に詳しく実状をお聞きする機会を得た。また，2度目の訪問では，カレッジの学術顧問たるR. ハリソン(ウォーリック大学名誉教授)先生に，小講義をして頂いた。その後91年から92年にかけて，ノーザンカレッジに学外研究で客員教授として滞在された大木一訓(日本福祉大学)先生に，カレッジの近況をお聞きする機会を得たり，92年秋から慶応大学の客員教授として来日されたR. ハリソン教授にお会いできたことは(愛知学院大学での講演)，筆者にとって大いに参考になり，また教えて頂くことの多いものであった。なお，大木一訓「ロイドン・ハリソン教授に聞く，イギリス労働運動の現状と課題」『賃金と社会保障』1992年10月下巻，92年12月上巻，を参照されたい。筆者の関連する論考は以下参照。拙稿「イギリスにおける高等教育改革と成人・継続教育」『日本の科学者』1989年4月号；拙稿「成人基礎教育・識字教育の革新――英国パイオニアワークの事例を中心に」『国際識字年と日本の識字問題』(日本社会教育学会年報第35集)東洋館出版社，1991；姉崎洋一ほか「イギリス成人教育の新しい可能性――パイオニアワークを中心に」『広島平和科学』第14号，1991。

2）RCについては，全般的な概説は，例えば，古典としての故T. ケリー教授の *A History of Adult Education in Great Britain*, Liverpool University Press, 1962, あるいはD. Legge, *The Education of Adults in Britain*, The Open University Press, 1982，参照。

3）RCの各連絡先，量的動態については，全英成人継続教育協会(NIACE)発行の *Year Book of Adult Continuing Education* の各年次版参照。

4）前掲注1)の姉崎ほか文献，姉崎執筆部分参照。

5）J. Field, *A New Approach to Second Chance Learning*, South Yorkshire's Northern College, 1984, p. 10.

6）ノーザンカレッジ発行のリーフレット，*The Northern College Special Programme*, pp. 1-24, 1986，参照，The Dearn Valley Project は1985年4月に開始された。

7）Northern College, *Education and Training for The 21st Century and DES Review of The Long-Term Residential Colleges*, 1990, pp. 1-8，参照。

8）1991年7月23日のP. エリス氏(Pennant Ellis)へのインタビュー。

9）例えば，ラスキンカレッジの1989年の応用社会研究コースの学生の調査記録 Education on A Shoestring; A Survey of The Circumstances of Students at The Long-Term Residential Colleges によれば，ノーザンカレッジのアンケート結果(回収率75%，21/28)では，雇用労働者の比率は33%にすぎない。したがって，カレッジ休暇中にロンドンに働きに行かなければならなかったと回答していた学生もいた。

10）Wendy Pawson の M. ED 論文(リーズ大学，1987)；Northern College, *A Resi-*

dential College for Adults, p. 16.

11）前掲注 10)，p. 21，参照。

12）本書，資料 1，参照。

13）カレッジ案内 Prospectus 1991/92, pp. 5-6。

14）カレッジ案内 Prospectus 1988/89, pp. 1-2。

15）同，p. 2。

16）B. Fryer, *Is There Still a Case for Residential Adult Education?*, 1990, issued by Northern College, pp. 1-22.

17）例えば，高梨昌『臨教審と生涯学習』エイデル研究所，1987；松下圭一『社会教育の終焉』筑摩書房，1986，参照(なお，2003 年に新版が公人の友社から刊行されている)。

18）前掲注 16)，pp. 15-22。

第 4 節　社会的排除と高等継続教育の再編構造

――ノーザンカレッジの地域再生実践を軸に

はじめに

前節で分析したように，英国ノーザンカレッジは，「北のラスキンカレッジ」と呼ばれ，1978 年に設立された英国(イングランド)における最も新しいレジデンシャルカレッジ(RC，宿泊型成人教育カレッジ)である。この節では，前節の分析時点からおよそ 15 年を経て，21 世紀の英国高等継続教育の転換期のなかで，ノーザンカレッジが挑戦している現代的課題を整理し析出することになる。

いま一度，近年の概況から触れることにしよう。ノーザンカレッジは，シェフィールド近郊の小都市バーンズリーに近接したステインバラにあり，イングランド南ヨークシャーのごく普通の風景のなかに位置している。カレッジ周辺地域は，かつて炭鉱および製鉄・鉄鋼産業の繁栄を誇った重工業地域であったが，世界的な競争のなかで，英国産業の敗退と衰退を象徴するように，70 年代から 80 年代にかけて，英国のなかでも最も失業率の高い，多くの困難を抱える地域であった。同地域は，かつての炭労組合などを中心にして，ワーキングクラスの連帯の強い地域であったが，80年代後半の炭鉱閉鎖以降，産業的崩壊の影響を強く受けてきた地域である。若者のドラッグやアルコール依存，性犯罪やバンダリズムの問題，高齢者世帯の生活困難や高齢者介護などを抱え，政治的にも伝統的な革新性とともに，移民排斥の急先鋒に立つ右派勢力も少なくない。そうした地域であるからこそ，ノーザンカレッジは設立されたのである。

1　ノーザンカレッジの概要

ノーザンカレッジの建物は，ウエントワース城と呼ばれる18世紀初頭の歴史的建造物を学舎として，広大な庭園，寄宿舎，講義・演習棟，情報スタジオ，図書室，教員棟，食堂，多様な会議室などを配置し，緑に包まれたゆるやかな丘の上に立ち優美な景観を誇っている。しかし，その創設事情には多くの困難と障壁があった。ノーザンカレッジの設立構想は，1964年ころのM. B. ブラウン(当時，シェフィールド大学成人教育学科構外教育部門の上級講師)と全国炭鉱組合ダービーシャー地区書記のB. ウィンの「北のラスキンをつくろう」というパブでの討議から始まったが，実際に設立までこぎつけるには多大な労力を必要とした[1)]。

今日，ノーザンカレッジは，他の宿泊型カレッジと比較して，多くの点でユニークな特色をもつといわれる。1つは，コミュニティ成人教育とのつながり，特に地域づくりや地域再生に向けた学習を重視し，その担い手を多く養成してきたこと。2つ目は，カレッジで学ぶ学生に，高等教育機関進学のための資格やアクセスを支援する，あるいは学位を取得するという目的よりも，地域での活動に実際に役に立つ学習と理論的・実践的な知見の探求能力の形成に労力を注いできたこと。3つ目には，アカデミックな学習とともに，フィールドでの調査や地域への働きかけの方法学を重視してきた学風があることである。

このような背景には，いくらかの理由がある。その第1は，地理的・政治的事情に由来する。イングランド中北部の南ヨークシャーという鉄鋼，炭鉱などの産業が集中し，労働組合運動など社会運動が盛んな地域――例えば比喩的に「南ヨークシャー社会主義共和国」と政敵および仲間から呼ばれてきた――に創設されたこと，第2は，そうした運動を背景に1960年代には，日帰り成人教育プログラム事業などがよく発達していたという教育的な基盤があったことである[2)]。ここに，どのような宿泊型成人教育カレッジ(RC)をつくるかについては，多くの議論を必要とした。例えば，RCとして考えると，学舎は，長く女子教員養成カレッジとして使用されていたが，購入時には，いたるところ補修を必要とするような傷んだ古風な建物であった。そのすべてを成人教育のためのRCとして改修を施し，新たな目的を達成すべく出発させるには，財政面の資金確保，中央政府および教育科学省の支援と承認，地方自治体の支援，少なからぬ多方面の努力が必要であった[3)]。

このような地域にあって，高等継続教育機関としてのノーザンカレッジは，設立当初から，近隣地方自治体の財政的支援と，オックスフォード・ラスキンカレッジ，シェフィールド大学，シェフィールド・ハラム大学，リーズ大学などの研究的，教育的な協力支援を得ながら，コミュニティ発展・再生とその組織主体形成に大きな寄与を果たしてきた。そこには，社会的排除に挑戦する多様な実践的試みと理論的格闘があったといえる。この設立から14年余の活動(1978～92)の全体構造については，第3節において実践と理論的な特徴，課題を整理した[4)]。

本節では，そうしたノーザンカレッジの実績の上に，近年の新たな実践に即して，地域再生方略の実践的理論的アプローチの方法に着目するものである。その主要な理論的・実践的な基礎をなすのは，M. B. ブラウン(創設時・初代学長)，B. カーター(准主任教育オフィサー)，K. ジャクソン(初期の上級講師)，B. フライヤー(第2代学長)，T. ジョイット(第3代学長)などの理論的実践的，経営的貢献である。とりわけ，近年では，成人継続教育実践におけるA. グラムシやフランスの社会運動理論などに学んでの取り組み，地域隣人関係再生計画，地域経済や自治の発展に果たす地域組織化主体形成の実践などが注目される[5)]。そのことは，高等継続教育機関としてのノーザンカレッジのミッションや経営問題にも連関し，ニューレイバーのT. ブレア政権の労働者福祉政策への批判的なオルタナティブを提起するものとなっている。このような方略は，英国の教育改革の激変期にあって，元学長のB.フライヤー，現学長のT.ジョイットの理論的・政策的スタンスに拠るところも大きく，社会的排除への対抗的な実践として注目されるのである。

2　社会的排除概念における英国的文脈

まず，英国における社会的排除概念とその文脈を明らかにしておきたい。そのことは，従来，社会的不利益層への教育的支援ないしは介入として考えられてきた実践を，「社会的排除」という概念に則して再定義していくことになろう。

第1に，これまで，社会的不利益層(social disadvantaged people)とは，政治的・経済的・文化的な体制から疎外ないし排除されている人々を意味した。それは，具体的には，家庭や地域の低文化環境とそれに伴う低教育機会と達成の低さ，結果としてのさまざまな差別的処遇と不利益(職，住宅，医療，福祉，教育など)の悪循環，それが故の階層固定的な貧困の再生産を繰り返さざるをえない境遇に追い込まれた人々のことであった。これらの中心をなすのは，失業者，エスニックマイノリティ，女性，高齢年金生活者などであり，近年これに若年層が加わってきた。その場合，それらが重複することは珍しくなかった。この悪循環あるいは負の連鎖を断ち切るためには，そうした人々の経済的，文化的，精神的な自立の基盤を築き，地域に相互の支え合いのネットワークを形成することが必要であった。したがって，成人基礎教育・識字教育，多文化・多民族教育，コミュニティ発展教育，シティズンシップ教育，女性教育，労働組合教育などは，そのネットワークの形成と不利益な立場にある人々の自立の基礎を培うものとして重要性が指摘され，かつ実践的に追求されてきたのである[6)]。

この場合，英国的特徴でもあるが，「社会的不利益」克服の方策については，原因となる広義の貧困研究と，それへの対抗方向を示唆する社会成人教育の枠組みのなかで考察されてきたといえる。しかし，近年では「貧困」研究だけでは解けない，少なからぬ事象が指摘され，ここに新たに「社会的排除」の視点からの考察も加わってきている。

第 2 に，ここで「社会的排除」論とは，1980 年代にフランスで社会学者たちによって提唱され始めたといわれる。例えば，R. ルノワールの著作『排除された人々』(1974) が先駆と指摘される。そこでは，精神障害または身体障害者，自殺する人々，高齢者，病人，麻薬乱用者，非行に走る人々，社会にとけ込めない人々が例示され，それらは必ずしも貧困ばかりが原因とはいえないものを含んでいた。しかし，そのような問題は，世界に共通する問題でもあり，貧困問題とも無縁とはいえなかった。そのような背景を含んで，90 年代以降，アングロサクソン系の研究者たちの議論のなかにも「社会的排除」論の議論が急速に普及してきたとされる7)。

第 3 に，「社会的排除」の問題は，次第に社会政策の鍵的な概念として使用されるようにもなってきた。例えば，社会的排除の政策概念は，まず，1989 年「ヨーロッパ社会憲章」の序文において最初に言及された。「連帯の精神からみるなら社会的排除と闘うことは重要である」(European Commission, 1989) という文言である。しかし，政策レベルでは，92 年のマーストリヒト条約ではまだ付随的なものといえた。政策概念として成熟するのは，97 年のアムステルダム条約で，初めて社会が克服すべき主要な目標に引き上げられたことによる。それは，貧困および社会的排除と闘うための社会的包摂へのアクションを提起したのである8)。

第 4 に，このような思想的実践的政策的進展のなかで，ヨーロッパでは，社会的排除はおおよそ，次のような合意を得ることになった。すなわち，「社会的排除」は多元的で構造的な過程であり，労働の不安定さ，失業，福祉国家の危機，個人主義，家族・地域ネットワークの弱体化，社会的な紐帯の崩壊，シティズンシップからの排除などと連動するものであり，経済や文化，労働力移動のグローバリゼーションと不可分に連関する概念といえた。そして，実際の局面において，フランスでは，1998 年に「反排除法」が成立し，「排除に対する闘いは，すべての人間の平等な尊厳の尊重に基礎を置く国民的な義務である。……この法律はすべての人に基本的権利への効果的なアクセスを国のいたるところで保障することを目的とする」と明示した9)。

第5に，これに対して英国での文脈は，貧困研究，剥奪研究の区別と連関のなかから発展してきたといわれる。例えば，貧困研究者，P. タウンゼントは，剥奪を物質的剥奪(食糧，衣服，住宅など)と社会的剥奪(家族，レクリエーション，教育など)に分類していたが[10]，バーマンは，一次元的(所得)，静態的な結果が貧困であり，多次元的静態的な結果が剥奪であり，一次元的動態的な結果が貧困化であり，多次元的動態的結果が社会的排除と整理した[11]。これに対して，G. E. アンデルセン(1996)は，経済的マージナル化，社会的マージナル化，政治的マージナル化の相互関係性のなかに排除概念を把握しようとしているとされる[12]。翻ってみれば，英国においては，T. H. マーシャル(1964)の古典的なシティズンシップ概念(①市民的権利，②政治的権利，③社会経済的権利)の諸権利の否定や剥奪の関連で社会的排除をとらえる視点も存在してきた[13]。

第6に，このように，「社会的排除」概念は，90年代以降の，急速に進展する経済文化政治のグローバリゼーションの展開，それに伴っての国民国家の世界史的な連関性の変容が生み出してきた社会現象といえる。それは国民国家のボーダーを生きる漂泊民としてのディアスポラとも微妙に重なり，かつズレながら，きわめて構造的なものといえる。また，ヨーロッパ大陸と英国とではやや「社会的排除」の歴史的系譜は異なるものの，共通するのは，従来の「社会的不利益層」問題(例えば，①失業者，②女性，③退職者・高齢者，④エスニックマイノリティ)として現象したような，やや平面的並列的な重層構造ではなく，立体的，歴史的，国際的な重層構造のなかで，問題が生じてきているととらえるところにある[14]。

3　英国成人継続教育実践の文脈での社会的不利益層と社会的排除問題

これまで，英国の成人継続教育の実践では，コミュニティ成人教育の系譜の上に「社会的不利益層」問題をとらえるのが主流であった。例えば，NIACE(英国成人継続教育協会)を中核とするリプラン事業(1984～91)などにみられるように，教育的貧困の集中的表現として失業成人をとらえ，その克服のための，自治体，ボランタリーグループ，大学，コミュニティ成人教育センター，宿泊型カレッジ，オープンユニバーシティなどの「機関協働」による教育的介入のプログラムを実施するなどが，そのひとつの特徴であった[15)]。それは，「教育訓練」を通しての「失業」の克服というモデルを示すものであったが，それは「失業」後の対策的発想に縛られ，「失業」の産業構造的要因や，「教育訓練」の機会や質と，学習者のニーズの関係性などの問題への探求は不十分なままであった。また，失業に至らないように広範な中等教育ないし高等継続教育の普及をはかるとか，職業資格制度と雇用の関係性の近代化などの課題は，まだ端緒的なものにとどまっていた。その意味では，まだ，ジェンダーやエスニックマイノリティ問題，若者の総合的な自立支援といった問題，言い換えれば社会的排除問題への気づきは，不十分なままであった。また，英国経済における雇用問題という，まさしく経済の土台構造に関連して，必ずしも教育訓練がその根本的な解決策になるとはいえず，ましてや教育システムにおける階級・階層問題が深く根をおろす英国にあって，「成人失業者」問題への教育的アプローチとして，リプラン事業そのものが「雇用創出」の成功事例を生み出していったと立証できるものでもなかった[16)]。むしろ重要なことは，そこで明らかになったことは，雇用と教育訓練の直接的な連関よりも，教育事業における，①非伝統的アプローチの開発事例としての，それまでの教育者中心のプログラムモデルではなく，学習者中心，ノンフォーマルな教育学習の重要性の発見であり，②社会目的成人教育と職業関連性の自覚であり，③新しい地域的組織的協同の方法の開拓，であった。また，成人継続教育の方法上の革新として，①アクションリサーチの重要性と失業者が何を欲しているかの調査研究，②トップダウンとボトムアップの相互の重視，③職業教育と非職業教育の区分の不適切さの自覚，④機関協働(inter agency)の重要性の発見であった[17)]。

4　ノーザンカレッジの1980年代から90年代前半の教育的実践

以上のことは，成人継続教育と大学との中間に位置する高等継続教育機関であるノーザンカレッジの1980年代から90年代の実践においても，共通する志向性であった。すなわち，産業構造の厳しい壊滅的崩壊の只中にあって，直接的な雇用創出のための教育訓練をめざすのではなく，むしろ，失業と産業構造の関係，文化的剥奪と家庭文化やコミュニティの関係性，労働と労働組合の関係などを深く研究することによって，地域再建と産業再生の方向性や地域発展の担い手を育成していくことに力点を置いた学習プログラムが開発されていったのである。学習者が直接調査に参加し，地域との応答的関係をつくり出していく実践が生み出されたのである[18]。別の機会にすでに言及したことがあるが，例えば，カレッジに学ぶ学生への支援的学習コミュニティの創出，不利益者としての学習者への集中的学習環境の整備，社会的文化的剥奪に打ち勝つための自己表現能力などへの支援，学生相互あるいはスタッフと学生との交流を通しての集団的発達の支援と促進，「協同の精神」の深まりの援助，社会的技能の醸成，共有文化の創造，リベラル成人教育との結びつきの促進，市民精神の形成のための支援，WEA，大学，他の高等教育機関との連携と協力の促進，公教育としての保障の追求などである[19]。しかし，このことは，サッチャー型教育改革との拮抗関係のなかで取り組まれたものであり，当然ながら多くの障壁を抱え込むことになった。

5　ノーザンカレッジの地域再生方略の試みと社会的ミッションの探求

周知のように1988年教育改革法に象徴されるサッチャー型教育改革は，初等中等教育のみならず，教育システム全体の構造改革をねらうものであった[20]。このことは，成人継続教育および高等継続教育にも大きな影響を及ぼした。例えば，大学成人教育における影響については，別に検討を加えたことがあるが，成人継続教育の有力な供給主体であり，かつその研究調査において有力な役割を果たしてきた構外教育部局の，主要な大学における縮小ないし統合再編の動向は，きわめてドラスティックに進展してきたといわなければならない[21]。このことは，高等継続教育機関である宿泊型カレッジにおいても，同様な進展がみられた。92年の継続高等教育法は，その意味で大きな変更点となるものであった。

(1)　継続高等教育法(1992)のインパクト

知られるように，同法は，ポリテクニクの大学昇格と地方教育当局の権限からの離脱を明示した。このことは，同様に継続教育カレッジも地方教育当局から離れることを意味した。ポリテクニクの大学への昇格は，いわゆる新大学の急増を意味し，それまでの旧大学と併せて大学数は一気に倍増することになった。また，財政制度の変容も伴った。いわゆるUGC(大学補助金委員会)からUFC(大学財政審議会)さらにHEFC(Higher Education Funding Council：高等教育財政審議会)への転換の意味するところは大きいものがあった。すなわち，①資金配分に大学外諸団体の意向の強化，国家統制の強まり，②競争原理による資金配分(効率性，研究・教育評価)，③国の資金の重点配分化により外部資金の獲得の必要の促進，④従来の大学と成人教育とのパートナーシップ事業の財政原理の転換(責任団体制度の廃止)がなされた。また，補助金の縮小，単位化されない事業のリストラ，大学成人教育事業の縮小と統廃合が行なわれ，継続専門教育への傾斜が，強められた。多くの大学では，構外教育部門が閉鎖を余儀なくされ，生涯学習センター・ユニットへの転換が行なわれた。⑤学生への授業料の導入，ローン制度の導入，⑥テニュア制度の実質的廃止，研究者の流動化，大学間格差の拡大，⑦単一評価機関として高等教育水準審査委員会(QAAHE，1997)の設置などである[22]。

(2)　1992年継続高等教育法以降の政策的動向

これらの背景には，以下の政策経緯があったこともよく知られていよう。

すなわち，①高等教育検討委員会の『デアリング報告』(Dearing Report: *Higher Education in the Learning Society*, 1997)による高等教育進学率の引き上げ(widening participation)と授業料の導入である。この結果，パートタイム学生や留学生の拡大による収入の増加を多くの高等教育機関はめざした。②継続教育参加拡大委員会によるケネディ報告(Kennedy Report: *Learning Works*, 1997)の影響は，次のフライヤー報告とも連動するものであった。③継続教育・生涯学習助言グループ(National Advisory Group Learning for the Twenty First Century)のフライヤー報告(Fryer Report,

1997)は，狭間に入りがちな継続高等教育の重要性を指摘するものであった。④政府緑書(Green Paper: *The Learning Age: A Renaissance for a New Britain*, 1998)は，産業のための学習(university for industry)を奨励し，個人学習口座(individual learning accounts)の設定を促した。これらの一連の政策の体系を示したのは，⑤政府白書(White Paper: *Learning to Succeed: A New Frame Work for post-16 Learning*：成功のための学習——新しい16歳後の学習，1999)であった。ここでは，継続教育財政審議会(FEFC)と職業訓練企業審議会(TECS)を統合し，学習・スキル委員会(Learning and Skills Council)を設けて16歳以降の教育の総合的展開を提言するものであった。さらに，⑥2000年，学習・スキル法(Learning and Skills Act)制定は，教育雇用省から教育・スキル省への転換と連動し，学習情報の提供，eラーニング，遠隔学習の奨励，キャリア教育の推進を示し，⑦2002年の教育スキル省 *Success for All*(すべてのひとにとっての成功)と題した討議ペーパーの発行は，教育水準の向上，水準局(Standards Unit)の設置を行なった。さらに，⑧2003年白書(*21st Century Skills—Realizing Our Potential*：21世紀のスキル——我々の潜在力を引き出すこと)は，米，仏，独との比較で生産性の低さ，技術・技能の不足を指摘し，雇用者と個々の学習者のニーズに対して継続教育カレッジと職業訓練機会の効率性，関係機関のネットワークの拡大の必要を提言し，⑨2003年白書(*The Future of Higher Education*：高等教育の未来)は，短期基礎学位を含めて，18〜30歳の50%が高等教育に在学する目標を提示した。⑩この上に，わずか4票差で議会を通過した2004年高等教育法は，授業料値上げを当面3000ポンドまで各大学の裁量に委ねて引き上げることを示した[23)]。

(3)　ノーザンカレッジの役割と課題

ノーザンカレッジは，継続高等教育法の28条では，イングランドおよびウェールズの5つの長期宿泊型成人教育カレッジ(RC)のひとつとして，FEFC(継続教育財政審議会)の財政的支援を受け，新学習技能セクターのなかに位置づけられている。2000年の教育雇用大臣の言及では，RCの役割として，継続教育の長い歴史のなかでの重要な貢献と同時に，他の成人教育供給体と同じく新たな16歳後教育の重要な位置を占め，全国的かつ地域的な役割を果たすことへの期待を表明している[24)]。ノーザンカレッジはこのなかにあって，1998年査察において「指針的カレッジ」(beacon college)の評価を受け，2003年の評価でも同様の位置づけを受けている[25)]。

すでに示してきたように，英国の教育改革の焦点は，1990年代後半以降，高等継続教育の拡大にシフトされ，同一年齢層の在籍率の拡大における数値目標として政府は，2010年までに50％を超えることを掲げている。高等継続教育機関は，そうした流れを下支えすることを期待されている。しかし，ノーザンカレッジは，そうした路線に対して，異なる戦略的視点を提示している。それは，経済的，文化的，産業的なある種の社会的排除の進展のなかで，地域再生に対しての独自な，研究的，教育的構えを示すものである。近隣関係再構築にあたっての，コミュニティオルガナイザーの力量形成に向けての，A.グラムシの再評価，あるいはP.フレイレやフランスなどでのアニマツール型活動への注目，ブラックエコノミーと呼ばれる地域の経済的支え合いの構造への配慮などは，そのひとつである[26)]。また，ノーザンカレッジの学習プログラムにおける短期コースの再編も，そうした担い手養成と深くリンクしていることを，ここでは指摘しておこう[27)]。

注

1）M. B. Brown and D. Browning, Northern College—The Early Years, *The Northern College—Twenty-five years of adult learning*, NIACE, 2004, pp. 51-68.

2）R. Taylor, Creating Northern College，前掲注1)，pp. 37-38.

3）前掲注1)，pp. 51-52.

4）拙稿「イギリス成人教育の可能性3——ノーザンカレッジの場合」『愛知県立大学児童教育学科論集』第26号，1993，pp. 3-28(本書，第5章第3節参照)。

5）例えば，ノーザンカレッジは，1990年代の厳しい局面のなかで，基本原則とカレッジの実践の価値について確認を行なった。*Value Through Residential Learning, Strategic Plan*, 1994-1997, pp. 1-126，はそうした時点でのひとつの総括であった。83〜94年の学生数の推移，フルタイム学生とパートタイム学生の在籍数，財政分析，財産管理，スタッフ，プログラムの分析などである。このような努力は，高等教育改革期の21世紀に入っても継続され，例えば，*The Learning Curve—*

Developing Skills and Knowledge for Neighbourhood Renewal, Main Report, 2002, pp. 1-81; M. Prescott, *Biography and Progression: A Qualitative Analysis of Why Students do and do not progress*, 2002, pp. 1-84，などは，P. フレイレ，A. グラムシなどにも学びながら，近隣地域再生へのプログラムとそのための知識・技能開発を組織し，同時に学生がそのなかでどのように力量を前進させているかについて，質的分析を行なっている。

6）拙稿「成人基礎教育・識字教育の革新――英国パイオニアワークの事例を中心に」『日本社会教育学会年報』第35集，1991，pp. 35-144；姉崎洋一ほか「社会的不利益層と生涯学習―― 80年代英国リ・プラン事業を中心に」『日本社会教育学会年報』第38集，1994，pp. 178-187；拙稿「イギリスにおける大学成人教育の危機と新しい可能性」『日本社会教育学会年報』第42集，1998，pp. 180-191，参照。

7）A. S. バラ，F. ラベール「排除の定義」福原宏幸ほか訳『グローバル化と社会的排除』昭和堂，2005，pp. 1-39，参照。

8）例えば，濱口桂一郎『増補版 EU 労働法の形成』日本労働研究機構，2001；金丸輝男編『EU アムステルダム条約』ジェトロ，2000，参照。

9）前掲注 7)，p. 7，および都留民子『フランスの貧困と社会保護』法律文化社，2000，参照。

10）前掲注 7)，pp. 15-16。

11）前掲注 7)，p. 20。

12）前掲注 7)，p. 30。

13）T. H. マーシャル，T. ボットモア著，岩崎信彦・中村健吾訳『シティズンシップと社会的階級』法律文化社，1993，参照。

14）社会的排除への政策的対応の構造把握として，例えば，宮本太郎「就労・福祉・ワークフェア」塩野谷祐一ほか編『福祉の公共哲学』東京大学出版会，2004，pp. 215-233，参照。

15）例えば，姉崎洋一ほか「英国地域再生計画とコミュニティ成人教育」『日本社会教育学会年報』第44集，2000，pp. 214-226；J. E. H. Francis et al., *Communities and Their Universities*, Lawrence & Wishart, 1996。

16）姉崎洋一ほか「NIACE のリ・プラン事業の成果と課題」『名古屋短期大学研究紀要』第32号，1994，pp. 79-99。

17）前掲注 6)，16) 各文献参照。

18）M. M. Horton and J. Grayson, Qualifying the Neighbourhood: Relations on Accreditation, Participation and Ownership, *Journal of Access and Credit Studies*, Spring, 2003; R. K. Britton, New Initiatives in Learning for Social and Economic Regeneration: The Examples of the Coalfields Learning Project and Steel Areas Regeneration 1994-2000, *The Northern College*, NIACE, 2004, pp. 156-173，および，ノーザンカレッジ研究スタッフの J. グレイソン氏への聞き取り (2003年12月17号)，学長 T. ジョイット氏への聞き取り (2005年10月7日)。

19）前掲注 4)，pp. 15-17，参照。

20）英国 1988 年教育改革法前後については，拙稿「イギリスにおける高等教育改革と成人・継続教育」『日本の科学者』1989 年 4 月号，B. サイモン著，堀尾輝久編『現代の教育改革』エイデル研究所，1987，参照。

21）M. Slowey (ed.), *Implementing Change From Within Universities and Colleges*, Kogan Page, 1995; D. Watson and R. Taylor, *Lifelong Learning and the University*, Falmer Press, 1998; R. Taylor et al., *For a Radical Higher Education*, Open University Press, 2002，および拙稿「転換期の英国大学と大学成人教育の岐路――リーズ大学を中心に」『北海道大学大学院教育学研究科紀要』第 93 号，2004，pp. 250-265，参照。

22）前掲注 6)，拙稿「イギリスにおける大学成人教育の危機と新しい可能性」；前掲注 21)，拙稿；秦由美子編『新時代を切り拓く大学評価――日本とイギリス』東信堂，2005。

23）知られるように『デアリング報告』『ケネディ報告』『フライヤー報告』の 3 つのレポートが 1990 年代後半に提出された。すなわち，①Higher Education in the Learning Society, *Dearing Report*, 1996，②H. Kennedy, *Learning Works, Widening Participation in Further Education*, FEFC, 1997，③R. H. Fryer, *Learning for the Twenty-First Century*, 1997。これに対して政府側(DFEE)の反応は，緑書として，*The Learning Age*, 1998，『デアリング報告』への回答として，*Higher Education for the 21st Century*, 1998，『ケネディ報告』への回答として *Further Education for the New Millennium*, 1998，が刊行され，白書 *White Paper, The Future of Higher Education*, 2003，が刊行された。このあたりの政策背景と事情については，T. クラーク氏(英国前高等教育局長)への聞き取り(2005 年 11 月 26 日)および R. テイラー氏(ケンブリッジ大学継続教育学部長)への聞き取り(2005 年 11 月 28 日)を行なった。また，R. Thompson (DfES), *Highlights of Current UK HE Policy*, 2006，などの報告を含む「日英高等教育に関する協力プログラム京都フォーラム 2006」(京都大学)において有益な知見を得た。

24）The Northern College, *Self Assessment Report, 2003/4*, p. 4.　なお，ノーザンカレッジの全体的な概括については，W. Hampton and M. Ball, *Introduction*，前掲注 18)，*The Northern College*, NIACE, pp. 1-15，参照。

25）前掲注 18)，*The Northern College*, p. 4, Self Assessment Report。なお，外部評価報告としては，*Northern College for Residential Adult Education: Report from The Inspectorate 1997-1998*, FEFC, 1998，および *Inspection Report; Northern College for Residential Adult Education*, Adult Learning Inspectorate, 2003，参照。そのほか，宿泊施設に関しての自己評価報告書としては，*Accommodation Strategy, 1994-1997*，参照。

26）学長 T. ジョイットへの聞き取り(2005 年 10 月 7 日)。

27）J. Grayson and K. Jackson, *Engagement with the Community: Some Signifi-*

cant Aspects of the Short-Course Programme; 前掲注 18), *The Northern College*, pp. 112-130. なおこうした活動は，コミュニティネットワークの活動とリンクしている。例えば，J. Novitizky et al., Becoming a test bed learning community, *Adults Learning*, NIACE, 2006, pp. 10-11，参照。

第5節　地域に生きる大学
――コミュニティ発展型高等教育モデルの可能性を探る

はじめに――オホーツク地域の概観

オホーツク地域と略称される範囲は，北海道の北東部に位置し，約 278 km の海岸線でオホーツク海に接して東西に細長く広がる文化地理的な概念である。近年の「環オホーツク圏」という概念を用いれば，北海道，サハリン，カムチャッカ半島を視野に入れた国際的な広がりをもつ圏域の南端に位置する。

オホーツク地域は，行政的には網走支庁と重なり，道東地域ともいわれ，道内の 12.8%の面積を占める。管内は，26 市町村(2004 年 9 月時点，06 年 4 月には，市町村合併で 19 市町村になった)からなり，その面積は 1 万 700 km^2 で東京都(2200 km^2)のほぼ 5 倍であり，新潟県とおおよそ同じ面積である。70%が森林で，人口は合わせて約 34 万人という特徴をもつ。大雪，知床，阿寒の 3 つの国立公園に囲まれ，観光客は年間約 1000 万人(延べ数，1060 万 9100 人，網走支庁統計，2004)が訪れる。

人口動態は全般的には札幌圏や一部の地域を除くほかの北海道地域と同様に，少子高齢化社会の影響を強く受けている。本節の大学調査対象とした紋別市(2 万 6000 人)，北見市(11 万人)，網走市(4 万 1000 人，いずれも 2004 年 4 月時点)などには多少独自な動きがみられるものの，人口減少の動向を免れてはいない。産業構造は，農業，漁業，林業などの一次産業と，自然特性を生かした一部加工産業による二次産業，それに観光，サービス業や官公署などの三次産業となっている。中心地域の北見市は，畑作玉葱の作付け面積日本一であり，小麦生産から地ビールの生産までも盛んである。寒冷で湿気が少なく快晴の日が多いことから，精密機器などの工業集積(京セラ，東京電機などの工場立地)があり，商業の流通拠点でもある。紋別市は，近海養殖漁業，ホタテ貝などの生産と農業，網走市も漁業，農業，観光の特徴をもつ。農業生産については，十勝型とオホーツク型の類型があるが，オホーツクは素材移出型であり付加価値生産が弱いという面はあるものの，その生産高は低くなく相対的な富の蓄積がみられた。

このような経済的基盤の上に，高等教育機関の設置が，1960年代以降に徐々に形成されてきたといえる。

1　北見市，紋別市，網走市における大学展開の歴史的動向

オホーツク地域の高等教育機関の設立・整備の歴史はまだ日が浅い。広大な北海道において，高等教育機関の整備は，その大学進学者の需給関係においても，インフラの整備に要する費用対効果を原則にすれば，地域的な機会均等を維持することは困難であり，したがって，先行した札幌・道央圏，函館地区，旭川地区，釧路地区，帯広地区を除けば大学の立地は遅れをとり，そのほかの地域は，地域のニーズの高まりと環境整備に必要な財政的な基盤の成熟を待つほかはなかったといえる。その意味でオホーツク地域は，下記に概略を述べるように，その典型といえよう。

(1)　北見市における大学の歴史的展開

北見市では，1960年代には研究学園都市構想があり，60年には北見工業短大が設立され，次いで66年には4年制の国立工業単科大学に改編し出発した。道内の国立の工学部・工業大学としては，北海道大学，室蘭工業大学に続く重要拠点であり，この地域の工業発展と研究的支援に重要な役割を果たしてきているといえよう。学生の出身は道外からも多い点で室蘭工大と好対照をなす。研究上も地域特性を生かした研究に特徴があり，地域社会に根ざした社会工学の発展，産学官連携に関して「地学連携」の具体的な展開がみられる。工学研究の最先端分野についても，いくつかの分野で大学の特性

を生かした特色が発揮されてきた。要するに，この地域の工業発展と研究的支援に重要な役割を果たしてきていることの評価は，高いものがあるといえよう。特に，産学協同に関して地元の社会的ニーズを受け止めての地域共同研究センターの活動などには，ユニークなものがある。なお，教育研究に関しての厳格な評価システムの採用など，大学の競争的な環境での生き残りが強く意識されていることも特徴である[1)]。

北見市では，北見工大の役割を大いに評価しつつ，次に文系大学の誘致が，地元の強い要望もあって組織された。具体的には，道内では私学を代表する大学のひとつである北海学園大学に誘致対象が絞り込まれて73年に要望書が渡された。学校法人北海学園も意欲的にそれに応える感触が示されたこともあって，74年に設立期成会，75年に設立準備会が組織され，77年に北海学園北見大学(商学部商学科，以下「北見大学」)が開学した。同様に，同短期大学についても80年に誘致期成同盟，84年に北海学園北見女子短期大学(91年に男女共学の北海学園北見短大へ校名変更)が開学した。北見大学は，商学をベースとしながら，観光や地域政策に独自な役割を担ってきた(94年には観光産業学科増設[2)])。これらの設立にあたっては，地元自治体と大学を経営する学校法人北海学園との間で「公私協力」方式が採用され，協定にもとづいての土地や財政的支援がなされた。

ところで，「公私協力」方式が，単に大学開設にあたっての財政的支援にとどまらない本来の意味での対等平等なパートナーシップ(Public and Private Partnership，PPP)になることは，必ずしも容易なことではない。北見大学は，学生募集においてもそれなりに健闘し，教育成果として卒業生の人材も地元に多く輩出してきたが，少子化と長期的経済不況のなかでの大学間競争において，寒冷地での単科大学単一学部の文系私学が生き残っていくには，経営環境は厳しさを増さざるをえなかった。

この結果，まずは学校法人本部の経営判断として，札幌にある北海学園大学の将来計画との絡みもあり，北海学園大学の新学部(経営学部)増設に短大の教員が振りあてられ，北見短大が閉学された。さらには北見大学の4年制の本体自身も，四半世紀の活動を経て，2006年にキャンパス施設と研究所の一部を残しながら，校名変更(北海商科大学)手続きによって，同じ学部学科構成のもとに，札幌にある北海学園大学に隣接して新キャンパスが開学を迎えるに至っている。この場合，学生定員確保困難という経営事情悪化もさることながら，上述の学部・大学院再編に関連しての大学改革構想が中心的な要件であったようにみられる。未来に向けた経営戦略による大学撤退であるが，その細部は必ずしも明瞭ではない。

学生募集は2005年春を最後に北見では停止された。札幌の学校法人本部には新大学開設準備室が設置され，キャンパス用地も北海学園大学に隣接して用意されてきている。なお，北見キャンパスは売却されず学校法人が維持管理し，別の用途を模索し，付設研究所(開発政策研究所)も存続することが明らかになっている[3)]。

この北見大学撤退と，入れ替わるように生まれたのが，日本赤十字北海道看護大学である。同大学は，さまざまな誘致の動きが道内にあったなかで，1995年に北見に開設を決定し，2000年に開学した。この場合，国の地方拠点都市構想が追い風となり，2市3町でのオホーツク地方拠点都市が認可され，看護大学設立には，補助金が支出された。

このように，人口10万人規模の都市での大学の設立立地と経営の問題と大学が果たす文化・教育・経済の波及効果には，地方・小規模・単科大学の典型的な特徴と困難が横たわってきたといえる。また，その延長線上に，大学の個性化の発揮による生き残り(北見工大，日本赤十字北海道看護大)と，他方での大学撤退問題(北見大学)という重要な事例が生じてきたといえる。

(2)　紋別市の大学展開と撤退

ところで，北見市よりもさらに小規模な紋別市では事情はどうであろうか？ 紋別市でも北見市と同様に「公私協力」方式による大学誘致が熱心に展開された。

この活動に応じたのは，北広島市に学校法人本部があり，専門学校などの経営も手広く展開してきた道都大学であった。同大学は，地元の強い熱意のもとに，美術学部，社会福祉学部を1978年に開設した。同大学の沿革や大学史を繙いても，なぜ紋別市にキャンパスを展開したのかについては，格別に強い内発的な動機があったとはうかがえない。おそらくは，紋別市側が提示した誘致条件に大きな魅力があったと考えられる。実際に，理事長・学長と紋別市長との協定には，紋別市から大学側に多大な支援が盛り込まれたといえる。土地の提供，建物への補助，学生の宿舎・アパートなどへの便宜，就職などにおける交通費補助など，ある意味で至れり尽くせりである。さらには，紋別市は道都大学を対象にした大学振興室を95年以来独自に設置してきていることなど，その重視ぶりがうかがえる[4)]。

事前の学生需要や教員の確保など市場調査が不十分であったのか，あるいは地域ニーズと学科構成がミスマッチであったのか，美術学部は早い段階で撤退を余儀なくされた。残った社会福祉学部については，存続の厳しさをもちながらも，地元に定着し，堅実な学生教育とともに地域への社会貢献において少なからぬ実績を築いてきた。具体的には，過疎地の少子高齢化進展や児童福祉や障害者福祉のニーズに対応して，多くの実績を上げ，地元に根づいて地域貢献を行なってきたといえる。

しかし，大学を経営する学校法人本部は，早くからこの地での展開において，紋別市からの財政支援なくしてはありえないことを明確にしていた。そのこともあって，年々厳しさを増す自治体の財政危機のなかで，同市は大学への補助金年額の減額変更申し出を表明せざるをえなくなったが，同大学はその段階で協定の継続は困難として，紋別キャンパスの維持を断念した。

教学的には地元定着が進展し，地域からも好感をもたれ，これからの発展が期待されていたことは，調査での聞き取りから明確であった。したがって，学生，教職員が移転を望んでいたわけではない。法人理事会トップによるこのような撤退の判断は，私学ではままありえることではある。しかし，地元からの強い誘致と積極的な財政支援による私学の開設(キャンパスの土地の提供，運営に関する補助金，学生支援のさまざまな措置)，さらに開学後の引き続く自治体からの財政支援がなされてきたことを考えると，割り切れない感慨を市民が抱くのも無理からぬものがあった。自治体と市民の要望にかかわらず，大学側のキャンパス維持姿勢が必ずしも強いものではなかったこと，私学の経営の自由と教育研究の公共性が，予定調和的な融合をみせなかったことなど，撤退によって明らかになったことも多い。報道などによれば，場合によっては，紋別キャンパスは売却の可能性も検討されていたという。このような，ある意味で地域立地理念が必ずしも明瞭ではなく，採算の見通しがなくなると早期に撤退をはかるといったコミュニティ発展型ではない事例において，大学の地方への進出，展開，撤退の事例をどのように考えたらよいのであろうか？「タウン」(自治体)と「ガウン」(大学)に比すほどでもないが，「ガウン」の道義的・社会的責任はないのだろうか？

学生や教員にとっても，噂のレベルはあったにしても事前に情報は流されず，「撤退」を新聞報道で初めて知った人が多いといわれる。しかも，学年途中の学生も紋別キャンパスでは受講機会が保障されず，北広島市のキャンパスに移って残りの学生生活を送るように通知された。また，教員全員の雇用が維持できるのかということも懸念された。このようなことも，撤退事例の抱える厳しい側面である。幸い，2005年春には北広島キャンパスで新入生が迎え入れられ，希望した教員も新キャンパスに移行したようである。

(3)　網走市での大学展開

網走市でも，ほかの自治体と同様に「公私協力」方式で熱心な大学誘致がされた。結果的には，東京農業大学生物産業学部の設立がはかられたが，この場合の「公私協力」方式は，北見市，紋別市の場合とはいくぶん様相を異にしている。すなわち，財政的には，土地の提供を除けば，網走市側から大学への直接的な財政支援は，ほとんどみられないことである。むしろ，同市と同大学の関係には，本来の大学と地域社会とのパートナーシップに近い関係を築こうとする協働の意思がうかがえる[5)]。

大学の研究・教育の資源の還元には，網走市からの研究や調査委託，審議会委員への要請への応諾，人材養成講座への同大学スタッフの関わり，卒業生の地元近辺への定着，地場産業へのコンサルティング，オホーツクの住民運動への学問的・教育的貢献など，興味ある事例が多い。ここには，百年を超える歴史をもつ東京農大の相対的に安定した大学経営環境の優位性，また網走に展開した生物産業学部は，世田谷に展開する大学本体に対してのひとつの学部の位置づけであり，経営上のリスクに耐える資源があること，さらに，網走にキャンパスをもつことについては，榎本武揚を創始者群像のひとりに数え，北海道にその歴史的な由来をいくつかもつことや，学部の研究・教育にとってオホーツクの自然環境がマッチングしていること，教員に進取の気風があり，遠隔地の条件を逆手にとって，オホーツク大学間交流事業の中心に位置づくスタッフを有するなど，内発的条件や主体的条件に積極的な要件が多い。その結果，学生募集においても，道内以上に道外からも応募があり，積極的能動的な学生の意欲は，大学院への進学や就職において良好な結果を生み出してきている[6)]。このように，東京農大の場合は，全体的には撤退事例とは対照的に拡充発展という事例を提供している。

この点において，網走市と東京農大とのパートナーシップは，北見市と北見大学，紋別市と道都大学のパートナーシップ関係との比較において，大きな差異があるといえよう。なぜなのであろうか？ 東京農大が，前述したように東京に本体をもつ百年を超える歴史ある大学で，学生募集のリクルート力や卒業後の労働市場での安定性，スタッフの充実した配置，設備投資や大学経営における基礎的な財政力などが背景にあることは間違いない。他方，北見大学は，学校法人北海学園の将来構想において札幌地区に集中しての拡充発展という選択を考えたことによって，北見地域との連携関係は研究所の存続やキャンパス施設の活用という限定された内容に後退させられた。さらに，道都大学の場合は，道内に閉じた新興大学であり，理事会の姿勢が民間経営ビジネス感覚に近いところで運用され，短期的な財務政策に大学経営を従わせるという差異が表面化したことは認められよう。客観的な外部環境はそれほど大きな差異はないのに，3つの大学においてなぜこのような落差が生じるのであろうか？ このことは，大学の「コミュニティ発展型モデル」を考える上でも興味深い事例を提供しているといえよう。

2　コミュニティ発展型モデルの吟味

北見市と紋別市の2つの大学の「撤退」事例をみつめると，大学は都市圏にしか展開できないようにすら思われる。はたしてそうなのであろうか？このことは一見正しいようにもみえるが，しかし，東京農大，北見工大などをみつめ，さらにはオホーツク大学間交流事業をつぶさに追ってみると，必ずしもそうとはいえないことに気づかされる。その意味で，辺境，過疎地域における「コミュニティ発展型」モデルの事例には，このような失敗例と発展例の両方を学ぶことが可能なように思われる。

また，そのようにみることによって，多くの示唆を得ることができるように思われる。撤退事例には，所与の条件の厳しさに対しての代替的な条件の確保と，新たな戦略方策の欠如が浮かび上がらざるをえなかった。他方では，地域に深く根ざし，生き残りと発展をはかろうとする事例には，教職員のミッション意識の高さ，学生・院生を育て引き上げていく教育力，さらには地域との交流を通じて醸し出される，パートナーシップによるエンパワーメント効果などが看取された。

単科大学の制約から解放されるために組織されてきたオホーツク大学間交流事業では，各大学から意欲的な参加がみられた。その中心には，地域を生かしての研究と教育の発展をはかろうとする大学人の意気込みが看取された。

このように考えてみると，オホーツク地域の各大学の展開動向には，地域社会と大学との関係論をとらえる多くの示唆が含まれているといえよう[7)]。最後にこれまでの調査のなかから浮かび上がる構造や論点を整理しておこう。

(1)　オホーツク地域の大学を取り巻く環境（ネガティブな面）

これまでに述べてきたように，オホーツク地域においては，客観的にみれば，①青年期人口が少なく，少子高齢化の過疎地域であり，②地元では高卒後の専門学校志望や就職希望も少なくなく，その限りでは大学進学率が低く，地元からの進学には多くを望めない，③立地した大学は単科大学で，領域の重なりがなく孤立化しやすい，④大学人は，地理的に東京や札幌などの都会型の「学問生産中心地帯」から遠いことによる周縁意識と閉塞感をもちやすい，⑤地元自治体は財政的にも人的にも限られた資源で，公私協力方式には限界がある，などが，大学を取り巻く環境であった。しかもこれらは，早急に改善がはかられることが，自然発生的にはありえない事柄である。

(2)　オホーツク地域の大学を取り巻く環境(ポジティブな面)

しかし，発想を転換させれば，オホーツク地域にも有利な側面が少なくない。事実，この地域で生き甲斐をもって研究・教育に邁進している人々が異口同音に述べるのは，以下のことである。①雑音に乱されず勉学・研究に打ち込める暮らしやすさと自然環境，②大学と地域社会との良好な相互協力関係があり，大学は地域から大いに期待され，その貢献が望まれている，③住民の大学への期待と信頼感は，学生の受け入れ，産学協同，シンクタンクとしての役割発揮などに具体的な姿が示されている，④コミュニティに根ざそうとする大学人の意識転換によって，新たな学問の生成，学際的な教育研究効果があらわれ始めている。

以上のことは，北見工大，東京農大，道都大学，北見大学の関係者，あるいは北見市，紋別市，網走市の担当者，道都大学の学生，北見市の高校教師のそれぞれの当事者の方々からの聞き取りでも，明瞭に浮かび上がる事柄であった。

(3)　オホーツク地域の大学のたどっている3つの軌跡

単純化を恐れずにいえば，この間の調査からみえてきたのは，次の3つの軌跡であった。

第1は，北海道のなかでも地理的に北端にあり，少子高齢化と過疎地域の影響をまともに受けているオホーツク地域は，長引く経済不況と競争的環境下の大学の生き残り戦略において，守りの姿勢にあっては，経営の厳しさ，将来予測の困難がどうしても打開できず，結果的にこの地域から撤退の道をたどるケースであった。北見大学，道都大学のそれぞれには別の要因も働いているが，いずれも深傷を負う前の撤退であった。

第2は，地域貢献・連携と大学存立目的の焦点化による発展の模索をはかっている事例である。すでに触れてきたように，北見工大，東京農大(生物産業学部)，日本赤十字北海道看護大の事例は，いずれも与えられた条件の厳しさにただ従うのではなく，新たな展開の道筋を探求してきたことによって，条件の厳しさに打ち勝つ優位な条件を構築していく実践が浮かび上がってきたといえる。

なお，北見工大の産学連携における産業分析あるいは地域社会への関わりの細部の調査が必要であり，また，東京農大での新学科増設に向けた構想の分析も求められるが，地域自治体や住民との連携による具体的な成果が，例えば，地域発展のキーパースンの養成や支援という形であらわれていることを確認できたといえる。

第3は，大学間連携によるコンソーシアム型運動の発展である。オホーツク大学間交流協議会の運動は，1つには，大学の教員集団が主導権をもって，みずからの研究と教育のエンパワーメントをはかる運動であり，この運動に関わりをもっている個々の研究者たちは，研究や教育の発展への手がかりを得ていることが明らかであった。

2つには，大学間の連携事業によって，地域に総合大学機能を生み出し，異業種，異分野，異学問の融合によって，新たな知見，もっといえば融合知が生成してきていることであった。

3つには，地域社会の人々にとっては，実践的な課題に対して生きた応答関係を生み出していることである。1960年代に展開された，かつての信濃生産大学がそうであったように，生産学習と政治学習の統一や，思想信条の自由の保障による自由な学びの創造，アカデミズムと実際の地域の現場との緊張ある出会いによって生み出される新たな経験や知見の発展，参加による学習共同体ともいうべき自治の体験，参加し実践するなかで鍛えられ発展させられる個々人(学生，教員，地場の産業人，地域の人々)の認識や，地域的情報のつながりの発展がみられた。この間のオホーツク大学間交流事業から汲み出せる教訓は豊かである。

3　地域の大学とコミュニティ発展との相互関係へのいくつかの示唆

本節は，大学と地域社会とのパートナーシップ関係における大学の「コミュニティ発展型モデル」の検証という側面を含んでいる。わかったことを整理すれば以下のことがあげられよう。それらは，地域に根ざして展開をはかろうとする大学にとっての，ひとつの示唆に思われた。

第1は，地域からの大学撤退のケースは多くの大学過疎地域で今後起きうる事例であり，単純な経営的観点からは存立は難しいことを立証している。

第2は，大学の地域連携・貢献，大学存立目的の特化についての評価は容易ではないが，道を切り拓いている大学は，コミュニティに根ざして研究と教育を質的に引き上げることにしか方策はないことに自覚的である。そこには，核となる大学人の群像が鮮やかであった。

第3は，大学間のコンソーシアム型運動は，大学の公的な活動ではなく，大学人の運動的な関係性にこそ核心がある。大学人のミッション意識と自信の引き上げ，地域の多様なネットワークの生きた関係に大学が加わり，研究的な新たな起業を組織していること，教育力を高めていることであった。

注

1）『北見工業大学概要』(平成16年度)，『北見工業大学地域共同研究センター概要』参照。なお，『国立大学法人北見工業大学中期目標』(2004年5月26日)，同『中期計画』(2004年6月3日)，『自己点検評価報告書』『外部評価報告書』は，http://www.kitami-it.ac.jp からアクセスできる。

2）『北海学園北見大学概要』(平成16年度)参照。また，菊池均氏(北海学園北見大学商学部教授，教務部長)への聞き取り(2004年8月3日)。

3）同，菊池氏聞き取り記録。

4）姫田潤市氏(紋別市総務部大学振興室参事，庶務課長)，尾形勝巳氏(同副参事，庶務係長)への聞き取り(2004年8月4日)。

5）田中俊次氏(東京農業大学生物産業学部産業経営学科長，教授)への聞き取り(2004年8月5日)，および山真夫氏(網走市企画総務部企画調整課長)，小田島和之氏(同左企画調整係長)への聞き取り(2004年11月11日)。

6）黒瀧秀久氏(東京農業大学生物産業学部助教授)への聞き取り(2004年11月11日)。

7）例えば，「第53回東北・北海道地区大学一般教育研究会での〈大学間連携〉についての報告」(黒瀧秀久，2003年9月12日)や，オホーツク大学間公開交流セミナー『IT時代のリカレント教育報告書』(2002年2月)を参照されたい。そこでは，東京農業大学創立100周年記念オホーツク圏フォーラム「開こう，オホーツク圏交流のフロンテイア」(1992年1月20日)の報告書や，「北東アジア・環オホーツク海圏交流と拠点都市構想フォーラム」(1995年10月27日)の構想段階からの具体的な成果をオホーツク地域の広がりのなかで論じている。異業種・異分野交流を含んでの研究的展開と地域と連携しての大学教育・教養教育に関して，実践的に報告する段階に移行してきたことが如実に示されている。

初出一覧

序　章

「現代教育改革と社会教育の革新」日本社会教育学会編『現代社会教育改革と社会教育』(講座現代社会教育の理論 1)東洋館出版，2004，序章。

第 1 章　生涯学習の意義と革新

第 1 節　「生涯学習と教育行政」鈴木英一ほか編『教育と教育行政』勁草書房，1992，第 17 章。

第 2 節　「地域をめぐる国家政策と教育」教科研・社全協編『教育，地方分権でどうなる』国土社，1999。

第 3 節　「日本とイギリスの生涯学習研究——比較成人継続教育論ノート」新海英行・牧野篤編『現代世界の生涯学習』大学教育出版，2002。

第 2 章　青年・成人の学びの共同化と自己形成

「都市勤労青年の学習・教育実践とその社会的性格」『現代社会と青年教育』(日本社会教育学会年報第 29 集)東洋館出版，1985。

「青年の自己形成に関する理論課題ノート」『愛知県立大学児童教育学科論集』第 28 号，1995。

「英国の若者支援方策の矛盾と打開をめぐる課題—— T. ブレア政権の若年者就労支援施策を中心に」『青年』2006 年 3 月号。

第 3 章　大学成人教育の役割と現代的革新

第 1 節　「成人基礎教育・識字教育の革新」『国際識字年と日本の識字問題』(日本社会教育学会年報第 35 集)東洋館出版，1991。

第 2 節　「イギリス成人教育の新しい可能性その 7 —— 90 年代の大学成人教育の協働的実験とその課題」『広島平和科学』第 19 号，1997；「イギリス成人教育の新しい可能性その 8 —— 90 年代の大学成人教育の協働的実験とその課題 2」『広島平和科学』第 20 号，1998。

第 3 節　「イギリスにおける大学成人教育の危機と可能性」『高等教育と生涯学習』(日本社会教育学会年報第 42 集)東洋館出版，1998。

第 4 章　学習者主体の職業能力開発と高等継続教育の協働

第 1 節　「生涯学習時代の労働生活と学習・研究」『シュタイア国際会議報告書』名古屋短期大学，1997。

第 2 節　「イギリス成人教育の新しい可能性その 5 —— ED プログラムの提起するもの」『広島平和科学』第 17 号，1994；「イギリス成人教育の新しい可能性その 6 ——

EDプログラムの提起するものその2『広島平和科学』第18号，1995，姉崎の分担執筆部分。

第3節　「イギリスの事例から学ぶ」『中高年トータルライフプラン開発のための調査研究』日本福祉大学，1995。

第5章　大学と社会とのパートナーシップの構築のための現代的課題

第1節　「大学と地域社会のパートナーシップ構築は可能か？」『発達・学習支援ネットワーク研究』第1号，2005。

第2節　「イギリス大学調査の概要と論点」『大学法制の構造的変容の比較法的，法制史的・立法過程的および解釈論的研究』(平成17年度科学研究費補助金研究(基盤研究B)成果報告書：研究代表　細井克彦)2006。

第3節　「イギリス成人教育の新しい可能性その3」『愛知県立大学児童教育学科論集』第26号，1993。

第4節　「社会的排除と高等継続教育の再編構造」日本社会教育学会編『社会的排除と社会教育』(日本の社会教育第50集)東洋館出版，2006。

第5節　「オホーツクに根ざす大学の底力――コミュニティ発展モデルの可能性を探る」『高等継続教育研究』第4号，北海道大学大学院教育学研究科教育計画講座高等教育研究グループ，2005(『大学・短期大学の地域社会連携と社会貢献事例の実践構造に関する理論的実証的研究』(平成16-17年度　科学研究費補助金(基盤研究C)研究成果報告書：研究代表　姉崎洋一)2006，に所収。

あとがき

本書は，『北海道大学大学院教育学研究科叢書　第1巻』として刊行される。この機会を与えてくださった前研究科長鈴木敏正先生，および同僚各氏に深甚の謝意を申し述べたい。本書は，著者にとっては，最初の単著である。日頃の研究を計画的に書物として世に問う多産な人と比すことはないが，やはり鈍牛の歩みというべきである。自分自身の性格にもよるが，これまで系統的に計画的に書を編むことをしてこなかった。どちらかといえば，その時々の課題に応じてそれなりに誠実に論攷を書いてきたといえる。そうした成果の一端をこの際，世に問うてみてはどうかと，鈴木先生から声をかけられなかったら，この書は生まれなかった。内容の一端は，2004年冬の東京大学教育学部での集中講義，2005年夏の中央大学大学院の集中講義で報告し，学生，院生の率直な反応に触れた。両大学の島田修一先生(中央大学，当時)，佐藤一子先生(東京大学，当時)，学生・院生諸氏に感謝したい。

振り返って，これまで，ただ時代に流されて研究してきたのかと自問すれば，そうではない。対象としてきた分野には，自分なりに一貫したこだわりと研究的関心の持続を絶やさずにきたというささやかな自負はある。社会教育研究，教育法，青年期教育研究，高等継続教育研究という4つの領域を，ゆっくりとした歩みながら，地道に探求してきたといえる。

本来の学恩を述べる機会は別にしたいが，名古屋大学教育学部学生時代の本山政雄，(故)鈴木英一の両先生，大学院時代の(故)小堀勉，(故)小川利夫，新海英行の三先生，とりわけ小川利夫先生には，研究と実践現場との緊張あふれ，しかし信頼ある関係の築き方の姿を学ばせて頂いてきた。青年教育の実践では，名古屋サークル連絡協議会(名サ連)などの青年活動家たちや研究者としての関わりで那須野隆一先生(日本福祉大学)の姿勢に多くを学んだ。大学院時代の，インターカレッジでの社会教育研究会では，藤岡貞彦先生(一橋大学，当時)，島田修一先生に助言を頂きながら，北大，東大，名大，京大の若手院生が交流し学んだことも大きい。また，小川先生の京大隔週講義を契機として，後に上杉孝實先生(京都大学，当時)も加わっての名大，京大の若手研究者による「四季の会」のかなり長期にわたる研究交流も筆者にとっては大きな財産であった。また，小川先生，小林文人先生(東京学芸大学，当時)の提唱による「大都市社会教育の研究と交流のつどい」によって得られた，大都市の教育委員会事務局や社会教育施設の職員集団との研究的・人間的関係は，視野を拡大させ研究者の責任を自覚させるものであった。このような時期の，北大，東大，名大，京大などの多くの少し年長ないし同世代の方々によって学んだことも大きい。各氏に本来，名をあげて謝意を述べることが必要であるが，本書の性格上控えたい。

大学院博士課程を終えて，最初に就職した愛知県立大学での同僚各氏，学生にも教えられた。地方公立・文系・小規模単科大学のもつ自由さと不自由さは，大学や高等教育を考えるひとつの契機ともなった。1987～88年にかけての県費での英国在外研究は，筆者の研究上のひとつの大きな転機を与えてくれるものであった。英国中北部のリーズ大学での客員研究員としての生活は，自己のそれまでの研究と実践を振り返り，また英国の実践や研究と対照させて考える契機を与えた。英国の研究者，特に，Keith Forrester, Kevin Ward, Colin Thorn, Richard Taylor, Miriam Zukas 各氏たちとのそれ以来の長い交友の持続も貴重な財産となってきた。帰国後のこの分野での研究には，共同研究に加わって頂いた左口真朗氏(名古屋短期大学，当時)，田村佳子氏(広島大学，当時)の助力もあった。また，現代生涯学習研究セミナーという年1回の刺激的なフォーラムも財産となってきた。

1997年に，筆者は長く居住し立脚点としてきた愛知・名古屋を離れ，埼玉大学に所属を変えた。1999年10月に北海道大学に移るまでの短い期間であったが，埼玉大学での同僚や学生・院生，地域の実践家たちからは，それまでの愛知・名古屋時代とは違う学風や市民的センスに新鮮さを感じた。また，首都圏という圏域での研究と実践に触れたことは，筆者にとって初めての広域的多角的重層的な研究交流の時空間を体感した意味で大きな刺激となった。得たものの方が大きいが，それは別の機会に整理したい。やや違和感が残ったのは，学会(理事会，事務局)やジャーナルの中心は，評価は別として東京一極集中であることだった。著名な研究者の実像に触れたことや情報のもつ光と陰を感じたことも，好悪は別としても学びえた成果であった。

1999年10月に，筆者は北大に転任した。ここで学んでいることを書くのは，まだ早い。後年の機会としたいが，本書は，少なくとも，北大のもつ多彩で個性的な研究的学風に刺激されて後押しされて世に出る機会を得たといえる。そうした研究・教育環境に身を置くことに感謝したい。もちろん，大学全体の成果主義的，競争的，経営的環境のなかで，北大も例外ではない道を歩んでいる。それに対して自律的な研究の自由と大学の自治，社会的貢献の実践を築いていくことも筆者に課せられた課題である。牛歩の歩みを続けたい。なお，本書を最終的な形になるまで待っていただいた北海道大学出版会の前田次郎，持田誠，今中智佳子，三氏に感謝したい。

最後に，早くに亡くなった母と現在を支えてくれる妻にこの書を捧げたい。

2008年2月　雪深き札幌にて

姉崎洋一

事項索引

あ 行

か 行

さ 行

た　行

な　行

は　行

ま・や行

ら・わ行

アルファベット順

人名索引

あ 行

か 行

さ 行

た 行

姉崎洋一(あねざき よういち)

1950年　富山県生まれ
1974年　名古屋大学教育学部教育学科卒業
1976年　名古屋大学大学院教育学研究科博士前期課程修了
1979年　名古屋大学大学院教育学研究科博士後期課程単位等取得退学
1987年〜88年　英国リーズ大学成人継続教育学部客員研究員
愛知県立大学文学部，埼玉大学教育学部を経て，現在，北海道大学大学院教育学研究院教授

主要著作・論文
姉崎洋一・長澤成次・辻浩編『社会・生涯教育文献集II　社会・生涯教育計画と住民の主体形成』日本図書センター，2000年
姉崎洋一・鈴木敏正編『公民館実践と「公民館をつくる学び」』北樹出版，2002年
「転換期の英国大学と大学成人教育の岐路——リーズ大学を中心に」『北海道大学大学院教育学研究科紀要』第93号，2004年
「教育基本法と社会教育法制——今おきていることは何か」月刊社会教育編集部編『公民館60年　人と地域を結ぶ「社会教育」』国土社，2005年
「大学・高等教育機関の地域社会貢献をめぐる争点と課題」大学評価学会年報『現代社会と大学評価』第3号，晃洋書房，2007年

北海道大学大学院教育学研究院 研究叢書1
高等継続教育の現代的展開——日本とイギリス

2008年5月25日　第1刷発行

著　者　姉崎洋一
発行者　吉田克己

発行所　北海道大学出版会
札幌市北区北9条西8丁目　北海道大学構内(〒060-0809)
Tel. 011(747)2308・Fax. 011(736)8605・http://www.hup.gr.jp/

アイワード/石田製本

ISBN978-4-8329-6692-5